岡村圭真著作集

第二巻

慈雲尊者　その生涯と思想

法藏館

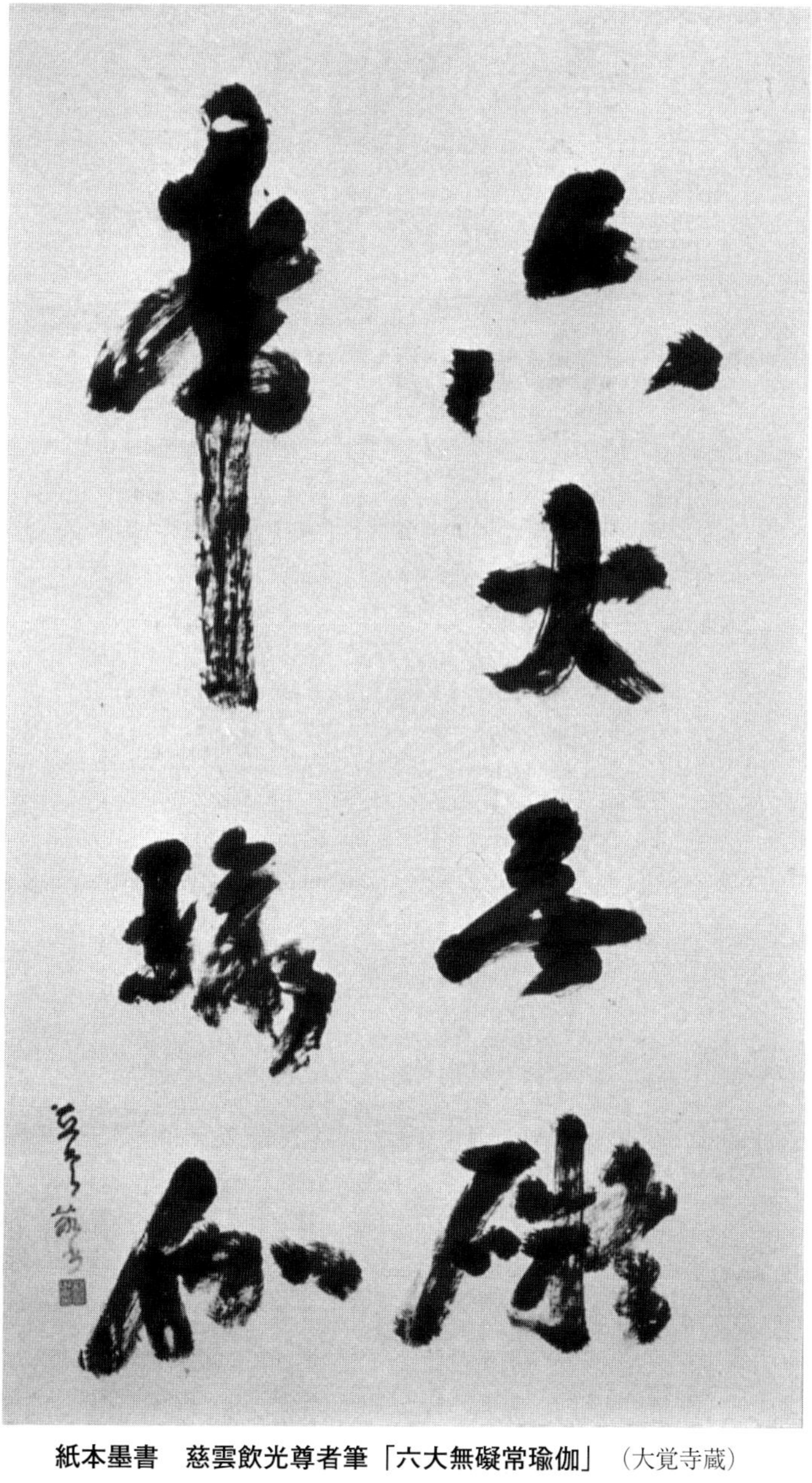

紙本墨書　慈雲飲光尊者筆「六大無礙常瑜伽」（大覚寺蔵）

献辞

土生川正道（高野山無量光院前官）

西洋哲学科で主任教授内海虎之介先生の御指導を受け、以来生涯の師として親炙させて頂くこととなった御縁を御縁として、同教室の助教授に就任された岡村圭真阿闍梨からも深い御厚誼を頂くこととなり、その御交情は六十年後の今日に至っている。

昭和五十七年当時、創文社の発刊になる『ドイツ神秘主義研究』において、圭真阿闍梨のヤコブ・ベーメの神秘体験論を拝読し、人生の長い苦悩と虚無のトンネルを潜り抜けることにより無限なる宇宙生命との一体感を得られたという実体験の在り様を教示され、今迄の愚鈍の眼を開かれた思いをしたことが昨日の事のように追憶される。

この度、高祖大師様の全御風光を開示されることを企画せられた阿闍梨の全集には、御生涯での御研鑽の精髄が吐露されておられることと拝察する。

即ち全一なる神秘体験がその悟境であるゴールをいわば出発点として、初発心点である発菩提心の境界に向かって還源する大悲衛道を、慈雲尊師の説かれる声字悉曇梵字を真実存の大師杖として、路傍のありとしあらゆる存在、森羅万象が一意同体である全一体得に至る悟境が余すところなく教示されていることと同慶の至りに存ずる次第である。

謹んでその御発刊に甚深の敬意を表し、御祝意を申し上げる次第である。

謹誌

はしがき

慈雲飲光は、慈雲尊者の名でひろく親しまれ、墨跡などで著名であるが、解説書の類は意外に少ないと聞く。このたび折に触れて書いたものを取り纏めることとする。改めて研究という程のものではないが、何かのお役に立てばと願っているところである。

むろん著者も父の居間にかかる墨跡によって幼少の頃から名前を覚え、のちに全集によって少しく調べたばかりで研究という程のものではない。それだけに気楽にお読みいただければ幸いである。

ただ、慈雲尊者、慈雲さんと広く慕われる一方、八宗兼学の律僧としての生きざまには、誰しも襟を正さざるをえないであろう。江戸中期の戒律復興の気運に乗じて、正法律を唱え、『十善法語』などの優れた仮名法語を残す一方、『梵学津梁』千巻を著わした碩学である。もとより戒律に疎く、浅学菲才の著者には荷が重すぎる課題であって、その宗教性の深みには立入ることはできなかった。

尊者の場合、早くから全集が編集され、また資料の整備が進められており、その上墨跡の愛好家も随分と多い。ところが尊者の紹介や研究は意外に少ない。

また近世の仏教の遺産はすこぶる大であるにも拘わらず、その情報は必ずしも多くない。しかし、現代の仏教を考える上では、近世に光を当てることの意義はきわめて大きい。改めて尊者に焦点を絞ることの意味はまさにこの点にある。
ただ期するところは、近世の戒律復古運動の中核をなした慈雲をはじめとする律僧たちの厳しい熱意とみごとな庶民教化に深く思いを致されんことを切に願う次第である。

平成二十九年十二月

慈雲尊者　その生涯と思想　岡村圭真著作集　第二巻＊目次

慈雲尊者　その生涯と思想

岡村圭真著作集　第二巻

凡例

本著作集では、出典・典拠とした全集類は、左記の要領にて記した。

一、『定本弘法大師全集』（弘法大師著作研究会編、全十一巻）……定本
一、『大正新脩大蔵経』……大正
一、『新訂増補国史大系』……国史
一、『慈雲尊者全集』……慈雲

一　慈雲尊者の世界——釈迦の在世を理想として——

はじめに

近世の仏教

近世仏教の特色は、一般につぎの三つとされるようである。⑴宗教統制、⑵高僧の輩出、⑶教学の復興。江戸幕府の成立した十七世紀のはじめには、いわゆる「寺院法度《はっと》」が各宗ごとに定められて、各宗派の本山、および本末寺院の最末端にいたるまで、すべての寺院、僧侶はその規制下におかれていった。むろん新宗派の成立は認められず、中央集権的な寺院の統制が、寺請《てらうけ》制度とあいまって強力におしすすめられていったことはいうまでもない。

こういう時代に、すぐれた人材が仏教界に集中的にあらわれたことは、たしかに注目にあたいする。あるいは、士農工商といった世俗の階層にしばられない自由な活動の舞台が、俗外にはなお残されていたということであろうか。白隠慧鶴《はくいんえかく》や慈雲尊者飲光《じうんそんじゃおんこう》のような百年不世出《ふせいしゅつ》の英傑も、こうしたすぐれた先覚者にめぐまれて初めて出現しえたわけである。

仏教各宗をつうじて、宗風の刷新や教団の改革がすすみ、およそ仏教者たるものの自覚が深まり、仏道修行への関心がたかまったのは当然の成りゆきである。また幕府の学問奨励策とあい呼応するように、教学の整備がすすんだのもこの時代の成果といわれるであろう。

これらの一般的な特徴は、ほとんどそのまま真言宗の場合にもあてはまるように思う。たとえば、「高野山法度」（慶長六年〈一六〇一〉）は、寺院法度の先陣をうけて定められ、学侶《がくりょ》と行人《ぎょうにん》の対立をひきおこし、それは長くわざわいのもととなった。また、頼慶《らいけい》らの活躍・抗争も、やがて有名な「真言宗諸法度」や「高野山衆徒法度」（元和元年〈一六一五〉）へと終決していく。幕府のきびしい統制は、当然こうした事件や紛糾《ふんきゅう》を巧妙に利用するかたちで進行していったのであろうが、高野山の勢力はみごとに分断され、教学面での活力もいちじるしく低下したもようである。

そのため、この時代のすぐれた学僧は、むしろ他の本山や地方に活動の舞台を求めて活躍したといってよい。智《ち》山《ざん》派の運敞《うんしょう》や豊山《ぶざん》派の亮汰《りょうたい》、また浄厳《じょうごん》は、その代表である。そのうち契沖《けいちゅう》のような万葉学者が、真言僧のなかからでたことも当代の特色とされよう。

わけても、各本山の外にあって活躍した僧侶が、多く真言律宗《しんごんりっしゅう》の系統の人であるところに、近世の密教者たちのおかれた状況がよくあらわれているようにみえる。

たとえば、契沖が、高野山真別処《しんべつしょ》の律院で快円から受戒し、のちに浄厳からも密教の実践方法や梵語《ぼんご》（サンスクリット）を学び、彼をたすけて聖教《しょうぎょう》の校合書写といった新事業に参加し、さらにはみずから住した妙法寺を浄厳の如法《にょほう》真言律一派にゆずるなど、陰ながら浄厳の活動を支援していたことはあまり知られていないように思う。契沖じしんは阿闍梨《あじゃり》と呼ばれるとおり、戒律運動に直接は参加しなかったにせよ、終始この運動につよい関心をいだき続けた注目すべき密教者の一人であった。仏学（戒律）復興と国学の復興、ことに文献学的な復古思潮とのあいだには、どこか共鳴するものがあったと考えてよいであろう。

おなじ問題が、のちに慈雲では、神道《しんとう》、儒教《じゅきょう》と仏教の三教一致というかたちで再現されたことは興味深い。

真言律宗のながれ

それでは、真言律宗の系統とは、いったい何であろうか。それは古く嘉禎《かてい》二年（一二三六）叡尊《えいそん》が、覚盛《かくじょう》らと、東大寺の大仏殿の前において自誓受戒して、律宗の復興を誓い、のちに覚盛が唐招提寺《とうしょうだいじ》に入ったのに対し、叡尊はみずから西大寺を再興して真言律宗の本山としたことに始まる。その趣旨は鑑真《がんじん》の伝えた南山律宗の伝統を再興しようとするものであったが、同時に社会福祉の事業をすすめて戒律の民衆化をはかり、光明《こうみょう》真言や授戒による教化活動に目ざましい成果をあげている。

さらに密教事相《じそう》（実践）のうえでは西大寺流をおこして、顕教《けんぎょう》と密教、そして律宗を兼学する立場をつくりあげたのである。この西大寺の真言律宗が、近世に入るとともに、多彩な戒律復興の源流となったわけである。

慶長七年（一六〇二）、京都の栂尾《とがのお》において、明忍《みょうにん》は慧雲《えうん》、友尊《ゆうそん》とともに自誓受戒して、真言律を復興し、槇尾《まきのお》山西明《さいみょう》寺に僧坊を開いた。明忍は、さらに中国に渡って日本では途絶えている正式の伝戒相承《そうじょう》の願いを果たそうとしたが、三十五歳にして対馬《つしま》で病歿してしまった。

こうして戒律運動のあらたな拠点となった槇尾山から、やがて、良永《りょうえい》の高野山真別処、真政《しんぜい》の和泉《いずみ》（大阪府）堺大鳥の神鳳《じんぽう》寺、慈忍《じにん》の河内《かわち》（大阪府）青龍《しょうりゅう》山の野中《やちゅう》寺が、それぞれ僧坊として開かれ、高野山を除く真言律の三僧坊が整備されてゆく。

そのうえ、これらの人脈はさらに宗派を超えて、天台や浄土、日蓮《にちれん》などの各宗へと戒律運動の輪をひろげていった。つまり、天台では安楽律《あんらくりつ》の慈山《じざん》や霊空《りょうくう》、日蓮宗では草山律《そうざんりつ》の元政《げんせい》、浄土律の霊潭《れいたん》らは律院（戒律を中心に修行する寺）に拠《よ》って僧儀の復興につとめた人たちである。

なかでも注目すべきは慈忍慧猛《えみょう》であろう。二十六歳で真空了阿《りょうあ》について出家し、泉涌寺《せんにゅう》の正専如周《せいせんにょしゅう》に経疏《きょうしょ》を学んで、槇尾山に自誓受具したのが二十八歳、密教の加行《けぎょう》をうけたときはすでに三十二歳であったという。京都宇治田原の巌松寺《がんしょう》に二十五年間も住して、庶民の尊崇を集めた。のち明暦三年（一六五七）に、西大寺の高喜《こうき》長老から密教の秘奥《ひおう》を授かり、西大寺の律と密教とをあわせ継承することになった。寛文十年（一六七〇）に野中寺に僧坊を開くにいたって青龍一派を称し、真言律の性格をはっきりさせた。

この一派は、南都《なんと》律と北京《ほっきょう》律、西大寺系統と唐招提寺系統との総合《そうごう》を果たして、「四宗兼学の律宗」とも称すべきものとなった。この兼学と総合の成果が、のちの慈雲の立場を準備したことは、その著作や伝記に示すとおりである。

これに対して、河内延命寺《えんめい》浄厳の如法律は、「如法真言宗」と自称したように、顕密二戒、すなわち顕教の四分《しぶん》律と密教の秘密三昧耶《さんまや》戒とを総合するための独自の工夫を加えて、律宗の密教化をすすめ、授戒や灌頂《かんじょう》による民衆教化を積極的におしすすめていった。

のちに河内の延命寺からでて江戸湯島（東京都文京区）の霊雲寺を開き（元禄四年〈一六九一〉）、これが関東真言律の本山となると、教化活動にいちだんと拍車がかかったのは当然である。また、梵学《ぼんがく》や密教儀軌《ぎき》を重視して、密教研究に新しい分野を開き、前代の教学研究にはなかった聖教類を重視する立場をうちだしている。これらの問題提起が、慈雲によって継承、発展させられたことは、のちに明らかとなるであろう。

さらに、高野山の妙瑞《みょうずい》らの提唱した有部《うぶ》律（インド中期仏教の一学派の律）復興は、弘法《こうぼう》大師の『三学録《さんがくろく》』にかえる道であるとし、高野山の真別処をはじめ、安芸《あき》（広島県）の福王寺、丹後（京都府）の松尾寺が、有部律の三僧坊と称されたことも忘れられない。

慈雲の著わした『根本説一切有部衣相略要《こんぽんせついっさいうぶいそうりゃくよう》』[1]は、妙瑞のまえがきと真源《しんげん》のあとがきを寄せられ、この有部律運動の記念碑という性格をおびるにいたったし、義浄《ぎじょう》の『南海寄帰内法伝《なんかいききないほうでん》』の唯一の註釈書とされる『南海寄帰伝解纜《げらん》鈔《しょう》』[2]の成立とともに、当時のあつい息吹をいまに伝えることとなった。もっとも四分律か有部律かという、有部律が提起した二者択一の論法に対して、慈雲じしんは「本《もと》はこれ一味なり[3]」という、きわめて寛大な立場を守ったことに注意する必要があろう。

このようにみてくると、真言律諸派の展開は、ほぼ十七世紀のはじめから十八世紀のなかばまで、明忍から慈雲にいたる期間におさまること、そこで提起された問題のほとんどすべてを集大成する位置に、慈雲がおかれていたことに気づかされる。

そこには、顕教と密教、顕戒と密戒、四分律と有部律といった対立する諸契機を、いかに矛盾なく総合するかという問題があり、また真言宗か真言律宗かという問題もあった。たしかに答えのだし方はまちまちで変化に富むが、基本的には、超宗派的な立場から、あるべき仏教者の生き方を問うという問題意識が、首尾一貫していたものとみてよいであろう。その基本的な問題は、もっとも徹底した立場にたつことによってのみ、最終的な答えが見出せるというのが、とうぜんの帰結である。その意味で慈雲の正法《しょうぼう》律には、そういう諸問題に決着をつける、という重大な役割が課せられていたということもできる。

なにも真言律ばかりでなく、近世の戒律運動のすべてが流れこむ湖のような場所、それがつまり、正法律の成立する場所だったといって過言ではなかろう。なお最後に、槙尾山から発したこの運動が、関西・関東の各地にひろがり、大坂・京都・江戸の三大都市に根をおろしたのち、ふたたび葛城山の高貴寺にかえる、この往還ふたつの道を完結させたのが、正法律であることに注意しておきたいと思う。いわゆる出山《しゅっさん》の釈迦に対して、山居《さんご》・入定《にゅうじょう》の釈迦ともいうべき契機を忘れてはならないということであろう。

日常茶飯とさとり

ここで目を転じて、真言宗の教学思想について考えると、浄厳や慈雲のであった問題には、何か近世に固有な特色があらわれていたにちがいない。たとえば、現実の社会生活、つまり世間的な生のあり方ということは、空海の『三教指帰《さんごうしいき》』や『十住心論《じゅうじゅうしんろん》』のなかでも主要問題のひとつとしてとりあつかわれていた。しかし、真言教学の立場は、世間より出世間《しゅっせけん》、顕教より密教に照準をあわせて、世間的な生そのものを積極的に評価することを考えようとしなかった。

とくに古代・中世的な思想を背景として成りたっている真言教学の場合、出世間の立場とか、釈迦一生の教えを、説いた時期や教えの深浅などによって分類して順序づける考え方（教相判釈《きょうそうはんじゃく》）の方がつよく、勝劣、高下といった尺度から、仏教教理を論ずる傾向が顕著であった。ところが、近世になると、むしろ出世間よりも世間、顕・密よりも仏教、儒教といった問題の方に、照準をあわせる必要が生じてきた。そのために、いきおい世間的な生のあり方というものをどう捉えるか、という問題につよい関心が払われざるをえなくなった。

世間のうちで、世俗的な生のまっただなかで、仏とであい、仏に救われる道はあるのか。死後ではなく生前の、現在の生のうちで仏の加護をうることは、どうして可能か。この世を厭《いと》い、往生を求めるのでなく、現実社会を生きることにどういう積極的な意味があるというのか。いわば、超越的に世間をこえでる方向に救いの道があるのか、それとも、内在的に、世間のうちにさとりに通ずる道がすでにひらかれてあるのか。

もともと当相即道《とうそうそくどう》（実際の差別の姿そのままが真実である）とか即事而真《そくじにしん》（眼前のものがそのまま真理の象徴《シンボル》である）といって、現象する個々の事象をそのまま絶対的なものの現われであると説くのが、密教の立場だとすると、このような世間的な生の立場からでてくる諸問題を、避けてとおることはけっしてできなかったはずである。

わけても、三帰《さんき》（仏・法・僧の三宝に帰依すること）戒や菩提心《ぼだいしん》（仏果を求め仏道を行おうとする心）戒のような、入信者および大乗の求道者《ぐどう》に対する授戒作法を重視する真言律の立場にあっては、「初心の菩薩《ぼさつ》、仏と徳を同じうす」といい、凡心に即して仏心を見ることが強調される。また、世間戒、出世間戒というように、具体的な戒律をめぐって、世間出世間といった立場そのものが問われるところでは、行住坐臥《ぎょうじゅうざが》、着衣喫飯《きっぱん》のひとつひとつの所作、行為はたちまち仏道修行の大問題となってくる。

こうして凡心に即し、日常の生活に即した修行をきびしく追求する立場にあっては、たえず現実的なもの、世間的なものの底に、これを超えたものを見ることが課題となってくるのはとうぜんである。まさしく世間と出世間、世俗（まよい）と真実（さとり）との一致という大乗仏教の根本問題が、このように世間的な生のありようを軸としてあらわとなり、日常茶飯《さはん》の行為をとおして現実生活と一枚に問題となってきたのが、ほかならぬ近世固有の状況であった。

このように考えてみると、真言宗のうちでも、とくに真言律の立場が時代の脚光をあびたのは自然の道理である。真言宗のいわゆる即俗而真《そくぞくにしん》（世俗《まよい》のあるがままの姿のほかに別に真実《さとり》の世界はない）の立場をふまえ、世間的なものに即しつつ真実のさとりの世界を直下《じきげ》につかむ方法を、この真言律の立場は、たしかに提示できたのである。

現代と慈雲

いわゆる仮名法語によって、日常の卑近《ひきん》な問題をとりあげ、職業倫理を説き、現実の生活のなかに生きる仏教の姿を示したのも、近世の新しい傾向に属する。その場合、霊験を説いて神仏への信仰をすすめ、現世利益《げんぜりやく》によって善男善女の帰依《きえ》をつのるものがあり、道理を説いて信仰の道に導き、善根功徳《くどく》をつんで持戒修禅へとはげますものもある。おなじ法を説くにも、人情に和し、歌謡にのせて流行するものも、軽薄をきらい謹直厳正にしたがうものもある。

慈雲のいうように、たしかに法はもと無相、つまり形がないのだから、法を説く人の力量とか、おのずと法にふさわしい表現法というものがあるにすぎない。ともかく、この時代に、教化の方法が具体的で、現実的となり、世間的な生の問題に対応するものとなったことは、もはや疑いようのない事実である。

しかし、世間的な生のあり方を積極的に認め、やさしい仮名で法を説くことは、真言教学の伝統に対する造反ではないか、という疑問がある。それは、まるで空海の『十住心論』の体系を逆倒しかねないような観点の導入ではないのか。たしかに、世間の住心を軸にして十住心を一回転させてみると、慈雲の『十善法語《じゅうぜんほうご》』の立場とほぼかさなることは間違いない。真言教学は、いわば十住心の頂点である第十住心から人間の生のあり方を包み、一方、十善の立場は、十住心の基底である第二住心からこれを包みかえすと考えるとよいであろう。

いずれも、仏教の全体を包みこむ立場であって、即身成仏《そくしんじょうぶつ》、当相即道という真言の教えを展開したものといえるが、ただひとつ、十住心は証果《しょうか》の立場にたち、十善は信修《しんしゅう》の立場を守るという点に、両者の基本的な違いがあるにすぎない。そのために、十住心はあくまで仏と仏との関係の世界と称され、十善は「人の人たる道」、もしくは「人となる道」[4]と呼ばれることともなる。もし十住心を密教の世界というならば、十善は密教の世界に通ずる道の、いわば敷居のようなものといえるであろうか。

　このことを慈雲は、「十善これ菩薩の道場」[5]とか、「この十善がただちに真言行菩薩の学処じや」[6]と説いているが、もしこの立場にたてば、十善のほかに別に密教の世界はなく、敷居はそのまま密教の世界への通路に仮《か》りにもうけた仕切りであるにすぎない。逆に、もし両者の違いをいうものがあれば、それはただ密教の世界を向こうにおいて、外からそれをながめているだけのこととなろう。

　ここで提出された問題は、おそらく近世から現代にいたる真言宗の、もっとも基本的な問題のひとつであろう。すでに中世的な教学の限界は、慈雲の立場によって批判的に超えられている。もし、そう考えてよいとするならば、新しい真言宗の教学の出発点をどこに求めるのか。またもし、慈雲らの問題は、伝統的な教学にとって、異端にすぎないと考えるのであれば、世間的な生のあり方と出世間の立場について、根本的な再検討を加えることが要求される。いずれにせよ、真言宗の現代的な関心と密接に結びついた斬新な問題が、慈雲の周辺にあるように思われてならない。

　慈雲とは、どうやらそういう不思議な思想家のようである。

略年譜：慈雲尊者飲光の生涯

年号	西暦	年齢	事項
享保三年	一七一八	1	七月二十八日、大坂中之島の高松藩蔵屋敷に生まれる。父は浪士。
〃　十五年	一七三〇	13	父の遺命と母の勧めにより出家し、法楽寺の忍綱につく。
〃　十七年	一七三二	15	真言の四度加行に際し宗教的霊感を得て仏道修行に精進。
〃　十八年	一七三三	16	京都に遊学し、伊藤東涯に儒学、詩文を学ぶ。

元文元年	一七三六	19	奈良にて仏学を修め、河内（大阪府）野中寺で修行する。
〃　三年	一七三八	21	野中寺にて具足戒を受ける。
〃　五年	一七四〇	23	師の忍綱より田辺の法楽寺を託される。
寛保元年	一七四一	24	法弟の松林に法楽寺をゆずり、信州（長野県）で曹洞宗の大梅に参禅。
延享元年	一七四四	27	河内高井田の長栄寺を託される。
〃　二年	一七四五	28	長栄寺を正法律の最初の僧坊とする。
寛延二年	一七四九	32	「根本僧制」を掲げる――正法律の基礎の確立。 各地に法筵をはり、正法律の宣揚に力を入れる。
宝暦二年	一七五二	35	『方服図儀』を刊行。
〃　八年	一七五八	41	生駒山の中腹に雙龍庵を結び籠る。『南海寄帰内法伝』を註釈。
明和三年	一七六六	49	正法律運動よりの隠退を声明。千衣裁製始まる。 このころ、梵学の研究に没頭し、明和の末（一七七〇）ころ『梵学津梁』千巻ほぼ完成か。
明和八年	一七七一	54	懇請により、京都の阿弥陀寺に住し、十善の法を説く。
安永二年	一七七三	56	女院らに十善戒を授け、十一月より十善法語を十回講ずる。
〃　四年	一七七五	58	『十善法語』が完成（文政七年〈一八二四〉刊行）。
〃　五年	一七七六	59	阿弥陀寺を閉じ、高貴寺に移る。
天明元年	一七八一	64	『人となる道』初編の再校なる。
〃　六年	一七八六	69	高貴寺の僧坊が認可され、一派真言律宗の総本山とする。
〃　八年	一七八八	71	『無題抄』を著わす。これより神道研究がすすむ。
寛政四年	一七九二	75	『伝戒記』なる。このころ『人となる道略語』『神儒偶談』などが成立する。
〃　七年	一七九五	78	両部曼荼羅を講じ、『両部曼荼羅随聞記』なる。
享和三年	一八〇三	86	『理趣経講義』で漢梵の復原を試みる。
文化元年	一八〇四	87	『金剛経』を説き、十二月二十二日、講義の準備中に遷化。

一　正法への道

平次郎少年の体験

享保《きょうほう》三年（一七一八）七月、慈雲は大坂中之島（北区玉江町一丁目）の高松藩の蔵屋敷に生まれた。

父は円澄居士《えんちょうこじ》、上月安範《こうづきやすのり》（一六六五〜一七三〇）といい、播州《ばんしゅう》田野村（兵庫県佐用郡佐用町）の人で赤松氏の一族である。性格は剛毅《ごうき》で侠気《きょうき》に富み、「古人《こじん》の風あり(7)」といわれる。神道に造詣《ぞうけい》があり、『大祓解《おおはらいのげ》』を著わし、法楽寺の洪善《こうぜん》に深く帰依した。

母は普宣大姉《ふせんだいし》、お幸《こう》、のちお清《せい》（一六八三〜一七五五）と呼び、阿波徳島の桑原氏の生まれで、高松藩の家人、川北又助の養女として安範に嫁いだ。母のお清は洪善の資忍綱《にんごう》から十三仏の真言を授かって、毎日唱えるほどの篤信者であった。

七男一女の第七男として、父五十四歳のときに誕生し、幼名は満次郎といい、のち平次郎と改める。兄弟のうち、長男と六男は短命で、三男および五男が比較的に長寿をたもち、慈雲はもっとも長く生きたことになる。

十二歳のとき外祖父の又助が歿し、十三歳で父の安範が終わったとき、二男の正則は二十六歳、三・四男は二十二、五男は十八、末娘はまだ九歳であったし、母は四十八歳で、きびしい試練にさらされることとなった。

慈雲は、九歳にして初めて文字を読み、十歳で習字と読書をおそわった。十一歳のとき、兄の正則が父の機嫌をそこねて勘当《かんどう》されると、平次郎少年は父のゆるしを求めて枕辺を離れず、夜中になって、ついに父が「兄を思うおまえに免じて勘当をゆるす(8)」というと、ただちに刀をとり、今夜中に兄さまに伝えたいとでかけようとした。父はこれをゆるさず、ようやく止めたことがあるという。

父親に似て、人のために尽くして自分のことを忘れ、怖さを知らぬ気性の激しい少年だったようである。そのためか、肉を食い酒を好んで、親類のものに愛されず、将来、無頼《ぶらい》の徒となるだろうと恐れられたという話も残っている(9)。この早熟で頑固な平次郎少年の逸話のうちで後年まで印象深く、慈雲みずから語られたものが二、三ある。

一つは、食客《しょっかく》の武市新蔵が、朱子《しゅし》学によって兄たちに儒教の古典を教えたとき、いつもその横で話を聞いていた。あるとき、盤水《ばんすい》に月が映る喩《たとえ》をあげて、死後、もし魂が地獄におちたとしても、身体がなければ獄卒どもの責め苦などありえない、という話にすっかり心服して、僧侶や仏教をにくみ、釈迦とは、とほうもない虚偽《きょぎ》の説をとく首領だと思いこんでしまった(10)。

これは、むろん通俗的な朱子学の立場にすぎず、常識的な合理主義により死後の世界を否定する、もっともらしい俗説は、現在でも多い。のちに慈雲は、その著書『十善法語』のなかで、これらの「地獄といふもの、餓鬼《がき》といふものは、なきことのように思ひ、おどしごとのように思ふ(11)」たぐいの偏見を、「世智弁聡《せちべんそう》」と呼んで、仏道修行の障碍《しょうがい》となる八難処《はちなんしょ》の筆頭にあげている。

二には、讃岐《さぬき》（香川県）の法華《ほっけ》僧や真言僧が、公家《くげ》の養子となり、紫衣《しえ》をつけ、権僧正《ごんそうじょう》などの高い位をえて家にたちよるのをみては、父母への孝養を忘れ、名利《みょうり》、権勢に近づく僧侶たちに道義的な反撥をおぼえて、挨拶もせず、返事もしないで、もっぱら排仏感情のみをつのらせたという(12)。

三に、それに反して、法楽寺の忍綱が麻の衣にぞうり、鉄鉢《てっぱつ》の姿で来られるのをみると、ひそかに尊敬の心をいだき、あるいは釈迦仏は嘘かもしれないが、「大和上《わじょう》ハ高逸《こういつ》（けだかくすぐれている）ノ風あり」と感服し、母にしたがってすすんで茶湯を給仕したとある(13)。

槙尾
卍西明寺
仁和寺卍
卍大徳寺
阿弥陀寺跡卍
岡崎
堀川古義堂
山城
卍泉涌寺
宇治田原
卍巌松院
丹波
卍桂林寺(現、正福寺)
有馬
淀
川
摂津
双竜庵跡卍
生駒山
西大寺卍
中之島
(生誕地)
高井田
卍長栄寺
(西之坊)
卍唐招提寺
卍東大寺
四天王寺卍
田辺
卍法楽寺
卍法隆寺
長慶寺卍
大和川
大和
大阪湾
卍神鳳寺
卍野中寺
卍高貴寺
河内
葛城山
和泉
紀ノ川
紀伊
高野山卍
0
15km

慈雲にゆかりの地

いずれも、『十善法語』をつくったころのおぼえがきに書かれた話であるが、純真な子供心にきざまれた先入見のゆえに注目する必要があろう。『十善法語』にいう「総じて小根劣機《しょうこんれっき》の者は、まず入ることは主となる。みずから知るところを是《ぜ》とす」の一節が思いあたる。他の法語では、「十二のときに朱子学の儒者の講釈をきいて断見《だんけん》（世間および我の断滅を主張する誤った考え）をおこした」(14)とあるから、出家前の慈雲が、頑固に自説をまもろうとした姿勢をうかがうにたる興味深い資料でもある。

この排仏的な感情が、やがて十三歳で父の遺命によって、法楽寺で出家剃髪《ていはつ》することとなっても、なお本心から承服せず、「十年間、仏教を学んだのち還俗《げんぞく》し、儒者となって仏教を批判してやろう」(15)といった決意をいだかせたもようである。心やさしく鋭敏な少年であるだけに、両親への孝行と、仏教への反撥との内的葛藤《かっとう》を、なんとか一所懸命におさえようと努力したというところであろうか。

出家開眼——仏法にめざめる

こうして十三歳の慈雲は、享保十五年（一七三〇）十一月、大坂田辺（東住吉区）の法楽寺で出家した。法楽寺は、ふるく平重盛《たいらのしげもり》の建立《こんりゅう》によって小松院と称し、いまも「田辺のお不動さん」の名でしたしまれている。開創は治《じ》承《しょう》二年（一一七八）と伝え、元亀《げんき》年間（一五七〇〜七三）に兵火のため焼失したが延宝六年（一六七八）には野中寺の慈忍の高弟である洪善普摂《ふしょう》が住職となり、献身的な努力によって堂舎を復旧して、中興第一世となった。これより青龍一派所属の律院としての規模がととのえられ、本堂の落慶は、慈雲の得度のちょうど二十年前にあたっている。

寺院の生活は、厳格で規則正しく、じつに充実したものであったが、はじめに素読をならった慧空《えくう》に認められて、たちまち慈雲は弟子たちの首席をしめた。翌年四月からの安居《あんご》には、まず常用の経典をおぼえ、七月に悉曇《しったん》、すなわち古代インドの梵字《ぼんじ》を学び、「仏教の学問は梵文にある」(16)とて、空海から伝わるサンスクリット研究の基礎の手ほどきをうけた。このとき、インド文化の一端に接して、中華思想のまよいから解放されたという。また自筆の『略歴』によると、「つねに忍綱大和上に侍《じ》す」(17)とあり、侍者《じしゃ》をつとめて、かねて尊敬していた忍綱貞紀《じょうき》より親しく薫陶《くんとう》をうけたことがわかる。

そして翌年、十五歳のとき、密教の四度《しど》加行《けぎょう》を修した。これは、真言宗の僧侶となるための基礎的な修行であり、十八道以下、四種の本尊を供養する修法《しゅほう》を練習させる初歩の課程である。現在でも、ただ型どおりにすまさず、加行の成否は修行者の一生を左右する重大事であるから、真剣にとりくむようによくいましめるが、法楽寺の場合、四月四日の初行から十月三日の成満《じょうまん》まで、百五十日のきびしい練行《れんぎょう》を課した。しかし、後年のおぼえがきによると、慈雲もはじめの礼拝加行はただ形ばかりで、一念の信心もなかった。

ところが、本尊供養（一尊法）の基本の型である『十八道如意輪観音念誦次第《にょいりんかんのんねんじゅ》』を授かり、道場観《どうじょうかん》にいたると、「少しく奇異の念が生じた」(18)。そして実際の修法にうつると、「はなはだ感ずるところがあって、総身から汗がでて、みずから悔いた。私は幼稚なため悪邪に随順《ずいじゅん》し、さらには誹謗《ひぼう》の言を口にしたので、地獄はまぬがれないであろうと。かくて悲泣にむせんで我をうしない、それより日一日と仏法の深い意味を知るようになった」という(19)。

この鮮明な回心《えしん》の体験は、たしかにさきの偏見、断見からの解放を物語っている。「初めて断見の非を知った」(20)とか、「初めて仏教のおおいに九流と異なることを信ず」といって、儒教、道教など中国の九学派の教えと違い、仏教の信ずべきことを初めて了解したと説明される。

問題は、しかし何がどう了解されたかである。さきの武市某の説では、水盤《すいばん》に映る月影は、水、月ともに目にみえる可視的な形象であった。それは、つまり「肉眼の見るところ」を基準にして、目に映らない「法を思量」することに帰着する。

これに対して、道場観とは、しいていえば本尊のいます道場と、本尊のかたちや誓願を、ありありと観想《かんそう》するものであろう。いわば本尊が不来の相において来り影現する場所が、道場観なのである。そこに肉眼では見えず、在《あ》りえないはずの仏・菩薩が、本尊という具体的なかたちをとって現前する。それも、こばみようもなく自然に、あるがままに現成《げんじょう》してくるのである。このような本尊・如意輪観音とのであいが、「はなはだ感ずるところがあって、総身から汗がでた(21)」という体験の骨子だったとみて、ほぼ間違いないであろう。

大切なことは、こうした本尊とのであいを可能にするものは法であり、法にめざめさせるのが師匠である。真言宗にあっては、師匠の教えに忠実にしたがうことが、修道の第一歩で、あたかも仏に対するように絶対受動的となりうるものにのみ、この稀有《けう》な体験はゆるされる。その意味で、この不思議な、仏と法、そして僧（師匠）の三宝とのであい、つまりは回心の体験を、かれの正法《しょうぼう》への開眼《かいがん》と呼ぶことがゆるされるであろう。

もうひとつ、この体験によって断見の非を知り、偏見が消えて、純一な修行が可能になったことも重要である。さきにあげたように、「世智弁聡」を八難処のひとつに数えるのは、けっきょくおのれの賢《さか》しらのために、法とか師匠の言葉が耳に入らないからであろう。

逆に、絶対の随順とか受動のないところには、真の修行は成りたちようがない。賢しらな私の知恵と我意・我欲を捨て去って、法および師匠の言葉に虚心にききしたがうことが、ここでは断見の非を知り、純一な修行にいたる道であった。

発心――野中寺での修行

翌年、十六歳で、京都に遊学して、三年ほど伊藤東涯《とうがい》の古義堂で、日夜おこたることなく儒学や詩・文学を学んだ。生来、学問好きの慈雲は孜々《しし》として倦《う》まず、古学派の学風を十分に吸収し、古典のことばにより古典を学ぶことの重要さを知り、日用人倫の道を説くことの意味を教えられたのである。

この基礎的な学問修行は、「学術がなくては、法将となって外道《げどう》を降伏させることはできない(22)」とする師の忍綱の温情によるという。このときも、仏教を批判する儒者たちの説に接したが、その多くは『十善法語』のなかにまとめて、再批判の対象とされている。さきに、排仏論の洗礼を受けて、その非をさとった慈雲の心をかき乱すものには、もはや何一つであわなかったのであろう。

十九歳のとき、大和《やまと》（奈良県）の諸寺に、唯識《ゆいしき》学その他の大乗仏教を学んだのち、元文元年（一七三六）の冬、河内（羽曳野《はびきの》市）の野中寺に入って、本格的な戒律と密教の修行生活が始まる。この寺は青龍山と呼び、ふるく聖徳太子の開いた寺といわれ、「中の太子」と称し、飛鳥《あすか》仏の弥勒《みろく》像は有名である。寛文十年（一六七〇）に慈忍が住職となって復興し、僧坊としたところから、槇尾山、大鳥山と並んで四分律の三僧坊に数えられた。この慈忍のもとで、泉涌寺の北京律と槇尾山の真言律、そして西大寺流の密教が総合されたことはまえに述べた。正徳三年（一七一三）には湛堂《たんどう》により「龍山清規《りゅうざんしんぎ》」増補五十条が定められ、延享三年（一七四六）には、瑞龍《ずいりゅう》らが奔走して真言律の本山として認可された。

この僧坊で、慈雲は、禅谷《ぜんこく》とであって、「宗旨《しゅうし》がたまり、祖師びいき(23)」となることの非をいましめられ、また諸宗に勝劣をみ、他宗をそしってはならないとおそわった。秀巌《しゅうがん》からは沙弥《しゃみ》戒を授かり、密教の灌頂をうけ、「少しばかりのものを得てそれで満足してしまうことなかれ(24)」ときかされる。生涯の友、瑞輪《ずいりん》とであったのも、この時代である。

しかし、野中寺での修行中、もっとも注目すべき事件は、最初の冬、「蔵に入って律を看、五百結集《けつじゅう》の文にいたって、忽然《こつねん》として自省す、多聞《たもん》は生死《しょうじ》を度《ど》せ（超え）ず、仏意とははるかに隔《へだ》つ(25)」と記されたことである。日夜おこたりなく学問にはげんだ慈雲の、深い自己反省の言葉である。「四分律の五百結集の文を見て、初めて菩提心をおこした(26)」とも語った。多聞第一の阿難《あなん》を、迦葉《かしょう》がいまだ解脱《げだつ》をえずとして、第一結集のなかに加えず叱責《しっせき》したという故事をふまえて、「多聞は生死を度せず」と自省し、「仏のさきに制《せい》せざるところ、いま制すべからず、仏のさきに制するところ、いま却《しりぞ》くべからず(27)」の一節に基づいて、仏教の学問だけでは「仏意とははるかに隔つ」と嘆じたのであろう。この七葉窟《しちようくつ》における五百結集の文が、慈雲に正法律への開眼をもたらしたといってもけっして過言ではあるまい。

解脱——生死の問題を解く

元文三年（一七三八）十一月、二十一歳で具足戒《ぐそく》をうけて比丘《びく》となり、翌年三月には、法楽寺において忍綱より西大寺流の秘法灌頂を授かり、正しく師の法流の継承者となった。のちに本師忍綱について、「謹《きん》にして厚《こう》、人に施して徳をわがものとせず、勤めて倦まず、先賢の教えを承《う》けて、後学のための方軌《ほうき》となる、（中略）まさに濁世《じょくぜ》の光明幢《こうみょうとう》というべし(28)」と記して、その懇切で手厚い薫陶ぶりをたたえている。この師にして、この弟子ありというべきであろうか。

このころ、忍瑞《にんずい》の名を改めて飲光としたが、その理由はさだかでない。ただ、飲光とは「迦葉」を訳したものであり、さきの第一結集の文と無関係とは思われず、この諱《いみな》のとおり慈雲は生涯、摩訶《まか》迦葉のごとき仏弟子という自覚をうしなうことがなかった。

翌五年、二十三歳で法楽寺をゆずられ、忍綱は高井田（東大阪市）の西之坊《にしのぼう》（のちの長栄寺）に入寺している。

しかし慈雲は、さきに阿字観《あじかん》を大輪《だいりん》から授かり、日夜これを修して、部屋をでることがなかったという。諦濡《たいじゅ》の『正法律興復大和上光尊者伝』（以下『略伝』とする）には、「一室に兀坐《ごつざ》（どっしりとすわる）して、心源を究明しようとした[29]」とある。このとき、住職としての寺務も、若い修行者たちの指導も、まったくかれの眼中にはなかったのである。そして寛保元年（一七四一）三月、法弟の松林《しょうりん》が具足戒をうけた機会に法楽寺をゆだね、九月には信州内山（長野県佐久市）の正安寺の大梅《たいばい》のもとに参禅した。この道中、侍者がたおれたため、路銀をもたない律僧の旅行は困難をきわめたが、宿の主人に窮状をたすけられたという逸話が残っている。

信州の僧堂で、したしく教導をうけること三年たらずにして、「二十五の時に、初めて穏当《おんとう》（わだかまりがとけておだやかな心）になつた[30]」という。十九歳のときからずっと胸につかえていた生死《しょうじ》の問題が解けた、真正解脱である。『略伝』は、これを、「ある日、突然にさとりをひらくと、まるで重荷をおろしたようで、胸のなかには何もないかのようであった。それは、世の中のすべてのものがそれぞれ光り輝き、いつでもどこでも妨げるもののないありさまは、まるで空にある白雲が、巻いた形になったりひき伸ばした形になるのが自由自在であるかのようであった[31]」と伝える。慈雲はまた、一方で、「私が法に力を得たのは大梅禅師《ぜんじ》との因縁によってであった[32]」とか、「かつて会裏《えり》にしたがって、したしく教導をうけ、開発《かいほつ》および増益《ぞうやく》するところ多し、真の正法の出《い》ずるは尊宿《そんしゅく》（年長で徳のたかい僧、大梅を指す）、飲光において力あり[33]」と書いており、『大梅年譜』にも、「寛保三年（一七四三）四月四日、慈雲律師《りっし》に偈《げ》を付く《さず》[34]」とある。

正法への歩み

しかし他方では、「大梅禅師とは見所がおおいにくいちがった(35)」とも述べており、ひたすら仏在世の正儀《しょうぎ》・正法をめざす慈雲には、大梅とのあいだに基本的な立場の違いが痛感されたもようである。そこで諸方の会下《えか》の衆（僧堂の修行者たち）にもあい、また法語、説法などを聞いたが納得できず、ついには「とても同道唱和の人もあるまいによって、ただちに空閑《くうかん》に独処《どくしょ》して、山中にて木石とともに朽ちはてようとする心がおこった(36)」とのことである。「空閑に独処する」とは、つまり「己衆《こしゅう》、他衆《たしゅう》をすてて、空閑に独処して、苦の本《もと》を滅せんと思うべし(37)」とする『遺教経《ゆいきょうぎょう》』にみえる教えである。そのうえ、木石とともに朽ちはてようとか、あとかたなく姿をくらまそうとする覚悟は、慈雲が終生いだき続けたものに属し、岐阜伊深（美濃加茂市）の山奥には、慈雲さんの洞穴というい伝えがいまでもあるという。しかし縁がなければ、ただひとり法をおもい、釈尊《しゃくそん》の教えどおりに修行することはできない。その死生を超えたいちずな求道の誓願が、じつは正法律運動を支える原点であったと考えられる。

いま明和三年（一七六六）、四十九歳の法語のなかで、慈雲は自分の修行、すなわち正法への道を回想してつぎのように記している。

十三歳で出家し、十五の年に密教の加行をつとめて断見の非を知った（開眼）。十九の年、四分律の五百結集の文を見て、初めて菩提心を起こす（発心《ほっしん》）。二十四のときにいたって初めて此事《このこと》有ることを合点し、二十五の時に初めて穏当になった（解脱《げだつ》）(38)。

つまり、まずはじめに密教の加行、つぎに戒学と修道、そして阿字観・参禅と、三つの段階をへてさとりに到達したことがわかる。われわれは、これを順次、十五歳の正法への開眼、十九歳の正法律への発心、そして二十五歳の真正解脱と捉えてみたのである。

そのうち、戒律と坐禅とは真正の修行事、もしくは仏のさだめにしたがった修行として統合することができ、この点に、また禅戒一致の坐禅、あるいは曹洞《そうとう》禅との決定的な違いもあった。いわゆる戒律中心の戒《かい》・定《じょう》・慧《え》の三学修行と呼ばれるものがそれにあたり、まさしく「四宗兼学の律宗」とか「正法律」と称するのが適当な立場となるであろう。

この正法律にいたる道には、したがって、師とのであい、仏とのであい、法とのであい、そして真の自己とのであいのすべてが畳みこまれていたこととなる。慈雲の修行を語るとき、われわれは理想的な仏道修行の姿をみるおもいがするのであるが、まことに稀有なであいがその節目ごとにあらわれていたことは、ただただ驚異というほかはない。法と人、仏と求道者、そして師匠と弟子との、みごとなであいの諸相は、たしかに正法出現の時節が、千《せん》載一遇《ざいいちぐう》のウドンゲの花のように、遭遇しがたいものであることを教えているかのようである。

二　正法（釈迦仏教の根本）を理想とする

師のもとへ帰る

延享《えんきょう》元年（一七四四）四月、慈雲は師の忍綱の命にしたがって、高井田西之坊、つまり長栄寺の住職となった。さきに法楽寺を慈雲にゆずった忍綱は、元文五年（一七四〇）より西之坊に入寺していたので、信州から帰った慈雲に、あらためてこの寺の経営をゆだねたのであろう。ひとつには、信州への出奔《しゅっぽん》が、青龍一派の規定《きてい》に反し、また師の意向にさからった行動であったために、『野中寺僧名録《やちゅうじそうめいろく》』には、「一旦は当派を退く(39)」と記録されている。ところが、おそらく、師としては、弟子のやみがたき求道の気持を汲《く》んで、再度、一派の僧としてむかえるための処置を早急にとる必要が生じたにちがいない。

そのためには、当然、一派寺院の住職とするのがもっとも適切な方法である。そのうえ、当時、忍綱の弟子七人のうちで、具足戒をうけた大僧・比丘は慈雲と松林の二人だけであり、愚黙《ぐもく》、即成《そくじょう》、本寂《ほんじゃく》、戒賢《かいけん》、密門《みつもん》らは、まだその資格をみたしていなかった。

この現状と、七十四歳という師の年齢を考えたとき、この住職起用は、単に慈雲ひとりの問題にとどまらず、忍綱門下の指導体制の基本にかかわる大切な意味をもつ決定であったことがわかる。

ところが、この長栄寺の住職となることは、たとえ師の意向や、他の事情がどうであれ、慈雲の運命そのものを決定するようなまったく別の意味をもっていたのである。というのも、今回は法弟であり、また忍綱の俗縁にあたる愚黙の力が大きかった。

この前年、十六歳だった愚黙は、慈雲から信州での修行の話をきいて発憤し、修禅にはげみ、その指導をうけていたが、やがて、すこし坐禅の境地が深まると、慈雲にせまって、「山居の志」[40]を断念させてしまったのである。慈雲は、信州からの帰りに、すでに、ただひとり山中にこもって、自分だけの法を守ろうと決意していた。ところが、「それは、畢竟菩提心がないと云ふものじや、(中略)一個半個を覓取《べきしゅ》(みつけだす)せねば、法滅の人と云ふもの」[41]という愚黙の熱誠あふれる懇情を、ついにこばみきれず、三年間だけという約束で長栄寺の僧坊を開くことになった。

こうして師匠の命令と、法弟の懇請という二重の法縁に導かれて長栄寺に入った慈雲は、ここに愚黙、即成、信州より付き従った寂門《じゃくもん》らを指導し、さまざまな困難を乗り越えて、「釈迦が弟子たちと暮らしていたころの生活ぶり」[42]を理想とした修行の道場を開くこととなった。『略伝』の文章をかりると、当時の想像を絶した辛苦、窮状は「人の耐ゆる能《あた》わざるところ、これに処シテ裕如《ゆうじょ》ナリ（ゆったりとしている）、精修純一にして、彷彿《ほうふつ》トシテ仏世ノ風あり」(43)と誌《しる》したのが、それにあたる。じつに「不可思議の縁起」というか、まるで無から有を生ずるような奇跡に近い難事業だったことが推測される。

僧坊の規模は、少なくとも四人の比丘がいなければならない、との規定にしたがって、延享二年（一七四五）四月、慈雲はまず寂門に沙弥戒、愚黙に菩薩戒を授け、ついで十月には、長栄寺を結界《けっかい》してこれを僧坊とする。こうして、沙弥即成を加えた四人の僧侶による、正しい修行の共同体である僧伽《さんが》の前提が形式的には成立したことになる。

さらに『十善法語』によれば、釈尊時代の僧伽、すなわち衆和合《しゅうわごう》（梵語・サンガの中国語訳）を実現するためには、「六和敬《わきょう》の法」をみたす必要がある。そして戒《かい》・見《けん》・利《り》・身《しん》・口《く》・意《い》の六つの和敬（修行者が和合してたがいに守るべき規則）のうち、とくに一致して守るべき同一の規則（戒和敬）、共通の教え（見和敬）、共有の財や衣食（利和敬）という前三つが肝要であり、なかでも「戒和敬」がその基本であると説いてある。

このような戒律としては「文殊《もんじゅ》や弥勒さえも一字も賛《たす》けず、迦葉、舎利弗らも唯ただ祇奉《しぶ》する（つつしみつかえる）のみ」(44)であったものが、連綿と師資相承《ししそうじょう》して今日にいたっている。釈尊がしたしくお説きになった、この正法の規則（正法律）を身命を賭《と》して再現する、これがまさしく「すべて仏在世を本とする」(45)僧坊開創の趣旨だったのである。

延享三年（一七四六）七月、愚黙に具足戒を授けて「当山の戒壇《かいだん》受戒のはじめなり」(46)と記す。いわゆる三師七証による正式の授戒作法、別授《べつじゅ》の制であり、日本では古代から久しく断絶していたのを再興し、新しい標準を示したものである。翌年、即成は野中寺で、翌々年には寂門が長栄寺で具足戒をうけて、ようやく四比丘がそろったところで、寛延二年（一七四九）七月には、「根本僧制」五条を定める。ここに、正法律の基礎は、名実ともに確立するにいたった。

正法律の掟

この「根本僧制」を定めたのは、『略伝』によれば愚黙の提案によるとのことである。「今より後、事の大小にかかわりなく、一二《ひとえ》仏世ノ正軌《しょうき》ニ順シ、澆末《ぎょうまつ》（人情がうすく、世の乱れた時代）ノ弊儀《へいぎ》ヲ雑《まじ》ゆルコトなかれ(47)」という意見を容れて条文ができ、初めて正法律と名づけたとある。僧坊の開創と、「根本僧制」の成立という新しい事業が、この若年の愚黙じしんの願いに基づき、弟子とのであいによることは特筆大書されるべきである。愚黙の肖像画に、「三乗の聖儀（釈尊以来の仏教の正しい規則）が末法の世にあらわれ、心地《しんじ》の法門（さとりのおしえ）が秋津洲《あきつしま》に伝うることは、この人の願力なり(48)」との讃辞を書き、あるいは「愚黙仏《ぐもくぶつ》を敬礼すべし(49)」との感懐を詩にうたい、のちに地福寺や高貴寺に愚黙との因縁を刻みこんだのも、慈雲とすれば、ごく自然な気持だったのであろう。それだけに、二十四歳の愚黙が、業半ばにして入寂《にゅうじゃく》したことは、まさしく痛恨事であったと思われる。

ここで「根本僧制」をかんたんに紹介しておこう。その特徴は、なにより簡潔で要を尽くし、みごとに正法律の根本方針を表明している点にあった(50)。

一、いっさいの事、すべからく律によって判ずべし、人情や私意をさしはさむことをえず。

「内に菩薩行を秘め、外に声聞《しょうもん》の儀をあらわす」といって、ただ大乗の精神を基本とするかぎり、出家、僧侶のあり方としては、小乗や大乗の区別なく、一律にすべて律蔵《りつぞう》にしたがうことを原則とする。たとえば『梵網《ぼんもう》経』には、指や臂《ひじ》を焼くなどの焼身供養を説いているが、律文では禁止される。そこで外にあらわれた行為は、あくまで律を本とし、他人が見聞できない方法でもって『梵網経』の精神にしたがうのがよい。
二、律文に欠けているか、または道理上、不十分ならば、経典や論書の説によるべし。
食肉の禁止は、律文では特別の場合に限られ、『涅槃経《ねはんぎょう》』や『梵網経』ではぜったいに不可とされるが、後者の方が道理にかなっている。またふつうの自誓受戒の制などは、律文には欠けており、瑜伽《ゆが》戒本によって補うのは、この第二条に基づくのである。
三、三蔵の所説のうちで、行ずることのできないものは、中国、日本の諸大徳《だいとく》の説によるべし。
気候、風土の違うインドの礼儀や風習は、そのまま日本では通用しない。中国の立礼、インドにない下着、また箸とか匙《さじ》のたぐいは、先徳《せんどく》の例にならい、僧坊の規制にしたがうのがよい。そのさい、基準となるのは、どこまでも「万国におし通じ、古今におし通じて、差異のない(51)」正法律十善の法である。
四、いっさい諸宗の法にしたがい律にしたがう人は、ことごとく一派同袍《どうぼう》であって、自派、他派を区別されない。
五、戒・定・慧の三学の修行をめざし、宗派の区別、浅深を論ずべからず。
現存する僧坊のように、自派、他派の区別をたてて、一派の「私会処《しえしょ》」となっているものは、釈迦の生きていた時代の僧坊ではない。

以上の五条の規定は、十善を中心とする伝戒相承に基づきながら、ひたすらに釈尊の説くところを信受して、私意をまじえず、修行すること、つまりは正法護持の理想を一貫して高唱している。とりわけ、自派、他派を区別することなく、超宗派の立場から実践的な仏教統一の運動を展開する姿勢は、注目にあたいする。戒律の立場についても、四分律、有部律にとらわれず、基本に忠実で、しかも批判をうしなわず、形式的な戒律主義にしばられない態度を貫く。それは、四宗兼学を掲げ、ひたすら仏道の成就をめざす仏弟子の僧伽・共同体を再現し、あくまで釈尊仏教を現代に復活させようとする宣言にほかならなかった。

仏教界への批判

ここで、二つの点に注意をしてほしいと思う。一つは、慈雲の徹底した仏教界批判であり、他は諸宗派の総合ということである。さきに、「山居の志」とともに「同道唱和の人もあるまい(52)」という絶望の声をきき、いままた、「根本僧制」の主張をみてくると、かれの立場がいっさいの妥協をゆるさない峻烈きわまるものであったことは明白である。

たとえば「もし中国、日本を網羅して、一微塵《みじん》ばかりの正法を求めようとも、じつに得べからず(53)」とか、「眼ニ見ルところ悉クこれ法滅の相、耳ニ聞クところ法滅の声ニあらざるなし、声ヲ呑ミ、血ニ泣クコト、日トシテこれなきはなし(54)」、こういった「末世」「法滅」の悲痛な叫びは、あらゆる機会に発せられ、断腸の想いが読者の胸をうつ。

『修行道地経《しゅぎょうどうちきょう》』の和訳、『方服図儀《ほうぶくずぎ》』の著述やその略本の刊行は、その記念碑的な業績であった。そのなかで慈雲は、「今日は末法、ただいまは三衣《さんね》が間違てある。御経も末法、いまどき仏在世の残たは坊主の頭を丸めたばかりじや(55)」と酷評する。宗旨によって袈裟《けさ》や衣体《えたい》が違うことは、かれにはゆるしがたい「相似の仏法（まがいものの仏教）」「群魔横行」の実態とうつったのである(56)。真言や律の系統は、今日でも如法衣《にょほうえ》を着用しており、この如法・正式な袈裟を釈尊から伝来した仏法の象徴とみなすことに変わりはない。

しかし、はるかに印象深く思い出されるのは、その『方服図儀』の講義中に、かれが挿入した「禅志二十年の石《せっ》窟《くつ》老人」の話である。[57]

今どきめずらしくつねに石窟に住み、一食《いちじき》長坐して、ひたすら坐禅する僧のもとに、黙々と托鉢《たくはつ》して供養し、三年ばかりつかえる一人の有志がいたという。ある日、石窟の老人が語っていうには、三年間の労苦に感じて教えたいと思うが、なにひとつ教示するものはない。ただ「解脱を得たいとおもったときには禅那《ぜんな》の一門に入るべきである。しかしその禅那というはいまどきの禅のことではない」と説き、きくにまかせて、真言、浄土についての所見を述べ、いまどきの仏法はみな仮《かり》の姿であるから、「聖教に基づいた修行をするがよい」と語って、夜半にたちさった。翌朝、石の上には泥で書かれたつぎのような偈が残っていた。

　如来久遠《くおん》所集の法、禿居士《とくこじ》の手にみな滅尽《めつじん》す。衆生沈淪《しゅじょうちんりん》、愍《あわれ》み傷《いた》むべし。もし邪正《じゃしょう》を弁ぜば、人、われを打たん。

この話は、むろん慈雲じしんの描く、山居の自画像であるとみて間違いないが、「邪正を弁ぜば、人、われを打たん」の一句は、妙に印象に残るものがある。どこにも語るべき同志を見出さず、わずかな知友にかこまれる石窟老人に自分を擬する姿は、忍綱、愚黙、そして即成、万愚《まんぐ》をつぎつぎにうしなった時期であったために、いっそう心をうつものがあるのだろうか。

　汲々《きゅうきゅう》として千鈞《きん》を一糸に懸《か》け、泰山《たいざん》を一木に支え、鞠躬自瘁《きっきゅうじすい》、また俗士《ぞくし》の死してのち已《や》むの忠に同じ。[58]

〈一心に一万トンの重いものを一本の糸にかけようとしたり、泰山のような高い大きな山を一本の木で支えようとするように、気をつかい、骨をおって力を尽くす自分たちの姿は、まるで俗人が死を覚悟して忠義をなしとげようとするのと同じものだ。〉

という、長栄寺の本堂が造営された折の「法語」にみられる言葉どおり、正法の興廃を一身にせおった毎日であったことが推察される。

のちに、われわれは、ほとんど同じ批判を『十善法語』のなかに見出すが、そこではもはや、「同道唱和の人」「人、われを打たん」といった言葉をきくことはできない。そのあいだに、いったいどういう事態の変化があったのか、十分なことはまだわからない。しかし、若い弟子たちの必死の修行と、ほとんど殉教というほかない若死にを、深い悲しみをもってみまもった慈雲には、現前の修行共同体（僧坊）とは別の何ものかがみえていたのであろうか。試練を経るにつれて慈雲の正法精神は、たえず新しい生命を獲得してゆくかのようである。

〝宗派〟を超える

つぎに、諸宗派の総合ということであるが、釈迦在世には「宗派もわかれず、同一仏法にて一味《いちみ》和合《わごう》であり、それ以後、宗派がわかれても、諸宗の僧は戒律をまもり、和合して同じところに住んでいた」とする慈雲は、あくまで仏弟子の立場を強調してやまない。「仏弟子たるもの、諸宗末世の風儀によるは非なるべし(59)」とは、木南卓一《きなみたくいち》氏が「仏弟子の意得《こころえ》」と名づけた文章の冒頭である。宗派とは、「ただ一相の仏弟子のうち持戒清浄《しょうじょう》で、そのうえに修学するところによってその法門まちまち(60)」になって成立したものなのである。

一相の仏弟子のうち禅定《ぜんじょう》の修行をして、心地《しんち》を発明することをこころがけるものを禅宗となづける。一相の仏弟子のうち、三密瑜伽《さんみつゆが》の行を精修するものを真言陀羅尼《しんごんだらに》宗となづける。一相の仏弟子のうち華厳《けごん》、法華《ほっけ》・円頓《えんどん》の妙旨《みょうし》を修学するものを教者となづける。持犯開遮《じほんかいしゃ》などを精詳にするものを律宗となづける。倶舎《くしゃ》、唯識を修学するものを法相《ほっそう》宗となづける。浄土宗というものもそれに準じて考えよ。みなことごとく正法《しょうほう》である(61)。

いわゆる名聞利養《みょうもんりよう》を求めず、法を私物化し、宗義をたくましくすることなく、すべての宗派仏教に対して、仏弟子の立場を優先させるところに正法があるというわけである。そこでは、修行者のふつうの修行である三学はもとより必修すべきであるし、護法のための学問は可能なかぎり学ぶべきだとされる。要はすべて仏の所制にしたがって、私意をまじえたり法を私することをきびしくいましめるところに、仏弟子の意得は帰着するのであろう。

　そのかぎり、超宗派的なひとつの立場が別にあると考えるのではなく、かえって開かれた宗派の立場とでもいうべきものが、それぞれの宗派のうちに成立することが、ここでは問題とされる。禅宗は禅宗として、真言宗は真言宗として正法をつらぬく道がひらかれてある。宗派的となるか、それを超えるかは、一にかかって修行者の決断にあると考えてよい。

　まして律宗というものが、別に一宗派として存在することを認めず、近世ではみな真言、天台などの兼学であったのだから、それぞれの宗によるべきだ、という慈雲の立場にたてば、真言宗といい、真言律といっても、基本的な違いはないのである。ただその違いは、宗派の成立する以前のところまでかえるという視点をもつかどうかにある。つまり、一方は仏弟子であるとの自覚を離れないのに対して、他方は密教がすべてであるというばかりである。

　のちの『高貴寺規定《きじょう》』では、「僧のうち有徳の人は、自他の宗をとわず、ことごとくまさに崇敬すべし」とか、「有徳の人を尊敬する。それが護法のためにたいせつである。此の人、仏を補うべし[62]」と規定して、宗派を超えて有徳の人に照準をあてている。この特徴的な指示は、すでに長栄寺時代に慈雲の身辺では具体的なかたちで成立していたことであろう。

　儒学の柳沢淇園《やなぎさわきえん》との親交、また大徳寺派の禅僧、義梵刹巌《ぎぼんさつごん》や順翁紹応《じゅんおうじょうおう》、あるいは高野山の左学頭、真源本然《ほんねん》との肝胆《かんたん》あい照らすあいだがらを考えると、かれのとらわれのない寛容さと大人《たいじん》の風格が、おのずと法縁の輪をひろげていたことをしのばせるに十分である。戒徳のおどろくべき力をみずから熟知したものが、初めて「此の人、仏を補うべし」とほんとうにいいうるのであろう。
浄土律の慈空《じくう》ゆかりの有馬の桂林寺の住持を兼任したのが寛延三年（一七五〇）、そして長栄寺の本堂、吉祥殿《きっしょうでん》の造営は宝暦《ほうれき》五年（一七五五）、慈雲三十八歳のことであった。

三　十善戒の世界

サンスクリット語の研究

宝暦八年（一七五八）、四十一歳の慈雲は、生駒《いこま》山の中腹、長尾の滝のほとりに、みずから設計して雙龍庵《そうりゅうあん》を結ぶ。これは慈眼庵《じげんあん》の智鏡尼《ちきょうに》の喜捨《きしゃ》によって造立され、七葉巌《しちようがん》とも称した。雙龍の名は、有馬山中の木樵《きこり》の家で入手された釈迦像の蓮座を、あたかも飛翔《ひしょう》しようとするいきおいの雙龍が支えていることによるという。インド製と伝える触地印《しょくちいん》を結ぶ金像は、「釈尊始成正覚《しじょうしょうがく》の像」[63]と呼ばれ、雙龍庵の本尊として安置された。俗界から遠く七葉巌に、成道《じょうどう》の釈迦像をまつり、法の守護者である雙龍を庵の名とし、西方の円窓を工夫して、禅那台をもうけたところに、当時の慈雲の心境がよくあらわれている。高井田の僧坊に対し、いわば山居の小庵をもうけて、自分だけの法を憶念《おくねん》する道場としたのであるが、『略伝』は愚黙、即成、万愚らのおもいがけない早世によって、「いまわれ羽翼をうしなえり、われまさにわが好むところにしたがわん」[64]と、この隠棲《いんせい》の理由を記している。

しかし、雙龍庵への隠棲は、むしろ新しい正法律への転機と考えるべきであろう。高野山の真源のすすめによってこの年に成立した、義浄の『南海寄帰内法伝』の註釈書である『南海寄帰伝解纜鈔』の草稿は、有部律の再興におおきく寄与したのみでなく、長栄寺時代の研究成果を示すものとして注目されねばならない。

ところが、おなじ真源からおくられた『普賢行願讃《ふげんぎょうがんさん》』の梵本《ぼんぽん》に始まる、梵学、サンスクリット語の研究は、まったく雙龍庵時代の新しい仕事に属する。はやく十九歳のころ、インドへの渡航を志した話や、三十四歳のとき泉涌寺で仁和寺《にんな》蔵の大師真跡《しんせき》の悉曇字母《じも》（梵字の母音と子音）を写したこと、そして宇治田原（京都府綴喜郡《つづき》）の巌松寺《がんしょう》から貝多羅葉《ばいたらよう》という、木の葉に経文を書いたものを得たことが知られている。

この長らく沈潜していた関心が、いま時期をえて、梵文解読のこころみへとすすみ、やがてサンスクリット語の習熟へと急速な展開をみせはじめる。『略伝』に、「禅観《ぜんかん》の暇にたえず梵本をみられた(65)」とあるから、『般若心経《はんにゃしんぎょう》』や『阿弥陀経』のテキストが順次、解読されたのであろう。

明和二年（一七六五）、慈雲四十八歳の春、『普賢行願讃』梵本の講義が始まる。同四年一月より同じく梵本の教授があり、七月にはその梵本ならびに校異が成立する。このころを中心に、『梵学津梁《しんりょう》』千巻というおおがかりな編集作業が始められたことが推定される。伝来する梵篋《ぼんきょう》をはじめ、悉曇、梵語資料を集め、主要な参考文献、研究書をほぼ網羅したうえに、慈雲の編集になる梵語の文法および字典を含むという、未曾有の大規模な梵学全書《シリーズ》である。七部に分けて、収録された内容はつぎのようである(66)。

第一本詮　貝葉などの梵文資料（二百五十巻）
第二末詮　経典や陀羅尼《だらに》の梵文を解釈したもの（百巻）
第三通詮　『悉曇字記《じき》』などの研究書（百巻）
第四別詮　通詮のほか、基本的な悉曇書、字典など（八十五巻）
第五略詮　新しく編集した梵語字典（三十三巻）
第六広詮　同じく広字典（三百五十巻）

第七雑詮　その他、『悉曇三密鈔《さんみつしょう》』『韻鏡《いんきょう》』、儒者のものなどの参考資料（八十二巻）

その編集は、まず網羅的で、主要な資料を丹念に採集しており、サンスクリット語研究の先駆的偉業として驚異的なものである。のちに『理趣経《りしゅ》』などのサンスクリット語原典を復原する作業を試みるにいたって、その学術的な成果は当時の世界的な水準を、はるかに超えたといえるであろう。

かれの『梵学津梁』は、仏教研究の新しい分野である、近代仏教学、インド学を予告する先駆的業績として重要な意味をもっている。たとえば、

仏教を学ぶ者も、翻訳の経のみにて義をとりては、とりそこない多し。（中略）今日、諸宗のとりそこないあることも、みな梵文を解せぬゆえ、仏意をうしなうこと多きなり。(67)

といい、

梵文真言などを読むに、必ず片かなを憑《たの》むまじきなり。梵文と対訳字とを照らしみて、まず読み方を正すべきなり。(68)

という。しかし、ここでは学問研究のみでなく、修道実践の問題として、真言や陀羅尼の正しい読み方が問われている点に注目したいと思う。こうした実証的な文献研究と実践的関心とを総合したものが、『普賢行願讃梵本聞書』や『理趣経講義』であった。

慈雲の学問

雙龍庵時代に始まる第二の仕事は、千衣《せんね》裁製《さいせい》であろう。宝暦六年（一七五六）春、法隆寺に聖徳太子の袈裟を検証し、これを復原した法衣を四天王寺に奉納している。法にかなった如法の袈裟への関心は、同十年（一七六〇）

ころに成立した『方服図儀講解《こうげ》』を経て、明和元年（一七六四）に大徳寺の芳春院《ほうしゅん》の真巌《しんがん》に衲衣《のうえ》を寄附したことへと結びついてゆく。

そして同年、浄照尼《じょうしょう》、浄如尼母子の発願により、第一衣が裁製され、これより千領の袈裟をつくって、如法の僧伽に奉ろうとする運動が始まった。『千衣裁製簿』には、第一衣は明和三年正月にできあがり、慈雲がうけとったとあり、以後ひとつひとつの袈裟について、その材質と寄附者、裁製の時と名、受持者にいたるまで逐一《ちくいち》記載されてゆく。この先例は、長屋王《ながやのおう》が鑑真に千衣をおくったという故事にある、とするのは長谷《はせ》宝秀《ほうしゅう》師の説である。

さらに、この時期の法語を中心に筆記、整理されたもの六十九編を、長谷師は『慈雲尊者法語集』の名であらたに編集して、『慈雲全集』第十四輯におさめ[69]、これを中心に木南氏は『慈雲尊者法語集』（三密堂書店）を刊行されている。

いずれも僧坊での例時の布薩説戒《ふさつせっかい》（十五日、三十日）と示衆《じしゅう》（八日、二十三日）、臨時の授戒や法要その他の席で行われた法語であり、その内容は戒律と禅、つまり修道の実際に関するものが多く、経典や論書に触れたもの、自伝的な正法律運動の回想も含まれる。文章はすこぶる平易で、じつに懇切丁重に法を説き、悟道の要諦《ようたい》を示して修行者に指針を与えるものとなっている。とくに筆記者が、慈雲の語る口調をそのまま活写していて、巧《たく》まずに読者を聴衆のなかにさそうものが多いのにおどろかされる。

この法語群が、つぎの時代に『十善法語』となって集大成されることは、まずうごかないところであるが、慈雲には、別に「短篇法語」の名でまとめられる、多くの墨跡のあることが注目される[70]。片言隻句《へんげんせっく》のうちに、仏法の端的を示し、実生活の指針をあらわすなど、自由に書かれた短い文章が、各方面で大切に保存され、珍重されてきたわけである。

たえず「法を憶念《おくねん》せよ」(71)と説いてやまない説法の基本姿勢が、こうして憶念すべき法をみごとな墨跡のかたちで書き与えるという具体的な行為を、自然に派生させたのであろうか。むろん、あらゆる機会を通じて、法を語って倦むことを知らない慈悲のはたらきが、その原点にあることはあらためていうまでもない。

しかし、さらに注目すべきことは、この片言隻句の法語が、慈雲の場合、はかり知れない学問的知識とあい表裏する関係にあったことであろう。『慈雲全集』首巻の『年譜』をみて気づくことは、長栄寺時代には、まず経蔵が建てられ、その後、たゆみなく経典、論書の講義や私訳、解説などが行われるとともに、綿密でしかもはばひろい学識が蓄積されていったという点である。

最初の十年間のうちに、長栄寺、堺の長慶寺《ちょうけいじ》、有馬の桂林寺で講義された題目を、ざっとひろっただけでも十五ほどあり、その学問的な研究意欲の旺盛さに目をみはらされる。なにより、戒律の研究がひとつの中心となるが、禅、密教、そして大乗仏教の基本を包括した、総合的な視野のひろがりを忘れることはできない。こうしたゆたかな学殖が、有名な難解書『南海寄帰内法伝』の註釈の前提にあったことはいうまでもなかろう。

ところが、ひとたび『方服図儀』を著わすと、まず広本三巻、略本二巻が成立する。これが、同書の講義と註釈というかたちで『方服図儀講解』にまで展開し、さらに三巻を増補して、全十三巻の厖大なシリーズが完成する。そのうえに、さらにもう三巻を加えた十六巻の全体を指して「方服図儀と称する雄編」であるとするのは、樹下快《じゅげかい》惇《じゅん》師の説である。(72)なお現在の『慈雲全集』はさらにもう一巻を追加するが、この一連の著作は、慈雲のじつに徹底した研究態度をよくあらわしている。

如法の袈裟の研究は、袈裟の製法や材質、染料、尺度など、直接の関連項目についての綿密な考証ばかりでなく、インド以来の戒律の分派、その主張、具体的な事例に即した比較など、間接の事項を多く含み、そのうえさらに先学の研究成果をくわしく分析して評釈を加え、自説の論拠を残らず列挙してゆく。

こうして大規模な袈裟の研究がすすむにつれて、じつは一種の百科全書が、かれのてもとにできあがってゆくわけである。たとえば、かれの主著『十善法語』に使われた引用経典や論書は、その多くが、『方服図儀講解』のなかにすでに明示されている。このような研究態度は、『梵学津梁』の場合も同様である。

その網羅的で、しかもよく吟味された資料の収集作業は、袈裟の研究にもみられた方法であり、字典の編集は、百科全書的な関連項目の検討と別のことではない。これはまったく、生来の学問好きと儒学の素養に基づく、慈雲の独壇場《どくだん》であったというべきで、梵学における浄厳や、袈裟における鳳潭《ほうたん》のような先学も、この徹底した考証学者の厳正な批判の鉾先《ほこさき》をのがれることはできなかった。

十善を説く

しかしこうした研究の進展とはうらはらに、明和三年（一七六六）七月末には、「今後は法を説くまい(73)」と、突如として正法律の総括が行われて、はしなくもこの運動の破綻がおとずれる。やがて実際に長栄寺を照堂護明《しょうどうごみょう》にまかせたのは安永三年（一七七四）、僧坊を開いてから三十年目のことであった。法弟たちの懇請により、悲愴な決意をもって開創された僧坊は、いつしか弟子たちのあいだに忍びこんだ沈滞の気風のむしばむところとなったのであろうか。

愚黙の遺志にしたがって高貴寺を一派の本山とする計画が急に浮上して、おなじ年の末に、法護《ほうご》が初めて高貴寺に入るはこびとなった。このときの消息に、「高貴寺の成立ののちは、此方《こなた》一派（私たち正法律の一派）も成立これあるべく（中略）いまよりのちはまず雙龍一派と唱すべきこと(74)」と書かれ、正法律の運動にあらためて新しい目標を掲げたことが確認される。

これよりさき、明和八年（一七七一）には信者たちの希望を受けて、慈雲は、京都の阿弥陀寺に入ることとなる。大徳寺や岡崎の東籬軒《とうりけん》での法語がいくつか残っているところから、だんだん徳をしたう信者の数もふえていたのであろう。ここで、あらたに一般の信者に対する教化活動がさかんとなり、「京都の一日は河内の百日よりは利益おほし」(75)と消息に認めたほどである。

慧琳《えりん》尼の書いた『十善戒法語の縁起』によると、明和九年（一七七二）に桃園《ももぞの》帝の第二皇子が十三歳で早世され、悲嘆にくれていた乳母《めのと》が、偶然に義文《ぎぶん》尼を介して慈雲の話をきく機会をえて、深く帰依した(76)。

この縁によって、翌年に桃園帝の后の恭礼門院《きょうれいもんいん》、後桃園帝の御生母の開明門院《かいめいもんいん》が十善戒を受けられ、また時の後桃園帝には『十善戒相』が呈上された。そして、十一月二十三日に、十善戒の法語が開講されて翌年四月八日まで続いた。毎月の八日、二十三日に講義して十回におよび、この筆記に加筆、整理したものが、主著『十善法語』十二巻となる。こうして法語成立には、義文尼、慧琳尼の功がおおきかったが、この間、別に『十善之系統』を開明門院に献じ、門院らの請をうけて法護、諦濡らの協力のもとに『十善法語』が完成するのは安永四年（一七七五）の秋であり、刊行はさらに半世紀後、文政七年（一八二四）の初夏のこととなる。

こうした一連の十善戒についての法語が、やつぎばやにできた背後には、両門院との法縁があった。のちに長福寺、水薬師寺の二寺が、尼僧坊となるのも、お二方の発願と尽力による。

この阿弥陀寺時代の活動には、十善戒を授けることがきわめて重要な役割を果したことが注目される。『授戒法則』におさめられている「授十善戒法則」がそのまま適用されたかどうかはわからないが、「開明門院受戒の意《こころ》得《え》書《がき》」や「受戒の時発菩提心の意得」「毎朝の憶念の法」などは当時の資料としてたいせつである。

『十善法語』のこころ

右の「法則」[77]によると、十善とは、

第一、慈悲、不殺生戒《せっしょう》（あわれみ深い心をもち、生命を損なわない）
第二、高行、不偸盗戒《ちゅうとう》（かたく節操をまもり、ひとの領分を侵さない）
第三、浄潔、不邪婬戒《じゃいん》（身をきよらかにして、よこしまなことをしない）
第四、正直、不妄語戒《もうご》（心を正直にして、嘘をつかない）
第五、尊尚、不綺語戒《きご》（志を高く掲げて、言葉を飾らない）
第六、柔順、不悪口戒《あっく》（柔軟な心をもち、ひとをののしらない）
第七、交友、不両舌戒《りょうぜつ》（交わりをたいせつにし、仲間われをおこさせない）
第八、知足、不貪欲戒《どんよく》（分限をわきまえ、むさぼらない）
第九、忍辱《にんにく》、不瞋恚戒《しんに》（よく忍耐して、腹をたてない）
第十、正智、不邪見戒《じゃけん》（正しい智恵にしたがい、偏見をもたない）

とある。つまり、殺生などの悪をなさない持戒と、慈悲のこころを起こすといった善行の両方があわせて説かれている。この悪をなさず善を行う十善のはたらきは、もともと人間の本性、つまり、人々にもともとそなわった徳であって、いまになって新しくできるものではない。ただ世の人たちは、自分のなかにある宝に気がついていないだけだという。これを「人間の生れたままの心」「菩提心」「本来の自心」「直心《じきしん》」などと名づけるが、授戒作法によって初めて、菩提心の自覚や、戒徳をみたす誓いが発動するというところが肝要であろう。

この十善戒は、「大小顕密の諸戒を束ねて十善とす。諸善万行、何ものかこの中に収めざらん[78]」といわれ、出家

と在家の戒を総合する「根本戒」、あるいはいっさいの戒律がこれによって生ずる「主戒」と呼ばれる。さきに正法律「根本僧制」の核心とされた、この十善戒の相承を、釈尊より忍綱まで連綿とつづるのが『十善之系統』であり、この伝承に基づいて、あらためて正法とは何かという根本問題を、現代的な関心のもとに展開したのが『十善法語』である。諦濡の『略伝』に、「われを知り、われを罪するものは、それ十善法語か(79)」とつねに語られたとあるとおり、この十二巻のなかに慈雲の人と学問・思想のすべてが凝縮されているといって過言ではない。

『阿《あ》含《ごん》経』をはじめとする経典、論書をあげて伝承の正統性を示し、『華厳経』『法華《ほけ》経』『大日経』をひいて、大乗仏教の哲学的な帰結をあらわす。また「人の人たる道は、この十善にある(80)」として、儒教、仏教に通じる普遍性を説いて、人間の本性にそなわる理法を明らかにするが、この十善という思想を西洋の「自然法」の思想と似ているとするのはポール・ワット氏の説である。たしかに、古今に通じ、万国に通じ、賢愚、男女、身分職業の違いを超えて行わるべき道が、ここでは問われていたのである。

ただ、こうした世間の法としての普遍性を包み、支えるものが、あらためて仏教の理法として捉え直されるところに、十善思想の特色がある。それはやがて、『人となる道』『神儒偶談《しんじゅぐうだん》』などで、神、仏、儒の三教一致という立場まで導かれる。いわゆる儒教の排仏論に対して再批判を加えようとする現代的関心が、ここでは永遠なる調和の哲学への関心に席をゆずったと考えることもできるであろう。

『十善法語』は、こうしてゆたかな内容と底知れない深さを、十善という、ごく単純な枠組みのなかにもりこみ、深遠なる哲学を背景にして、日用人倫の教えを縦横に説くものとなる。釈尊の説法が、「その到達するところはたいへんに深いけれども、その言葉は人々が聞いて理解しやすく利益《りやく》を得」るものであったように、慈雲の説く法語も慈雨のごとくこころの渇いた人たちを潤《うるお》したのである。まさしく大人《たいじん》の道、菩薩の平常心《びょうじょうしん》とは、こういうはたらき自体を指すのであろうか。

再度の隠棲

安永五年（一七七六）、盛況をきわめた京都を去り、葛城《かつらぎ》山中の高貴寺に入った慈雲は、このたびの隠棲の理由を、国のため法のためであると考えた。ひさしくうもれていた十善の教えが、末法《まっぽう》の世にあらわれたしあわせを思うとき、近い将来には、「山々のおく浦々のはてまでも、十善のみちある世となり申べく、その道のためには、名をもかくし身をもかくし申さねば、かへつて法にさわり出来申すべきこと(81)」と書いている。正法を護持し、法をして久住《くじゅう》せしめるのが仏弟子の道である、この堅固な信念がみごとに示された文章である。

天明六年（一七八六）五月、高貴寺僧坊が認可され、秋に『高貴寺規定』十三条が定まると、明忍の槇尾山以後初めて、真言律宗の総本山は、一山僧坊の景観をとりもどした。戒律運動の展開は、山を出て京都、江戸をはじめ各地へと拡大し、ふたたび一転して、山中にかえったことになる。この高貴寺は、役行者《えんのぎょうじゃ》の開創で、弘法大師にもゆかりが深く、「閑林独坐」の詩を詠まれた所と伝える名刹《めいさつ》で、葛城山人と称した慈雲にふさわしい景勝の地でもある。

晩年は、『十善法語』を中心に『人となる道』の第二編、第三編と講義が続き、『人となる道略語』は、一句一句、神道をふまえて書かれたという。父の円澄や師の忍綱の教えを身近に感ずるところがあったのであろう、『伝戒記』『律法中興縁由記《えんゆき》』、そして雲伝《うんでん》神道についての著作や伝授が新しい活動を示す。律と禅の講義に加えて、密教事相の研究、講伝もたゆまずすすみ、『両部曼荼羅随聞記《まんだらずいもんき》』などがつくられる。この間、高齢にもかかわらず京都、有馬、河内、美濃と各地におもむいて教化にあたられた。

八十七歳、文化元年（一八〇四）八月に病を得、養生のため上京、阿弥陀寺では『金剛経《こんごう》』を講じ、布薩説戒もいつものようにつとめられたが、講義の準備中、十二月二十二日夜、ついに遷化《せんげ》する。絶筆は「大道通長安」の墨跡であったと伝える。

進歩と相承

ところで、いまでは、世間の相はみな真言宗の法門となってきていると考えた慈雲は、「万善《まんぜん》をそなえ、即身成仏を説く教え(82)」「実のごとく自心を知る教え(83)」としての密教本来のあり方に照準をあわせて、当時の真言宗とは同調しなかった。

理論、実践ともに、伝統的な教学の立場にあきたらず、霊妙なことや不可思議なことを説く俗流の説法に組することなく、聖教を是とし、釈迦の説いたとおりの修行の立場を守って、あるべき密教の真意を探ろうとしたのである。

すでに真言律の先覚者たる浄厳らのあゆんだ道を、慈雲もたどるわけであるが、結局は、それもこえて一歩さきまででようとする。たしかに梵学や曼荼羅については、浄厳の仕事を評価しつつ、これをこえたのであるが、真言の事相についていては浄厳のように新しい流派をたてず、むしろ相承された師伝にしたがうことで、逆に、正統性の立場を堅持しようとする。

『十善之系統』の場合と同様、密教も大師以来の相承を正しく伝え、その奥義をきわめる実際の修道がたいせつだというのである。私意をまじえず、釈迦が説いたとおりに修行するという根本的な態度は、ここでも一貫して変わることはなかった。

むろん、学問や研究には進歩、発展がたいせつであるが、宗教にとっては、逆に原点にかえる退歩と随順が重要な意味をもつ。「仏の思惟《しゆい》されたとおりに思惟し、仏の行われたとおりに行う(84)」という正法律の鉄則は、ただ純粋な宗教性のみを求めて、法を私せぬ仏弟子の立場だけで成立しうるものである。慈雲の提示したこの正法の道は、現代の新しい精神状況のもとで、はたしてどのように継承されうるのか。それが今日の真言宗の課題ではなかろうか。

註

(1)『根本説一切有部衣相略要』一巻（『慈雲全集』三、三〇七～三二九頁）。
(2)『南海寄帰伝解纜鈔』七巻（『慈雲全集』四、三九～五五九頁）。
(3)『南海寄帰伝解纜鈔』巻一（『慈雲全集』四、四九頁）。
(4)『十善法語巻第一　不殺生戒』（『慈雲全集』一一、三頁）。
(5)『慈雲尊者短篇法語集』（『慈雲全集』一四、二六七頁）。
(6)註（4）に同じ。
(7)『森川氏過去帳』（『慈雲全集』一七、七六頁）。
(8)『開山大和上生縁筆記』（『慈雲全集』一七、二一頁）の取意。本文には「兄を思ふは尤也。汝に免じて佐左衛門ノ勘当を許す」とある。
(9)『不偸盗戒記』（『慈雲全集』一一、四八〇頁）には、みずから「性肉ヲ嗜ミ酒ヲ好ム、親眷の中一人ノ我ヲ愛スル者無シ、悉ク言フ、他日無頼ノ年少ナラント」と記す。
(10)『不偸盗戒記』（『慈雲全集』一一、四七九～四八〇頁）の取意。
(11)『十善法語巻第一　不殺生戒』（『慈雲全集』一一、一八頁）。
(12)『不偸盗戒記』（『慈雲全集』一一、四八〇頁）の取意。

(13) 註(12)に同じ。
(14)『慈雲尊者年譜』享保十四年の条(『慈雲全集』首、一八九頁)。『慈雲尊者法語集』所収「六十六　今後は法を説くまい」(『慈雲全集』一四、七四九頁)。
(15)『不偸盗戒記』(『慈雲全集』一一、四八一頁)の取意。本文には、「予也十年依学シテ知三テ其ノ虚誑之為二ルヲ虚誑一。帰レ俗ニ破二斥シ仏法ヲ一立二ンテ我カ紫湯先生ノ道ヲ一耳ト」とある。
(16)『悉曇章相承口説』巻上(『慈雲全集』九上、一頁)。そこには「仏学は梵文にあり」とある。
(17)『慈雲尊者年譜』享保十六年の条(『慈雲全集』首、一八九頁)。
(18)『不偸盗戒記』(『慈雲全集』一一、四八一頁)。
(19)『不偸盗戒記』(『慈雲全集』一一、四八一頁)の取意。
(20)『慈雲尊者年譜』享保十七年の条(『慈雲全集』首、一九〇頁)。
(21) 註(18)に同じ。
(22)『正法律興復大和上光尊者伝』(『慈雲全集』首、三七頁)。本文は「苟モ無二レハ学術一。不レスト足下ラ作二テ法将一ト以テ伏中スルニ外道上ヲ」。
(23)『千師伝』(『慈雲全集』一七、三一頁)。
(24)『正法律興復大和上光尊者伝』(『慈雲全集』首、三七頁)。本文は「莫二レ得レテ少ヲ為レルコト足レリト」。
(25)『慈雲尊者年譜』元文元年の条(『慈雲全集』首、一九一頁)。
(26)『慈雲尊者法語集』所収「六十六　今後は法を説くまい」(『慈雲全集』一四、七四九頁)。
(27)『方服図儀巻上』(『慈雲全集』一、一頁)。本文は「若シ仏先ニ所レ不レ制セ今不レ応レラ制ス。仏先ニ所レ制セシ今不レ応レラ卻ク」。
(28)『慈雲尊者文集』所収「法楽寺貞紀和上略伝」(『慈雲全集』一五、三八頁)の取意。
(29)『正法律興復大和上光尊者伝』(『慈雲全集』首、三八頁)の取意。
(30)『慈雲尊者法語集』所収「六十六　今後は法を説くまい」(『慈雲全集』一四、七五〇頁)。
(31)『正法律興復大和上光尊者伝』(『慈雲全集』首、三八～三九頁)。
(32)『慈雲尊者文集』所収「信州正安寺大梅禅師手書裓装記」(『慈雲全集』一五、三九頁)の取意。

(33)『慈雲尊者文集』所収「信州正安寺大梅禅師手書裱装記」(『慈雲全集』一五、三九頁)の取意。
(34)『慈雲尊者伝私見』収載の「宝寿大梅大和尚年譜」(『慈雲全集』首、二五〇頁)。
(35)『慈雲尊者法語集』「六十六　今後は法を説くまい」(『慈雲全集』一四、七五〇頁)の取意。
(36)註(35)に同じ。
(37)『仏垂般涅槃略説教誡経』(『大正蔵経』一二、一一一一頁下)。題名の下に「亦名仏遺教経」と記す。
(38)『慈雲尊者法語集』所収「六十六　今後は法を説くまい」(『慈雲全集』一四、七四九～七五〇頁)。
(39)『慈雲尊者伝私見』(『慈雲全集』首、二三八頁)。本文は「一旦退衆。後還衆」。
(40)『慈雲尊者法語集』所収「六十六　今後は法を説くまい」(『慈雲全集』一四、七五二頁)。
(41)註(40)に同じ。
(42)『慈雲尊者法語集』所収「六十六　今後は法を説くまい」(『慈雲全集』一四、七五三頁)の取意。
(43)『正法律興復大和上光尊者伝』(『慈雲全集』首、三九頁)。
(44)『慈雲尊者法語集』所収「九　律蔵五勝」(『慈雲全集』一四、三六二頁)。本文は「文殊弥勒も一字を賛くること能はず。迦葉舎利弗も唯祇《ジ》奉《ブ》を知ると云ことじや」。
(45)『慈雲尊者法語集』所収「六十六　今後は法を説くまい」(『慈雲全集』一四、七五三頁)。「仏在世の軌則を違へぬ様に」とある。
(46)『慈雲大和上御自筆略履歴』(『慈雲全集』一七、二六頁)。
(47)『正法律興復大和上光尊者伝』(『慈雲全集』首、四〇頁)。
(48)『慈雲尊者文集』所収「愚黙禅師肖像賛」(『慈雲全集』一五、四二頁)。なお「肖像賛」は、『根本僧制幷高貴寺規定』所収の「根本僧制解題」にも収載する(『慈雲全集』六、九五頁)。
(49)『慈雲尊者詩集』(『慈雲全集』一五、一一二頁)。
(50)以下の一～五は「根本僧制」の本文の取意である(『慈雲全集』六、七〇～七五頁)。
(51)「根本僧制」(『慈雲全集』六、七二頁)。
(52)註(30)に同じ。

（53）『方服図儀』跋（『慈雲全集』一、八二頁）。本文は「則滔滔タル者求二ル一微塵ノ之正法ヲ一也実ニ不レ可レ得矣」。『方服図儀講解玄談』（『慈雲全集』一、一六頁）。本文は「該二羅シテ支那日本ヲ一而求ルモ二一微塵許リノ正法ヲ一也。実ニ不レ可レ得」。
（54）『慈雲尊者文集』所収「修行道地経疏序」（『慈雲全集』一五、六頁）。
（55）『雙龍大和上垂示』上（『慈雲全集』一三、五五八頁）。
（56）「相似の仏法」『方服図儀広本』巻上（『慈雲全集』一、八七頁）。「群魔横行」『方服図儀』跋（『慈雲全集』一、八一頁）。
（57）『方服図儀講解玄談』（『慈雲全集』一、一七頁）の取意。
（58）『慈雲尊者文集』所収「高井田寺造堂拈香法語」（『慈雲全集』一五、一七頁）。
（59）木南卓一『慈雲尊者法語集』所収「仏弟子の意得」（同著『慈雲尊者―生涯とその言葉―』三四九頁、三密堂書店、一九六一年）。この「仏弟子の意得」は、『慈雲全集』一四所収の『諸宗之意得』と同文なり（『慈雲全集』一四、一八頁）。
（60）『諸宗之意得』（『慈雲全集』一四、一八頁）。本文は「唯一相の仏弟子にて持戒清浄。そのうへに修学する所によりて其の法門まちまちなるなり」。註（59）にあげた木南卓一編著にも同文あり。
（61）『諸宗之意得』（『慈雲全集』一四、一八頁）の取意。註（59）にあげた木南卓一編著にも同文あり。
（62）『高貴寺規定』（『慈雲全集』六、八九頁）の取意。
（63）『慈雲尊者伝資料集』所収の諦濡「雙龍菴本尊釈尊影像記」（『慈雲全集』首、一一九頁）。本文は「得タリ二釈尊始成正覚之金像ヲ於有馬山中ノ樵家ニ一」。
（64）『正法律興復大和上光尊者伝』（『慈雲全集』首、四一頁）。
（65）『正法律興復大和上光尊者伝』（『慈雲全集』首、四一頁）の取意。
（66）『梵学津梁』関連の資料は『慈雲全集』九下に収録されている。
（67）『普賢行願讃梵本聞書之一』（『慈雲全集』九下、四頁）。
（68）註（67）に同じ。
（69）『慈雲尊者法語集』は『慈雲全集』一四に収録されている（『慈雲全集』一四、一八七～七七八頁）。

(70)『慈雲尊者短篇法語集』は『慈雲全集』一四に収録されている（『慈雲全集』一四、一二二三〜一二八五頁）。
(71)註（30）に同じ。
(72)「序文の代りに」（樹下快惇編『慈雲尊者』大日本講談社、一九四四年、九頁）。
(73)『慈雲尊者法語集』所収「六十六　今後は法を説くまい」（『慈雲全集』一四、七四九〜七五六頁）。
(74)安永三年極月八日付慈雲書状（『慈雲全集』一五、四一一頁）。
(75)『文藻篇』所収「某氏に与ふる書」（『慈雲全集』補遺、一四八頁）。
(76)『十善戒法語の縁起』（『慈雲全集』一二、四七三〜四八六頁）。
(77)『授戒法則』上所収「授十善戒法則」（『慈雲全集』六、一一一〜一一八頁）。
(78)『附録』所収「水薬師中興奉律縁起」（『慈雲全集』一七、七五〜七六頁）。
(79)『正法律興復大和上光尊者伝』（『慈雲全集』首、四四頁）。
(80)註（4）に同じ。
(81)『慈雲尊者御消息集』所収「一〇八　開明門院上﨟御方に答ふる書」（『慈雲全集』一五、五七二頁）。
(82)『慈雲尊者法語集』所収「二　真言宗安心」（『慈雲全集』一四、三二九頁）。
(83)『慈雲尊者法語集』所収「一七　菩提心を体として三聚浄戒を発得す」（『慈雲全集』一四、三八五頁）。「大日経には（中略）実の如く自心を知るとある」。
(84)『慈雲尊者法語集』所収「三　正見」（『慈雲全集』一四、三三一頁）。本文は「唯ヶ仏の行はせられた通りに行ひ。仏の思惟あらせられた通りに思惟するを云ッ」。

二　慈雲尊者の生涯

はじめに

平成十五年（二〇〇三）十二月二十二日、神下山高貴寺において、慈雲飲光尊者第二百回遠忌の法要が簡素ななかにも厳かに営まれた。尊者の袈裟、愛用の念珠を拝受して、尊者の尊像にご法楽をさpさげる、稀有の僥倖というほかはない。千衣裁製の袈裟は、無垢の綾織、念珠は大粒の金剛菩提（高野菩提）、真正法の息吹をいまに伝えるシンボルである。さらに糞掃衣《ふんぞうえ》一領の拝観が許されたが、往時の千衣裁製の発願をしのび、一針一針に精魂をこめた、純一無雑の行願に心を洗われた。

小釈迦と称された慈雲尊者の正法律とは、いったい何か。おもうに、十八世紀大坂がはぐくんだ、超人的な宗教思想家によって初めて実現された、釈尊回帰、正法の規則と真正の智恵の復活という、未曾有の巨大プロジェクトではなかろうか。知の巨人、木村蒹葭堂や柳里恭（柳沢淇園）らを輩出した大坂文化は、仏教界にも異才を誕生させたのである。

その生涯をたどって驚くことは、正法の縁ということ。正法にあうには正法の縁がなければならず、正法の縁なくば正法にあうこともかなわない。また縁がなければ正法が世に出ることもないという。要は、人、もの、環境の生きた関係、現代人にもっとも切実な問題が、そこではみごとに躍動しているということである。

一　生いたち

享保三年（一七一八）七月二十八日、慈雲は大坂中之島、高松藩蔵屋敷の外祖父川北又助の宅で生まれた。父は円澄居士、上月安範（一六六五～一七三〇）で、赤松氏の子孫、播州田野の人、「性《ひと》となり磊落にして古人の風あり」(1)といい、縁あって田辺法楽寺の洪善普摂に帰依し、その教えを『大祓解《おおはらいのげ》』に著わす。母は普宣大姉、お幸、のちお清（一六八三～一七五五）で桑原氏、徳島に生まれ、川北又助の養女となる。のちに慈雲あての書簡で、講釈坊主になることを戒め、「日夜坐禅修行を心がけ、自ら生死を解脱して、この解脱をもって、人をも利益なされ、わが身も善所に御誘引候へかし」(2)とさとすほど芯の通った仏教信者であった。

幼名は満次郎、のち平次郎と改める。七男一女の七男、幼にして非凡、長じて俊邁剛毅、九歳で文字を読み、十歳で習字と読書を教わる。十一歳、兄正則が勘当されたとき、父のゆるしを求め端坐して枕辺を去らず、夜半に勘当がとけるや、ただちに刀をとって走りだしかけたのを、父がようやく止めた。後日「我七人男子の中に家を起すべき者は平次郎か」(3)と母に告げたという。この激しい気性から、「肉ヲ嗜ミ酒ヲ好ム、親眷の中一人ノ我ヲ愛スル者無シ、悉ク言フ、他日無頼ノ年少ナラン」(4)と、みずから記す。なかなか頑固な少年だったのであろう。

この平次郎時代の逸話のうち、後年まで印象深く、慈雲じしんの語った出来事が二、三ある。

一は十二歳、食客の武市新蔵が兄に教える講釈で、盤水に月の映る喩をあげて、死後に地獄の責め苦はありえないとの話をきいて、「釈迦ハ是レ虚誑ノ首領」、僧侶の奉ずる仏教は虚妄なりという先入見（断見）にすっかりとりつかれた。(5)

二は、讃岐の法華僧や真言僧が家にたちよったとき、公家の猶子となり、権僧正などの位についたと話すのをきいて、父母への孝養を忘れ、名利、権勢を求める僧侶は信義なく民を欺くものだと、道義的反撥をつのらせた。(6)

三には、他の僧侶と違って、法楽寺の忍綱貞紀が麻の衣に、鉄鉢、ぞうり姿で来訪されたときは、ひそかに敬意をいだき「大和上ハ高逸ノ風あり」と、すすんで茶湯を給仕したという。(7)

ところが慈雲十二歳のとき外祖父が歿し、翌年には父の安範がなくなり、一家は突如、きびしい試練にみまわれる。父の遺命と母の勧めによって、十三歳、法楽寺に入って出家したが、平次郎は心中深く「十年間、仏教の学問をおさめたのち還俗し、儒者となって仏教を破斥せん」(8)と決意を固めたという。

二　修行時代

大坂田辺の法楽寺は、平重盛の建立、治承二年（一一七八）の開創、元亀年間（一五七〇～七三）に兵火のため焼失、延宝六年（一六七八）洪善普摂が中興第一世として堂舎の復興につとめ、青龍一派律院の規模をととのえる。洪善は、野中寺慈忍慧猛の高弟、忍綱貞紀の師にあたる。

慈雲は、享保十五年（一七三〇）十一月、忍綱のもとで得度。素読を慧空にならって、弟子たちの筆頭となる。翌年の安居に常用経典を習い、七月より悉曇十八章を忍綱に授かり、「仏学は梵文にあり」(9)とおそわる。このころ「つねに忍綱大和上に侍す」(10)と、親しく薫陶をうけた。

やがて十五歳、四度加行を授かり、百五十日にわたり十八道・如意輪法、金剛界、胎蔵界、護摩の四法を習得し密教修行の第一歩を踏みだす。はじめは型どおり修行するが、如意輪法の道場観を授かると「少しク奇異の念が生じた」(11)。さらに実際の修法に入ると「はなはだ感スルところがあって、総身に汗がふきだし」(12)泣きながら懺悔した。幼稚な私は、十二歳で断見をおこし、仏をそしり法をないがしろにした罪で地獄は免れないであろうと。これでわだかまりが一挙にとけて、仏道の甚深、広大なことが初めて解り、以後寝食を忘れて修行にはげんだ。

この体験を「十五歳のとき初めて断見の非を知った」(13)として、のちに正法へのめざめ（開眼）と慈雲は捉えている。

十六歳、師命をうけて三年ばかり京都の古義堂に遊学し、詩文章、儒典を学ぶ。この伊藤仁斎、東涯親子の学問は、慈雲の正法思想の形成のうえで計り知れない影響を与えたと考えられる。およそ後世の註釈によらず、宇宙第一の書である論語を中心に古義を明らかにし、人倫日用に役だつ道を説くのが仁斎学の基本である。朱子学と古義学その他の儒学の盛行は仏教を圧倒する勢いを示し、仏教批判の風潮を生みだした。この時代の最先端の学問所で、慈雲は「十有七八ニシテ、多聞ヲ好ミ日夜ニ懈らず」(14)と記す。当代の学者、思想家の多くの主張に接したことは、のちの『十善法語』の引用から明らかである。たとえば室鳩巣、荻生徂徠、太宰春台、堀景山、富永仲基、石田梅岩らの仏教批判のごとき。これを「諸ノ儒生ノ種々ノ毀説ヲ聞く」(15)とまとめている。

この遊学中に、師の忍綱が病床についたことがあって、数十日のあいだ、慈雲は医薬の世話をつとめ病床を去らず、横になって休むことがなかったという。

京都遊学をへて、十九歳で伝統的な仏教学のメッカ、大和に学び、八宗兼学、さらに唯識など、仏教哲学の精髄をきわめる研鑽に、寧日なきありさまであった。先輩の浄厳や契沖がはやくから高野に学び、山を去ったのちそれぞれの学問にはげんだのと好対照である。慈雲は京都、奈良で、儒学と仏教学という教養コースをへて、野中寺僧坊の専門課程にすすんだことになる。この適切な学習法はもっぱら明師、忍綱の配慮にかかるものだった。

十九歳の冬、野中寺の一派僧坊に入り、秀巌より沙弥戒を授かって律僧の修行生活を始める。その当初「(経)蔵ニ入テ律ヲ看、五百結集ノ文ニいたって、忽然トシテ自省す、多聞ハ生死ヲ度セず、仏意と懸《はるか》ニ隔つ[16]」と。京都の遊学以来、日夜怠りなく書物の学問にはげんだ慈雲は、このとき激しい衝撃にうたれ、猛省するにいたった。『四分律』五百結集の文は、多聞第一の阿難が、迦葉からいまだ阿羅漢果をえずとして結集の座に入ることをゆるされなかった故事を指す。学問による修行の限界をさとった慈雲はこれより坐禅にはげむ。また「法滅の相をみて普賢の大心を起す[17]」ともある。すでに諸方の仏道修行の実態に触れた慈雲は、目に見、耳に触れるものすべて法滅、末法の相ならぬはないとの想いを、痛切に感ずるところがあったのだろうか。

翌年、秀巌から灌頂をうけ、戒龍より密教儀軌を学ぶ。真言律の修行コースには、密教の伝授、修行と、律の研究が課せられたのであろう。とくに秀巌は、慈雲の才能と真剣な修道態度に心をうたれ、将来に嘱望するところが大きかった。また伊賀の禅谷が、慈雲の生涯を決定する教訓を与えたのも、この僧坊である。「宗旨がたまり強ければ正慧眼を瞎却するなり」「宗旨がたまり祖師びいきを強テすまじきなり」、また念仏も禅も「其門に入て見ねば知れぬことじゃ、(中略)必ず誹謗あるまじきことなり」と慇懃に説諭されたと『千師伝』は記す[18]。「唯仏所制を自の所堪に随て護せんと思ふばかりなり[19]」という正法護持の姿勢は、慈雲の空閑独処を示唆する。

二十一歳、律の研鑚につとめ、忍綱から西大寺流を授かり、小野、広沢の諸流の玄旨をうけ、十一月には自誓受戒、具足戒をうけて比丘となり、野中寺の名簿に慈雲忍瑞と記される。

翌年、忍綱より西大寺流の秘密灌頂を授かり、唯授一人の秘訣をうけて醍醐法流の正嫡となる。忍綱の密教をあますところなく相伝し、梵字悉曇は中天相承をうけた慈雲は忍綱をまさに「濁世の大光明幢というべし[20]」と讃嘆し、忍綱は大迦葉尊者に擬して飲光の諱を与える。まことにこの師にしてこの弟子あり、正法の縁はここに窮まる。

ところが翌元文五年（一七四〇）、二十三歳で法楽寺をゆずられた慈雲は、この年、大輪から阿字観を授かり、万縁を放下して一室に籠り、兀坐して心源の究明につとめること二年におよぶ。「二十四のときにいたって、初めて此事有ることを合点した[21]」とあるのは、阿字観の達悟徹底を指すものであろう。法弟松林の進具をまって寺をゆずり、信州正安寺、禅僧大梅の会下に参じている。律僧は道中、金銭を所持せず、侍者が所用をたすのが規則である。折あしく侍者が病気でたおれ、慈雲はやむなく無銭の旅を強いられたが、一泊を乞うた宿の主人は、夜中坐臥して床につかない慈雲に驚嘆して、道中のために白布を呈したという逸話が残る。僧堂にあること一年半、したしく教導をうけ『大梅年譜』には「寛保三年（一七四三）四月四日、慈雲律師に偈を付《さず》く[22]」とある。「二十五の時に、初めて穏当になつた[23]」とあるのは、この正安寺の付嘱に関連するのだろう。

『正法律興復大和上光尊者伝』（以下『略伝』とする）はさらに、二十六歳法楽寺東堂における豁然開悟の有様を詳細に伝えている[24]。

いずれにせよ、慈雲は印可をえた大梅とも見所が違い、諸方の長老や雲水たちとも話があわず、そこで「世間に同道唱和の人もあるまいに依て、直に空閑独処の心が起つた[25]」とある。あるいは、禅谷のように、仏所制の法を自分だけで憶念・護持するほかに道なしという心境だったのであろうか。

これまで、すべて順調に正法の縁に導かれて正法にであったのがそのきわみ、正法の縁がどこにもない不思議な局面に慈雲は包まれたわけである。

三　根本僧制

延享元年（一七四四）四月、慈雲は師の忍綱の命をうけて、高井田西之坊、長栄寺の住職となる。さきに師の意向にさからった慈雲にいま一度、師席をつがせ、『野中寺僧名録』の「一旦当派を退く[26]」という汚名をそそがせようとする配慮か、あるいは若い弟子たちの指導を慈雲に託して、その法器大成を願ったのか、七十四歳の老師の意向のほどは定かではない。

むろん、山居の志を胸に秘めた慈雲であったが、忍綱の俗縁にあたる十七歳の愚黙親證から信州の修行の話を求められ、坐禅の指導をするうちに、空閑独処の心を翻す破目になってしまう。山中で自分だけの法を憶念するとは、「菩提心がないと云ふものじや、（中略）一個半個を覓取《べきしゅ》せねば、法滅の人と云ふものでござらう[27]」と手きびしい懇請をうけ、ついに拒みえず、三年間だけという約束で長栄寺に僧坊を開くこととなった。

ここに、野中寺やその他の僧坊と違って「すべて仏在世を本とする[28]」真正修行の実究が、愚黙、寂門、即成らを中心に始まる。『略伝』によるとその辛酸窮状は「人の耐ゆる能わざるところ、これに処シテ裕如ナリ、精修純一にして、彷彿トシテ仏世ノ風あり[29]」と。托鉢で食をえるのに、ときとして飢えをしのぎかねる有様だったが泰然自若、動ずることがなかった。

延享二年四月、侍者の寂門に沙弥戒、愚黙に菩薩戒を授け、十月、長栄寺を結界し、初めて僧坊を開く。沙弥即成をあわせて四衆、おそらく最小限の出発であった。

翌年、愚黙に具足戒を授け、「当山戒壇受戒のはじめ[30]」と記す。鑑真が請来した三師七証による正式の授戒作法、別受の制であり、日本では古代から途絶えていたのを復活、新しく標準を示すこととなった。翌年、即成が野中寺で、翌々年に寂門が長栄寺で具足戒を授かり、四人の比丘がそろったところで、寛延二年（一七四九）「根本僧制」五条を定め、正法律の基礎が確立するにいたった。

この「根本僧制」五条は、『略伝』によれば愚黙の提案にかかるという。「今より後、事の大小にかかわりなく、一《ひとえ》ニ仏世ノ正軌ニ順シ、澆末ノ弊儀ヲ雑ゆルコトなかれ(31)」との峻厳きわまる主張を容れて、初めて正法律と名づけた。のちの愚黙肖像讃に「三乗の聖儀、澆末ニ現シ（末法の世にあらわれ）、心地ノ法門、秋津洲ニ伝うるは、この人の願力なり」と誌し、「愚黙仏を敬礼すべし」と最高の敬意を表し(32)、寂後二十余年、地福寺や高貴寺の縁に触れて愚黙の宿願を語るのも、ひとえに正法が世にでる、かけがえのない勧請と貢献に対する絶大なる謝意のあらわれにほかならない。

「根本僧制」五条とは次のとおりである(33)。

第一に、一切の事、すべからく律によって判ずべし、人情を顧み、および己臆に任すことを得ず。

第二に、もし律によって行事せんと欲するに、律文あるいは闕け、あるいは不了ならば、すべからく経および論蔵の所説によるべし。

第三に、もし三蔵の所説、事において行ずべからざるもの、あるいは聖言未だ具せざるものは、すなわちすべからく支那、扶桑（日本）諸大徳の所詣、および現前僧伽の和合によるべし。

第四に当山の規矩、一切諸宗、如法如律の徒は、悉くこれ一派同袍、たとい別所属の本山、また当山において法事を執り行うことを妨げず、もしその沙弥および新学比丘となり、依止となり、和上となるも、また通じて妨げなし。

第五に、律儀はこれ正法の命脈、禅那はこれ真智の大源、および八万四千の法門は、悉くみな甚深解脱の要路にあらざることなし。すべからくおのおのその所楽に随って、日夜専精に修習し勤学すべし。懶惰懈怠、悠然として光陰を送る。および浅深を諍論し、宗我を逞することを得ざれ。

条文はじつに簡潔で要を尽くし、みごとに正法律の根本方式をあらわしている。すなわち一切のことは律によって判定し、人情や私意にしたがってはならない、これが鉄則である。律蔵にない規定は経典、論書により、また国情、風土の相違あれば、大徳のおしえ、僧坊の定めに従うこと、正法・賢聖の僧坊は一派同袍、如律如法の修行者に開かれており、戒・定・慧の三学、四宗兼学の旗印のもと真正修行につとめること。名目や教条にとらわれず、実際に即して合理的批判精神に支えられた、みごとな文章である。のちの『高貴寺規定』(天明六年〈一七八六〉)と比較すると、その差異はいちだんと明白である。

正法律とは聖教の名目にて、外道・邪宗に対して仏法の尊尚を表せる名なり。(中略)今正しく私意を雑へず、末世の弊儀によらず、人師の料簡をからず、直に金口所説を信受し、如説修行するを、正法律の護持と云フなり。[34]

まさに水ももらさぬ構成で、老成せる学者、思想家の面目躍如たるものがある。これに対して、前者には、「眼ニ見ルところ悉クこれ法滅の相、耳ニ聞クところ法滅の声ニあらざるなし、声ヲ呑ミ、血ニ泣クコト、日トシテこれなきはなし[35]」という末法・澆季の痛恨、断腸の念と、法幢を既倒ののちに建てんとする不屈、清新の意気がみなぎる。ここには、正法の人のつどいという、前代未聞の巨大プロジェクトへの挑戦が秘められていたのである。

ところが、「明師逢へば学問はいらぬこと、今は末法、明師なければ学問すべし[36]」と、伝承以本の僧坊とは違う路線をたどろうとする。翌三年縁あって有馬の桂林寺に住し、結界して一派の律院とするや、律の『衣服正儀』を論じ、続いて『方服図儀』広略二本をあらわす。三十五歳のとき、最初の著書『方服図儀』略本が刊行され、柳里恭の題字、序文、図版が彩をそえる。これは大坂を代表する文人、知識人の柳里恭との親交、とりわけ慈雲の学識と達見に傾倒したあかしとされるが、肝要なのは両者に共通する知的好奇心だったのかもしれない。

方服とは方形（四角）の布をつづる法服、袈裟のこと、図儀は、理論でなく事象に即した解明を指す。袈裟の製法や材質、染料、尺度といった事項のほか、インド以来の戒律の分派、その主張と比較といった関連項目を網羅、先学の成果を評し、自説の論拠をあげる。もの、こと、情報の蒐集に徹底して挑戦する大坂の知の巨人の片鱗がうかがえるようである。『方服図儀』の講義は、長期にわたって継続され、『慈雲全集』には十七巻を収録、このシリーズを指して「方服図儀と称する雄編」と称したのは樹下快淳である。

この本格的な学問の成果を三つあげると、(1)『根本説一切有部衣相略要』（序・妙瑞、跋・真源）、(2)『南海寄帰伝解纘鈔』（真源の需め）、(3)『十善之系統』（開明門院の需め）、いずれも前人未踏の金字塔というべく、分派的対立のはげしい諸律の融和と包擁性をめざした偉業である。

ともあれ、宝暦元年（一七五一）愚黙は二十四歳で入滅、即成、万愚もあいついでなくなる。正法を世にだすため身命を賭して精進をかさねた最愛の弟子が、「法に殉ぜられ」、僧坊の前途はけわしくなった。その間にあって、慈雲は請われて各地で経・律・論・禅の講義に奔走するかたわら、一派同袍、「有徳の人を尊敬すべし、この人、仏を補う」[37]の規定どおり、宗派を超えた有徳の人の輪がひろがりをみせはじめる。さきの柳里恭、堺の禅僧、義梵刹巌や順翁紹応、さらには高野の真源本然らとの肝胆あい照らす親交のうちからおのずと新しい法縁が醸成されていった。長栄寺も、経蔵（延享三年〈一七四六〉）、本堂（宝暦五年〈一七五五〉）の造営が成り、ようやく景観がととのう。宝暦六年（一七五六）、法隆寺に参詣し、聖徳太子の袈裟を検証し、その複製を四天王寺に納めている。これが如法の袈裟を裁製する手始めとなり、のちの千衣裁製の遠因となった。

四　『梵学津梁』と千衣裁製

宝暦八年（一七五八）四月、慈雲は生駒山長尾の滝のほとりに、みずから設計して雙龍庵を結んだ。慈眼庵の智鏡尼の喜捨で、七葉巌とも称する。庵の名は、有馬の山中、木樵の家で入手した釈迦像の蓮台を、いまにも飛翔せんとする雙龍が支える姿に基づく。インド製と伝えるこの金像は「釈尊始成正覚の像[38]」と称され、雙龍庵の本尊として安置された。第一結集の聖地になぞらえ、釈迦像と正法護持の雙龍にまもられた山居の小庵は、禅那台の西壁に大円窓をしつらえ、眼下に河内平野から大坂湾、淡路島をはるかにのぞむ眺望がすばらしかったと思われる。

この年、柳里恭により「雙龍庵巌上坐禅図」が描かれたと伝える。大磐石の金剛座に清滝と菩提樹を配するこの画像は、まさしく釈尊成道を模した大胆きわまる構図であって、端然と坐する尊容もまことに自若である。慈雲山居の九月には、柳里恭が他界するから、これは柳里恭最晩年の傑作というべきであろう。山岡鉄舟の日本の小釈迦説に先だって、この肖像は、釈迦仏・慈雲のイメージを、生前すでに活写したという点で抜群である。

ところで『略伝』はこの隠棲の理由を、愚黙、即成、万愚らのおもいがけない早世に「今われ羽翼ヲ失えり、われまさにわが好ムところに従わんとす[39]」と誌す。慈雲四十一歳、護明の進具をうけて山中に籠るにいたった。その翌年、根来の常明長老から地蔵院流を授かり、醍醐の血脈相承を全うする。続いて『根本僧制』や『枝末規縄』の増補、改訂をほどこし、弟子や初心者の育成についての配慮をうかがわせ、「授戒法則」を修正して在家・出家・尼僧の修行者たちの修行に心をくばっている。

さらに宝暦十一年（一七六一）から、法語の筆写を許し、書写、整理された法語の写本が急激に増えている点が注目される。とくにはじめ数年間に集中しているが、雙龍庵時代を通じて六十九編を、『慈雲全集』には『法語集』として収録している[40]。これは長栄寺時代にはなかった大きな特色である。定例の法語（説戒、示衆）や臨時の授戒や法要、その他の法語、正法運動の回顧まで含む。内容はひろく戒・定・慧三学にわたり、肝要なポイント、修道の要諦を端的に示して修行者に指針を与え、筆録は慈雲の口調をみごとに捉え、読者に法話の臨場感がそのまま伝わる。注目されるのは「法を憶念せよ[41]」と説いて倦まず、独自の学習方法をあみだした点であろう。師説をあるがままに聞き、憶念し、法の真髄をきわめる、この実際的な手法が、黎明期の「すべからく学問すべし」にとって代わったとみることもできる。

しかし、さらに重要なのは、慈雲の学問が新領域を開拓したことにある。真源の贈った『普賢行願讃』の梵本、慈忍の故寺、宇治田原の巌松寺からえた貝葉を縁として、さかのぼって京都遊学時の七旦者の話や、三十四歳には泉涌寺で大師真蹟の悉曇字母（仁和寺蔵）を書写するなど、忍綱の悉曇伝授以来、伏流水のように絶えることのなかった関心が復活したのである。『略伝』のいう「禅観の暇にたえず梵本をみられる[42]」期間が七年余り続いて、『阿弥陀経』『般若心経』の梵本の研鑽がすすみ、四十八歳の春『普賢行願讃』梵本の講義が始まる。護明、法樹、諦濡らが受学して『普賢行願讃梵本聞書』十巻をつくる。明和四年（一七六七）には同梵本の教授、さらに梵本ならびに校異が成立する。ついで同五年、『七九略鈔』五巻、『七九又略』一巻をあらわし、日本で最初の文法書となる。自学自習、抜群なる語学の習得力にはただただ驚くばかりである。おそらく『梵学津梁』一千巻は明和の末（一七七〇）ころにはほぼ完成したと推定される。

この未曾有の一大プロジェクト『梵学津梁』はつぎの七部より構成される[43]。

第一本詮　貝葉や空海請来の梵字讃など（二百五十巻）
第二末詮　経典、ダラニなど梵字梵文の考証（百巻）
第三通詮　『悉曇字記』など古来の研究書（百巻）
第四別詮　通詮以外の基本的な悉曇書や字典（八十五巻）
第五略詮　新しく編纂した梵語字典（三十三巻）
第六広詮　おなじく広字典のたぐい（三百五十巻）
第七雑詮　『悉曇三密鈔』『韻鏡』儒者のものなど関係資料（八十二巻）

その編集は、まず網羅的で、直接、間接をとわず関連資料はもらさず蒐集して、校訂、分類、整理して体系づけたもの、一種の百科全書にあたる。とりわけ、あらたな梵学（サンスクリット学）という学問の基礎をきずき、欧州の近代インド学に先がけて学術的成果をあげた、世界的偉業の評価はたかい。その目録は『大正蔵経』(44)に収録され大英博物館に収蔵されている。

ながく幻の名著とされた『梵学津梁』は、今回、遠忌記念事業の一環として公開の準備をすすめ、学術的調査の機会をまっている。

いま一つ、雙龍庵時代の特筆すべき成果は千衣裁製である。明和元年（一七六四）慈雲は大徳寺芳春院の真巌に衲衣をおくったが、同年、浄照尼、浄如尼母子の発願で、第一衣の裁製が始まり、同三年正月これを慈雲が受持した。これより袈裟の材質、寄附者、裁製の時と名、受持者を逐一、『裁製簿』に記載して四十年、千衣の完成まで引き継がれる。この運動は、尼僧や女官、各界の在家女性たちが参加して、あらたな正法護持の輪をひろげることとなる。

このたび遠忌事業の一環として千衣裁製を発願したところ、北海道から九州まで日本中の奉仕者の手で、一針一針心をこめたお袈裟が千四十領、法楽寺の法要に奉納され、往時をしのぶよすがとなった。

さらに注目されることに、忍綱、愚黙らの二十回忌の法要をへて、正法律にあらたな転機が生じたのである。安永三年（一七七四）観心寺槙本院より高貴寺の付嘱をうけて、愚黙の宿願がかない、一派僧坊の成立する時節をようやく迎えたわけである。同年、長栄寺を護明にゆだね、慈雲は新しい一歩を踏みだしていく。

五　『十善法語』

明和八年（一七七一）京都西ノ京円町に近い阿弥陀寺に、在京の有志たちから請われて移る。慈雲をしたって法を求めて集まるものが多く、「京都の一日は河内の百日よりは利益おほし」[45]と書面を認める。翌年には「安永初年、緇素慇懃の需め」[46]に応じて『十善戒御法語』草案ができる。先師よりの口伝相承を文字にあらわした画期的な著述である。律では密や禅とともに面授を重視するが、慈雲はこの規制に縛られず、筆写をゆるし、法語の文章化をすすめている。

ついで安永二年、先帝の后恭礼門院、後桃園帝の御生母の開明門院が十善戒をうけられる。『十善戒法語の縁起』や『麤細問答』によると、開明門院が帝のことに心を悩まし、慈雲に法語を懇望された由である。そこで帝に『十善戒相』を呈し、阿弥陀寺においては十一月二十三日から翌年四月八日まで十回にわたり、十善戒の講義が続き、この筆記に加筆、修正を加えたものが、同四年（一七七五）秋に主著『十善法語』十二巻として完成する。義文尼、慧琳尼の功が大きく、法護、諦濡らの協力も特筆されてよい。その刊行は文政七年（一八二四）となる。

こうした一連の法語の成立は、両門院との格別の法縁によるもので、のちに長福寺、水薬師寺の二寺が尼僧坊となったのも、お二方の発願と尽力のたまものである。とくに『十善法語』『十善戒相』『十善之系統』は、両尼寺に大切に伝持されてあるという。

ところが慈雲は、『十善法語』十二巻が完成するや「此うへは世に出候てはかへつて法のためになり申まじく[47]」と、ただちに高貴寺へ隠棲しているのである。この正法十善が世にでるという新しい事態のかげに、ではいったいどんな問題がかくされていたのであろうか。まず、伝戒相承の義を、あえて文章化したこと。この決断は、今時の諸宗の通弊によって、十善が隠没するという危機に対処するには、正法護持のため、残された最後の緊急手段を講ずるほかはない、との切迫した状況によるもの。そのうえ、「我カ邦は上古より十善をもって天位を定め、十善をもって政治を布く[48]」という伝戒の義に照らして、幕府の御政道や諸法度が、もし正法十善に背くときには、「人となる道」を逸脱する結果をまねくという、いわば暗黙の政治批判を指摘することもできる。事態かくのごとしとすれば、命運を賭けた法語の完成、正法が世に出ることとの意義はきわめて大なるものがある。有名な「我ヲ知リ、我ヲ罪スルものは、それ十善法語か[49]」の独白は、この法語成立の謎をとく鍵だったのである。

そこで「正法十善は慈雲の説にあらず、賢聖の伝承のみ[50]」という、私意を雑えない趣旨が生きてくる。いまや、歴代の伝承を誤りなく文章化し、口語体で述べ伝える法語形式の採用も、とるべき唯一の方策だったことが明らかである。さらに、さきの正法の徒に開かれた僧坊に対して、ここでは在家、出家をとわず、すべての人に開かれた人となる道と、真正知見のよそおいとされる正法の行われる国土が開示されたわけである。

『十善法語』には、在家信者のために十善戒を解りやすく説いた法語という一面がある。しかし、その成立の背後には、仏教の現状、政治、社会の実態に対するきびしい批判があり、その根拠となる人間の尊厳に対する絶対の信頼、自然界と人間界を貫く万古不易のまこと、法爾自然の理法、そして法性等流あるがままの現実相のするどい洞察が、縦横無尽、無礙自在に説き示されている。

この正法のおしえは、さらに高貴寺時代を通じてながく「人となる道」講義シリーズとして展開され、『人となる道』第二編、第三編（神道）のかたちで十数年、その法語活動が続いて、『人となる道』初編（天明元年〈一七八一〉）、『人となる道略語』（寛政四年〈一七九二〉）にそのエッセンスが集約される。慈雲の法語は、慈雨のごとく心を潤し、「人々聞いて利益をうる」性質のもので、すぐれた智慧と慈悲、そして人間愛の結晶ということができる。

晩年の慈雲は高貴寺を中心に各地で法を説いて倦まず、密教や神道にも独自の研究と業績をのこしている。大正年間長谷宝秀師により『慈雲尊者全集』全十八巻が編集され、そしていま平成年間に『梵学津梁』の整理がすすむのは、その生涯にわたる偉業が現代なお価値を失っていない証拠であろう。

文化元年（一八〇四）八十七歳で、阿弥陀寺にて遷化、弟子たちにまもられ高貴寺奥之院に埋葬された[51]。

註

（1）『森川氏過去帳』（『慈雲全集』一七、七六頁）。本文は「為レ性《ヒト》、磊落。有ニリ古人之風一」。
（2）『手簡集』所収「御母君の御手簡」（『慈雲全集』一五、六一四頁）。本文は「日夜ざぜんしゅ行を御心がけ。自ら生死を解脱して。此げだつを以。人をも利益なされ。わが身も善所へ御いふ引候へかしと」。
（3）『開山大和上生縁筆記』（『慈雲全集』一七、二一頁）。
（4）『不偸盗戒記』（『慈雲全集』一一、四八〇頁）。
（5）『不偸盗戒記』（『慈雲全集』一一、四七九～四八〇頁）の取意。
（6）『不偸盗戒記』（『慈雲全集』一一、四八〇頁）の取意。

(7)『不偸盗戒記』(『慈雲全集』一一、四八〇頁)の取意。
(8)『不偸盗戒記』(『慈雲全集』一一、四八一頁)の取意。
(9)『悉曇章相承口説』巻上(『慈雲全集』九上、一頁)。
(10)『慈雲尊者年譜』享保十六年の条(『慈雲全集』首、一八九頁)。
(11)『不偸盗戒記』(『慈雲全集』一一、四八一頁)。
(12)註(11)に同じ。
(13)『慈雲尊者年譜』享保十七年の条(『慈雲全集』首、一九〇頁)。『慈雲尊者法語集』所収「六十六　今後は法を説くまい」(『慈雲全集』一四、七四九頁)。
(14)『方服図儀広本』巻上序(『慈雲全集』一、八七頁)。『慈雲尊者年譜』(『慈雲全集』首、一九一頁)。
(15)註(11)に同じ。
(16)註(14)に同じ。
(17)『慈雲尊者年譜』(『慈雲全集』首、一九二頁)。
(18)『千師伝』(『慈雲全集』一七、三二頁)。
(19)註(18)に同じ。
(20)『慈雲尊者文集』所収「法楽寺貞紀和上略伝」(『慈雲全集』一五、三八頁)。
(21)『慈雲尊者法語集』所収「六十六　今後は法を説くまい」(『慈雲全集』一四、七四九～七五〇頁)。
(22)『慈雲尊者伝私見』収載の「宝寿大梅大和尚年譜」(『慈雲全集』首、二五〇頁)。
(23)『慈雲尊者法語集』所収「六十六　今後は法を説くまい」(『慈雲全集』一四、七五〇頁)。
(24)『正法律興復大和上光尊者伝』(『慈雲全集』首、三八頁)。
(25)註(23)に同じ。
(26)『慈雲尊者伝私見』(『慈雲全集』首、二三八頁)。本文は「一旦退衆。後還衆」。
(27)『慈雲尊者法語集』所収「六十六　今後は法を説くまい」(『慈雲全集』一四、七五二頁)。
(28)『慈雲尊者法語集』所収「六十六　今後は法を説くまい」(『慈雲全集』一四、七五三頁)。「仏在世の軌則を違へぬ様に」とある。
(29)『正法律興復大和上光尊者伝』(『慈雲全集』首、三九頁)。
(30)『慈雲大和上御自筆略履歴』(『慈雲全集』一七、二六頁)。
(31)『正法律興復大和上光尊者伝』(『慈雲全集』首、四〇頁)。
(32)『慈雲尊者文集』所収「愚黙禅師肖像賛」(『慈雲全集』一五、四二頁)。『根本僧制并高貴寺規定』所収の「根本僧制解題」にもこの「肖像賛」を載せる(『慈雲全集』六、九五頁)。「愚黙仏を敬礼すべし」は、『慈雲尊者詩集』(『慈雲全集』一五、一一二頁)。
(33)『根本僧制并高貴寺規定』(『慈雲全集』六、七〇～七五頁)。
(34)『高貴寺規定』(『慈雲全集』六、八三頁)。
(35)『慈雲尊者文集』所収「修行道地経疏序」(『慈雲全集』一五、六頁)。
(36)『諸宗之意得』(『慈雲全集』一四、三三頁)の取意。本文は「真修行事は明師に逢へば学問はいらぬことなれども。末世には明師得難ければ。聖教量ならでは邪正決し難し。故に聖教拝見のなるほどには学フべし」。
(37)『高貴寺規定』(『慈雲全集』六、八九頁)の取意。
(38)諦濡「雙龍菴本尊釈尊影像記」(『慈雲全集』首、一一九頁)。本文は「得二タリ釈尊始成正覚之金像ヲ於有馬山中ノ樵家一」。
(39)『正法律興復大和上光尊者伝』(『慈雲全集』首、四二頁)。
(40)『慈雲尊者法語集』(『慈雲全集』一四、二八七～七七八頁)。
(41)『慈雲尊者法語集』所収「六十六　今後は法を説くまい」(『慈雲全集』一四、七五一頁)。
(42)『正法律興復大和上光尊者伝』(『慈雲全集』首、四二頁)の取意。
(43)『梵学津梁』関連の資料は『慈雲全集』九下に収録されている。
(44)『梵学津梁総目録』一巻(『大正蔵経』八四〈続諸宗部一五　悉曇部全〉、八一〇～八一二頁)。
(45)『文藻篇』所収「某氏に与ふる書」(『慈雲全集』補遺、一四八頁)。
(46)『人となる道』跋文(『慈雲全集』一三、四六頁)。

(47) 『慈雲尊者御消息集』所収「一一〇　開明門院上﨟御方に答ふる書」(『慈雲全集』一五、五七七頁)。

(48) 『十善法語巻第二　不偸盗戒』(『慈雲全集』一一、八二頁)。

(49) 『正法律興復大和上光尊者伝』(『慈雲全集』首、四四頁)。

(50) 『不殺生戒記』(『慈雲全集』一一、四五七頁)。本文は「此ノ十善は慈雲が説に非ず。諸仏賢聖よりの相承を述フる耳」。

(51) 慈雲尊者の最期については、以下を参照いただきたい。『正法律興復大和上光尊者伝』(『慈雲全集』首、三五頁)。

三　富永仲基と慈雲飲光——近世密教の一動向——

はじめに

近世の日本にあって仏教学の領域に新しい炬火を掲げ、近代的な学問の方向を先取していた思想家といえば、ためらうことなく富永仲基（一七一五〜四六）と慈雲飲光（一七一八〜一八〇四）の名を挙げてよかろう。いうまでもなく、かれらは手がたく実証的な文献学の方法を用いて、あるいは経典や仏教学説の歴史的研究、あるいはサンスクリット語の原典解明といった仏教研究の、とりわけ基礎的な分野においてすぐれた業績をのこし、それぞれ新機軸をひらいた独創性は、どれだけ高く評価してもなお足りないほどである。

ところが、あらためてかれらの学問や思想をどう評価するかという問題になると、諸説まちまちで、ときに誤解や偏見をみうける場合も少なくない。たとえば排仏論者と護教家といった類型にあてはめると、ふたりの関心がきわめて似通っていたことなどは閑却されてしまうであろうし、もしまた、学問の性格や方法論の面からみるときは、おのおの独自な思想を生みだしえた当時の思想状況への見通しを欠くことにもなりかねない。しかし、かれらはもともとおなじ世代に、ひとしく大坂に生をうけたばかりか、いくつかの共通点をもちあわせていたのである。学問的にひろく仏教、儒教、神道などに精しかったことや、また倫理思想の唱導という点をみても、いずれも当時の風潮から遠く離れたものではなかった。それに、ひとしく儒学から出発しながら、これを離れざるをえなかった態度にも、どこか「時代の子」としての性格を認めねばならない問題があるのではなかろうか。

ともあれ、仲基と慈雲という対比は、きわめて興味深い思想史上の問題であるのみならず、仏教の根本教説へのアプローチのしかたということでも、じつに重要な問題をはらんでいるように思う。それゆえここでは、まず慈雲にみられる仲基説の引用文をめぐって若干の考察をすすめておきたい。

一　仲基説は邪見なり

じつは、慈雲の『十善法語』第十巻、すなわち「不邪見戒」を説く文章のうちに、これまで注意されなかったことではあるが、富永仲基の思想をたくみに要約して、引用している箇所がみられる。それはいろいろな意味で注目すべきものと考えられるので、まずもって原文をつぎに掲げておくことにする[1]。

又一類偏見の者が、思惟分別してかく云フ。誠の道と云フものは、今日の有るべき通りに在る。今の掟を守り、今の道を行ひ、今の言をいひ、今の君に事へ、今の人に交り、今の衣を著し、今の食をくらひ、今日の楽ミを本とし、心をすぐにし、身持を正シくし、物いひを徐カにして、立ふるまひを慎み、親ある者は能クこれに事マツり、君ある者は能クこれに心を尽し、子ある者は能クこれを訓へ、臣ある者は能クこれをおさめ、夫ある者は能クこれに従ひ、妻ある者は能クこれをひきゐ、兄ある者は能クこれを敬ひ、弟ある者は能クこれを憐み、年よりたる者は能クこれをいとほしみ、幼者は能クこれを慈み、先祖のことを忘れず、一家の親をおろそかにせず。勝《マサリ》たるを貴み、愚なるを侮らず、凡そ我カ身に当《アテ》て悪シきことを人になさず、するどにかど〳〵しからず、ひがみて頑《カタクナ》ならず、迫りてせは〴〵しからず、怒るとも其ノほどをあやまらず、喜へども其ノ守リを失はず、受クまじき物は塵にても取ラず、与ふべきに臨みては国をも惜まず、色を好ミて溺れず、酒を飲ミて乱れず、人に害なき物を殺さず、身の養ヒを慎み、貴賤共に其ノ分に違はぬ。古今万国、みな道は此にとゞまると。

又一類偏見の者が云フ。天竺支那日本、共に道を説ク者悉く加上して立る。天竺には、世間人倫に加上して梵天四禅を説く。其ノ後の者が、此ノ梵天四禅に加上して無想天と云フを説キ出す。此ノ無想定に加上して、其ノ後の者は無色定を説く、阿藍迦藍は不用処定を説く、鬱頭藍子は非想非々想定を説く。沙門は其ノ上に加上して、滅尽定、涅槃を説く。此ノ沙門の中に、阿含三蔵教等に加上して、法相大乗、或は空無想の教を説く。又其ノ上に加上して、一乗秘密乗などを説く。支那の教には、周代に斉桓晋文の覇業の上に出て、孔子が文武を憲章す。此ノ儒者の上に出て、墨翟が夏の道を説く。楊朱は又其ノ上に出て、帝道を説キ出す。許行は神農の道を説く。荘子列子が徒は無懐氏葛天氏を説く。此ノ邦の神道は、最初に儒仏の道を牽キ合せて両部習合と云フ。その次に、仏者の徒が、神道の起りたるを妬み、本迹縁起の神道を説イて、表は神祇を顕ハして、底裏は此レを仏道に帰する。其ノ後一般の禰宜神主、仏法の世に盛なるを妬み、此ノ二途を破して、唯一宗源の神道を説く。其ノ後には此レを王道に帰して、王道神道を説く。近比は表に神道を説イて、底裏は儒道に帰す。

三国共に人情は一様なると。或ル者が云フには、是レは上の今日の有るべき道と立テし者の見識なると。

これら二段にわたる引用が、論者を断わっていないにせよ、まぎれもなく仲基の主著『翁の文』に基づいた要約であることは明白であろう。前段の「誠の道」を述べた部分は同書の第六節に、そして後段の「加上の原則」に触れたところは第十節以下に、それぞれ対応するからである。となると、なによりもまずわれわれは、仲基と慈雲の思想上での出会いという事実を、この引用文から確認できるわけである。そこで、この引用の意図、つまり仲基説に対する慈雲の批判という問題にたちいるまえに、しばらく一、二の点で触れておかねばならない問題がある。

一つには、右の文章が、これまでのところ注意されなかった、いわば新資料という意味をもっていることである。たとえば、中村元氏のすぐれた富永仲基研究をみても、この『翁の文』が元文三年（一七三八）に刊行された当初は「僅かに二三の学者の注意をひいた位で、殆んど問題とされなかった」[2]著作であると記されている。そのうえ、これに注意した学者としては、わずかの儒学者が想定されているにすぎない。おそらくこうした状況は、仲基の歿年に再刊された以後も引き続き変わらなかったのではあるまいか。かれの思想は、長らく学界の一隅に置き忘れられた存在であったものと思われる。そのなかにあってただ『出定後語』のみが、のちに平田篤胤などの排仏論に利用されて、ことに有力な理論的武器を提供するにいたったことはあまりにも有名である。それだけに本書はまた後世の仏教者たちの注目する存在になったわけであるが、すでに出版当初から仏教の側での反論が試みられたともいわれている。摂津の僧・放光の『弁出定後語』二巻（延享三年〈一七四六〉）とか、京都了蓮寺の僧である無相文雄の『非出定後語』一巻（宝暦九年〈一七五九〉）などがそれである。ついでながら慈雲の周辺からは、のちに本格的な反論『摑裂邪網篇』二巻（文政二年〈一八一九〉）その他を著わして有名になった真宗の僧、慧海潮音の名を挙げることができる。ちなみに、かれが最晩年の慈雲のもとで具足戒をうけ、一時は正法律に属していたという経歴はあまり知られていないようである。

ともあれ、これらの反駁とか批判がほとんど『出定後語』に向けられていたのに対して、慈雲のとった態度はいささか異なる。それは、なにも『出定後語』をえらばず、『翁の文』を問題にしたというだけには尽きない。つまり、かれは後者をとりあげることによって、仲基の仏教論のみを批判の対象にするという道をとらず、むしろその思想全体を、そしてその成立基盤を批判できる立場に身をおいたことになる。そのかぎり慈雲の提出した問題は、おそらくは仲基研究史に一つの新資料を加えることになるであろう。

それと同時に、仲基説の引例は、慈雲の研究においてもかなり重要な意味をもっている。ことに『十善法語』の成立とか構想という問題、ひいてはかれの思想形成という観点からみても十分に資料的価値がある。なぜなら、かれの意図によると『十善法語』においては、もともと「儒者、道学の類を破する」[3]ことが課題の一つであった。そのために、当時の代表的な儒学者や道学者の主張が、きわめて周到な配慮のもとに適宜紹介されるとともに、いちいち吟味されている。もっともそれらは、さきの引用とおなじく「一類の者が曰く」といったかたちで処理されていて該当者を確認できないこともあるが、いま解っているものだけでも伊藤仁斎、荻生徂徠、服部南郭、太宰春台、堀景山、石田梅岩などの名を挙げることができる。また問題別に分けると、この法語の主題である「人となる道」ないし倫理道徳に関する諸説、のみならず「今時外典を学ぶ者　仏法の広大なることを知らず、知らぬ故そしる」[4]といったたぐいの排仏論の主張、これらを能うかぎり網羅しようとする意図がみられる。しかも、それが仲基のごとく一般に知られていない学説までも含むということは、あたかも『梵学津梁』のあの厖大な資料蒐集に示された驚異的な研究意欲とおなじものが、ここにも窺われて興味深い。すなわち、それはもはやかれの博識といった問題ではなくて、どこまでもかれの時代感覚の鋭敏さ、したがって学界の新動向に対しての関心の深さ、ないしはかれ自身のあくまで真摯な学究態度というものを、如実に物語る好資料といわねばならない。

なおまた、かれのかかる態度を裏づけるものに、つぎのような底知れぬ、深い仏法の根源的な自覚があったというべきかもしれない。『十善法語』のノートにも誌された「法に形相なし、説者の力量に依て現ずる(5)」という言葉は、もともとかかる根源的自覚を表わしており、この自覚がつまり、法語そのものの根底にあって、この法語を形成せしめた原動力にほかならない。とともに、かかる自覚に基づいて初めて、釈尊の説法におけると同様「其の至れる場処は甚深なるべきなれども、其の文句は人々聞得て利益を得(6)」るごとき法語が説かれうる。これこそ、いうまでもなく慈雲のめざした仮名法語というものの本来的なあり方である。それゆえにまた「仏経は衆生外道一切の智慧を教とし玉うて第一義を明し給ふじや(7)」という証言も、単に経典の性格のみにかぎられる底のものでなく、慈雲の説法における基本的態度そのものであった。その意味でも、この『十善法語』はもともとかかる衆生の邪智、偏見を依用することによって構成されざるをえなかったといえるわけである。たとえ儒者や道学者を破斥することの由来が、かれのいわゆる「昔時の罪を憶ひ、恐くは他の愚昧若し我に同き者もあらんと(8)」という深切な老婆心にあったとしても、さのみ事情は変わらないであろう。

二　知識としての仏教理解

それにしても、かれが仲基の主張を「一類偏見の者」とか「思惟分別してかく云ふ(9)」といったしかたで批判するのはなぜであろうか。おなじことだが仲基の思想を偏見ないし邪見として、かれが破斥せざるをえなかった理由は何か。また、かれと仲基との出会い方はどんなものであったのか。ごく一般的には、両者の関係を学究に対する護教家の立場として解することも、おそらくは可能であろう。だがしかし、はたしてそれだけなのかどうか、しばらくここで検討してみる必要があるように思う。

まず、さきの引用文にかえると、偏見とか思惟分別という語はたしかにみられるが、それ以外に批判がましい言葉はまるでない。というより、むしろ仲基説の内容紹介といった傾向の方がつよいわけである。これは後で触れるとおり徂徠とか梅岩などの学説や主張に対するときとはかなり異なっている。ふつうであれば、慈雲はそれらの主張の要点をまず披露したうえで、問題を指摘しつつこれに手きびしい批判を加えている。その点では、この仲基説の取り扱い方はどうも尋常でないところが感ぜられる。むろん徂徠や梅岩に比べると、仲基はそれほど代表的な、一般に周知せる思想家ではなく、むしろただ学界の一隅に知己をえていたというにすぎなかったともいえる。そのかぎりでは、慈雲の炯眼がその独創的な学説を見のがさず、あえてその学説の輪郭だけを紹介する労をとった態度もいちおうはわかる。他の引用に比べて、かなり長いスペースを割いていることも、あるいはそのためであったろう。しかし、もしそれだけのことならば、なぜ問題点の指摘や、それに対する批評がないのか、といった理由はやはり別に説明されなければならない。なるほど仲基説のとりあげ方が他の場合と違うことはわかっても、それを偏見だと断定する理由は、そこからは抽き出せないからである。そこで、いますこし引用文に注目してみよう。

すでにみたとおり、この引用の特色は、前後二段にわたるかなり長い紹介であるにもかかわらず、ふつう問題にされやすい仲基の仏教論があまり表面化していない点にあった。それだけに全体の印象としては、むしろ仲基の学説全般についての基本的な性格、あるいは骨子ともいうべきものをきわめて要領よくまとめあげているところに、一般の仏教学者の批判態度とは違った特色があるように思われる。のみならず、その取り扱い方をみると、前段における倫理思想の方が、法語の性質上どちらかといえば重視されているということも注意されねばならない。たとえば後段の末尾にみえる「是レは上の今日の有るべき道と立テし者の見識[10]」であるとする一節は、このことを証している。このようにみてくると、仲基説を偏見とした理由も、一つには「誠の道」そのものの主張が、なんらかの意味で慈雲の批判を蒙らざるをえないような問題を含んでいた、という点にあったのではないかと推測できる。そういえば「誠の道」の唱導は、あくまで仲基の学問的な出発点であるとともに帰結でもあった。少なくとも、かれの学問の方法を離れては把捉できないし、また主張さるべくもない独創的な倫理説であった。それに加えて、倫理とか実践の問題に結びつかないような学問はもはや学問ではないとするのが、この時代、つまり近世後半のとりわけ顕著な趨勢でもあったわけである。となると、かれの倫理説の吟味がどうしても必要にならざるをえない。

周知のごとく、仲基の倫理説というのは「誠の道」すなわち道の道とすべき道は「今日の有るべき道」以外の何ものでもない、と説くところに独自の主張があった。今の世の日本に行われるべき道とは、所詮「今の掟」をまもるとか「今の道」を行うといったしかたで「今日の有るべき通りに在る」ほかはない。なぜというに「いにしへの聖人の道」などは今の世の日本にそのまま適用できないからである。たしかに古代中国にあっては「聖人の道」も時と所をえて行われたものにちがいなかろうが、それを歴史的にも、風土的にも異なった今日の日本に適用できないというのは、むしろ当然なことである。古来いかなる教説も、すべてそうした歴史的、風土的な特殊性を離れたものではありえない、すなわち「古今万国みな道は此にとどまる」というのである。こうして仲基は儒教、仏教、神道といった伝統的、権威的な教説の一切を批判して、あくまでその外にたつことを宣言するのであった。『出定後語』にいわゆる「吾は儒の子にあらず、道の子にあらず、また仏の子にあらず、傍らその云為を観て、かつ私にこれを論ずること然り[11]」といった態度はそのことを示している。

ところで、仲基のこうした主張に対する批評は、かつて慈雲が師事し、また立場上ことに近かったといわれる儒学者、伊藤東涯（一六七〇〜一七三六）の著わした『訓幼字義』にもそれらしきものがみられる。たとえば「聖人の道は、上古の事、異国の風にして、今日日本の俗にかなはずとおもふ人あり[12]」というのがそれである。もちろん東涯にいわせれば「天地自然の道」とは、かかる時代や風土、風俗の違いを超えて、どこまでも普遍妥当するものでなくてはならなかった。それとまったく軌を一にして、慈雲もまた「上下智愚に推通じて行はるゝことならねば、道とは名づけられぬ。古今に推通じて行はるゝことならねば、道とは名づけられぬ。華夷に推通じて行はるゝことならねば、道とは云はれぬじや[13]」という立場を表明せざるをえなかった。そのうえかれは、なにごとによらず古来の伝統を排棄するような安易な態度にはつよく反撥する。すなわち「凡そ一事一芸でも、万代に推通じて用ヒることは、各々其ノ徳有るものぞ、妄リに廃することはわるきじや。まして道と称して尊重することは、其ノ由来有るべし。其ノ道に入て学ばねば知れぬことじや[14]」というのであった。このような慈雲の復古主義的ないし普遍主義的な主張に照らしてみると、仲基とはまったく相容れず、根本的な倫理観というところで対立していたことは、もはやまぎれもない事実である。のみならず慈雲がこうした主張をくり返し強調しているところをみると、法語のなかでたえず念頭において、あるいは対決、あるいは反駁を企てていた論敵の急先鋒こそ、ほかならぬ仲基その人ではなかったか、といった疑いがおこるほどである。それはともかくとして、かかる基本的な見解の相違を明らかにしておかなければ、さきの引用文のもつ意義は理解しがたいものとなるであろう。つまり慈雲の立場からすれば、仲基説はなにもあらためて反論するには及ばないほど極端な、もともと正反対の極限にも比すべき対蹠的な見解であった。おそらくはそのために、かれもことさら批評しなかった、というよりもはや自明なこととしてその必要すら認めなかったのではあるまいか。むろん、それだけにいっそうかれらの思想的な対立の根が深かった、といわざるをえないであろう。

ところが、さらに後段の問題に目をうつすと、慈雲の仲基に対する態度には、どこか微妙なところがあったのではないかとも思われる。そこではインド、中国、日本を展望する、いわば東洋思想の発展の歴史、つまり仲基のきわめて独創的でみのりゆたかな学説が説かれているわけである。そして、すべて思想というものは「加上の原則」によって発展するという有名な原則がとりあげられる。その際、慈雲は「偏見」とはいいながらも、やはり一つの「見識」であると、この学説を批評しているところから、もしや多少ともそれを認めていたのではなかろうかという臆測が成りたちそうにもみえる。もっともその引用のしかたは、さほど親切とはいいきれないし、仲基説をそのまま受け容れたなどとはとても考えられない。ただ事実上、加上の原則に近いものを慈雲みずからも利用しており、その意味で、どこか両者の歴史観に繋がるところがあったのではないか、と考えることはできそうである。

たとえば慈雲は、仏教における教相の展開について「唯支那国、中古已来俊邁の士が、自己の智恵を極メて向上に言ひなす、其ノ次に出る者は又其レより上なることを言ヒ出し、其ノ次に出る者は其レより上なることを言ヒ出して、今の教相学に成ッたことじや[15]」と記し、また、宗門とか宗旨の主張についても「中古已来、伶利の士が、世に随ひ俗に応じて人を教化す。其ノ次に出ル者は又世俗に順じ人情に就キ、その次に出る者は更に世俗に順じ人情に就イて、遂に賢聖の正規則を取リ失ふ様になり下り、悪を作して羞チぬ様になり下ッたことじや[16]」と説いている。こうした見解が、もともと仏教は、釈尊の時代からだんだんと下降線をたどって卑俗化し、やがて仏教の根本精神を見失ってしまうという一種の末法思想を背景としていることに間違いはない。がしかし、教相学説の展開とか、あるいは宗旨の成立についてのかかる理解のしかたを、ただちに復古主義に還元させるだけでは十分な説明とはならないであろう。そこには、限られた範囲内であるにせよ、いわゆる加上の原則が適用されている事実が認められる、といってわるければ、あくまで批判的な歴史の見方ないし捉え方とでもいうべき問題が入ってきており、じじつその捉え方は客観的にみて誤っていないわけである。

慈雲の発想は、むろん、いうまでもなく復古主義のそれであった。しかしそれはなにも批判的に、また客観的に歴史をみる眼をまったく曇らせるというものではなかったし、むしろ逆に、歴史的に形成されてきた仏教のなかで、はたして正法とは何か、釈尊の説かれた真の仏法とはなんであったかを見極めようとする鋭い洞察力に、かれがたえず磨きをかけていたことを忘れてはならないであろう。その点では、仲基の立場といえどもあまりかけ離れたものではなかった。たとえば「近世に至て諸宗分派して、鋒を唇舌に争ふ、みな家々の私事にて、正法の規則は地を掃ウて無シと云フも可なり[17]」といった宗派的、教団的な仏教の現状に対する仮借なき批判ということでは、両者の見解は基本的に一致していたはずである。それに、かかる頽廃を惹きおこした原因の学問的な追究においても、さして見解に開きがないばかりか「迦文の意」とか釈尊の教えをとりわけ重視する態度も、ある意味では共通している。いいかえると、かれらの学問的な関心は、もともと歴史的な現実態にすぎない宗派仏教が陥っている通弊、ことにその非本来性をあくまでも仏教の歴史そのものの批判的、実証的な解明に基づいて徹底的に批判する、というところで軌を一にしていたのである。それだけにまた教団仏教の教学や僧侶のあり方に対する弾劾が、かれらにおいて辛辣をきわめたのも、ごく自然なことであった。慈雲にしても、かかる仏教界の現状では「書籍を読む者、識別有る者の類は信ぜぬやうになるも尤なことじや[18]」と当時の知識人たちの仏教批判に同意せざるをえなかったところがある。

しかし、こうした仏教の現状批判がただちに仏教の根本真理そのものの批判とはなりえない、というのが慈雲の見識であった。それゆえに、かれはまた、「仏経を見ずして猥りに評判する[19]」とか「少解了に由て、大法を蔑にする[20]」ごとき当代の思想家たちの僻見、偏見のたぐいを、すべて妄想にひとしいとして排斥せねばならなかったのである。もとより仲基の学説にしても、これら思想家たちの同類にすぎないと、かれはみていた。例の『翁の文』

の引用も、じつのところそうした同時代を代表する思想や学説を並べて批判した文脈のなかにあったものにほかならない。いまいちいち詳説する遑はないが、それらは前後八段（うち神道関係が三段）[21]にわたって紹介されている。たとえば極端な懐疑論者は「諸道みな仮リ設けしこと」[22]といい、釈迦、孔子、老子、達磨などはみな実在の人物ではないと主張する、といった具合である。そして、この説を第一段として以下、富永仲基、石田梅岩、荻生徂徠の順に配置されている。なかでも梅岩や徂徠の主張については、かなりの酷評が加えられていること、さきにも触れたとおりである。したがって仲基に対する評価も、結局こうした文脈のなかで把捉されないかぎり、正当な理解とはいえないことになる。つまり、これら諸説を一括して、慈雲があえて偏見といい、妄想と呼んだ理由を探ってみないことには、かれの仲基観ということもほんとうは明らかになってこないはずである。

それでは、これらに共通の問題性というものがいったいどこにあるというのであろうか。慈雲は、まず「世智弁聡の者、をのが伎倆により、肉眼の見る所にて法を思量」[23]するのが、つまり邪見とか偏見であるという。また「世智弁聡」ないし「伶俐俊発」[24]を誇る、賢しらな学者の態度は、かれのもっとも嫌悪するところでもあった。まして「其ノ道に入て学ばねば知れぬこと」[25]を手がるに処理することを、かれは厳にいましめてもいる。となるとかれは、いちいちの学説や思想を批判するまえに、それらを成りたたせている基盤そのものを主として問題にした、と解して差し支えなかろう。たとえば仏教を論ずる場合、大切なのはその論じ方、問題のとりあげ方であって、必ずしも結論ではないといえる。もし仏教の真理性を問題にするのであれば、それ相応のアプローチのしかたが、どうしても問われなければならない。たしかに歴史研究とか文献学の方法も、それはそれとして十分意味があるではあろう。がしかし、それがはたして仏教の真理そのものを究明する方法であるかどうかは、おのずから別の問題なのである。それを無視して、もしもかかる実証的研究によって仏教の真理が究められたとして、その真理性の価値評価がなされるとすると、これはおかしなことになる。いうまでもなく、仏教の根本真理はもともと体得されるものであって、学問的な研究とか思量の対象にはならない、まさに「其ノ道に入て学ばねば知れぬ」というところがある。慈雲が問題にするのも結局はその実究ということなのである。真の修行という面からいえば、あくまで「学問はいらぬこと」(26)と断言するのもそのためである。そればかりではない。仏教の真理についての誤った見解は法性にそむくことはもとより、人道に違うともいう。かれによれば「今世の見処だてを好み、悟り様のことを云フ者を看よ。多クは貧窮なるじや、子孫に灾あるじや。此ノ類皆人道に違ふ。世智弁聡を長ずるは、天の悪む所なるじや。伶俐俊発は反て恥ツべきの甚しきぞ。本を推して云はば、法性に背く(27)」、ましていわんや「真正知見は此レ等の途轍でない(28)」というのである。すでに仏教者といえども、多くは真の修行を忘れて邪道に堕し、真正知見を得ることは至難であるにもかかわらず、儒者や道者たちはみずからの技倆にまかせ、いたずらに妄想にもひとしい仏教論や仏教批判をくり返してやまない。それはまさしく「似金出真金滅(29)」の譬えどおり法滅の相というほかはない、というのが慈雲の偽らざる感慨であったろう。「法の得不はしばし置て、我無上法宝の似せを作り出して、法を滅する人とならんこと、恐れても尚恐るべし(30)」というかれの言葉にも、かかる同時代の軽薄な風潮に対する悲憤がこもっているかにみえる。ともあれ要するに、こうした再批判をとおして、多く仏教論や仏教批判が、その勝義的な実践面や宗教性を無視して、ただ思想とか学問上の問題、いわば文化現象として仏教を処理する傾向に陥りやすいことを、ここでは指摘しておきたい。

それはまた、この時代の学界一般についていえることであるが、基本的には近世的な合理主義の問題でもあった。いいかえると、朱子学や古義学などの儒学によって鍛えあげられた、いわば人間理性の立場が、さきのいろいろな主張の成立基盤にほかならなかった。それはむしろ宗教性を認めない人間中心の立場であるから、仲基のごとく、仏教をある意味で文化ないし倫理思想の問題にまで還元させる傾向がつよくなるのもとうぜんである。それだけにまた、おなじ批判的、実証的研究といっても、それが倫理というあくまで世俗的、現実的な関心に結びつくものであったことも注意されねばならない。ということは、かれの学問が、とりわけ実証的な文献学の方法を用いつつも、やはり根本的には倫理的な価値基準に基づいた主張をもっていたということである。したがって、その仏教論というものも、たしかに客観的な学問という性格をもちながら、基本的な姿勢としてはどこまでも仏教の根本的な批判を志向するものであった。つとに指摘されたとおり、かれの教理史的な研究の意図は「それによって仏教の宗教的信仰そのものを否認したつもりであったかも知れ[31]」ないし、げんにそう解釈せざるをえない理由も十分存在するわけである。のちに排仏論の強力な理論的武器として利用されたのも至極もっともなことであろう。

このようにみてくると、慈雲があらためて偏見とした理由はほかでもない、仲基のかかる研究は「知識としての仏教」理解にとどまり、それゆえにまたある特定の価値観念に基づく思想体系のもとに宗教をたやすく繰り入れうるとする点、さらには、その背後にひそむ宗教性を排除するような偏頗な合理主義の精神がよみとれる点にあったというべきであろう。また、かかる批判をとおして、慈雲があくまで仏教の真理を弁証する立場を貫いたことはもはやいうまでもない。ここで弁証とは、むろんいわゆる護教家の弁明を意味せず、仏教の内外両面にわたって批判を徹底し、仏教そのものの真理性をその根源から究明し、顕揚せんとする態度を指している。

三　思想家と宗教者

じつをいえば、こうした仲基と慈雲といった対比を考えたのは、かれらの仏教の捉え方にどこか非常に似通ったところが感じられるためでもあった。むろん両者の立場は既述のとおり根本的に違う。にもかかわらず、かれらには共通して仏教全体に対する視界ともいうべきものが開かれている。それはたぶん仏教を伝統的、宗派的偏見から解放し、釈尊の教えを中心に据えることによって、いわば仏教の全貌を見渡しうるような立場に、それぞれのしかたで到達しているからであろう。仲基の場合には、教理史的な発展の相のもとに、それはパノラマ的な展望を示しているのに対して、慈雲では、釈尊在世の原始仏教教団のあり方を軸にして「一切諸宗如法如律之徒」(32)をことごとく「一派同袍」(33)たらしめるとともに、正法の自覚において一切諸宗は共通の広場をもつにいたる。その意味では、たしかにいずれも通仏教的とか一般仏教的といってもいいような拡がりを包摂していることは事実であろう。ところが慈雲はそうした正法律の提唱を続けながらも、晩年近くなると、なぜか真言密教の伝授や講義に急に熱意を示しはじめるし、またその一派を「真言律宗」として公儀に届けでてもいる。そのために、このような転換をどう捉えるべきか、どう説明したらよいかに当惑するのがふつうである(34)。しかし、この点を解明しないと、かれの思想の全体はどうしても摑めないことになってくる。そこで、この問題についても簡単な見通しをつけておきたいと思うわけである。

たとえば慈雲について、かれは「宗教における倫理性の強調」ということによって「宗教における呪術性の尊重の態度と截然と対立する」とか、また「呪術的効果とは無関係にひたすら倫理的実践を強調した(35)」といったことがいわれている。かれは宗派的、教団的な仏教のあり方、そしてその社会的、心理的基盤から解放されて、あらたな宗教的実践の道を踏みだした人だというのである。あらためていうまでもなく、その理解は正しい。がしかし、その場合には残念ながら、真言僧として、弘法大師の精神をもっともよく受けついだ法統の人としてのかれのあり方はとりあげられてこないことになる(36)。それはちょうど、かれの『十善法語』などに表われた考え方を通仏教的とみなすところの見解と近いものがある。すなわち、ここでは「禅者此を見て禅と云フ、教者は此を見て此を教と云フ、律者ハ此を見て此を律と云フ」[37]といった、かれの宗派的偏見にとらわれることのない思想基盤を指して通仏教的というのであろうし、むろん、この理解もまた誤ってはいない。ところが、ほかならぬこの法語のなかに、とりわけ顕著なしかたで密教的なものが表われているという主張も見逃すことはできないであろう。こうした二重性ともいえる構造が、じつはかれの主張にも実践にもたえずつきまとっていたのである。それは、なにも時期的に前後して現われてくるものでも、また均衡を保ちつつ併存していたというものでもなかった。むしろ、もっと綜合的でダイナミックな統一が慈雲のうちに見出されるというのが真相であろう。

そしておそらくは、かれの正法思想そのものが、もともとかかるダイナミックな構造をもっており、それがまた、かれの密教把握をして伝統的な教学の枠をこえさせる跳躍板の役割を果たしたとも解されるが、いまはただその一端を挙げておこう。碧玉庵の嶺南座元との問答のなかに、宗派仏教のあり方と真正法との関係がよく表われている。すなわち「今時諸宗みな自ら門戸を立す、自ら我宗最要と称せざるはなし、若し適もなく莫もなく、真正法に帰せむと要せば孰れの宗をか依行すべき。答ふ、各々長所あり、長所あれば短所そのところに随ふ、其の長所を依行せば何宗にても可なり。若しその短所を執せば諸宗みな天魔なり外道なり[38]」とある。これはかなりはやい時期のものと思われるが、この立場では、正法とはいわゆる通仏教ということでなく、かえって諸宗の本来的なあり方とその長所にまず随うということが、なによりも強調されているのである。もとより諸宗派のうち、どれを是とし、どれを非とするといった態度はまったくみられない。それというのも、宗旨というものが「すでに一真法界の中に仮に限局をなし、且く初心の者の慧解を生ずる方便を建立せるなり[39]」という見地から把捉されているからでもあった。仏教者の宗教的実践ないし修行の問題は、かかる宗旨の建て方に則って、いずれかの宗旨の源底を究め尽くすほかに道はない。それを離れた通仏教といった立場は、さしずめ観念的な抽象の所産というべきものでもあろう。それは宗派的偏見に執するのと同様、あたかも抽象的一般に執するという偏見につくことになりはしないか。仏教とは、元来かかる抽象的普遍性をやぶるところでのみ真に具体的な現実態として働きでるものである。と同時に、我執とか宗我は断固これを排除しないかぎり、また宗旨の建て方のほんとうの独自性、真の意義ということも顕わにはならない。かれのいう方便とは、こうした独自で具体的な現実態としての、と同時に仏教そのものの根源的な自己限定としての、宗旨というもののまさに本来的なあり方を意味しているのではあるまいか。ところが現実には、仏教諸宗はかかる宗旨の建て方、したがってその本来的なあり方を喪失してひさしく、いたずらに宗派的偏見の擒となり下っている。仲基とともに、かれがきびしく批判したのも、じつはこうした末世的な教団仏教の現状であった。すなわち、かれは「末世に至りて、諸宗分派して、おのおの学ぶところを是とす。本来の面目、これがためにそこなはれて我相を長ず、法に愛憎をおこして、自らほこり他を嫉む、其ノ宗祖を偏執するは、唯タ偏執の人なり(40)」といい、あくまでも「宗旨がたまり、祖師びいき(41)」を排斥してやまなかったのである。それゆえ、かれの正法思想は原始仏教教団への復帰を標榜しつつも、その当初から一切の宗旨を全面的に否定するものではありえなかった。むしろ、宗旨本来のあり方にそれぞれ還帰してゆくことによって、ただかかる方向を徹底させることによってのみ真正法の開顕する道が拓かれる、というのが慈雲の主張なのである。かれのいう正法とは、その意味では宗旨を離れず、その源底を究め尽くすところでのみ出会われる仏教の根源的自覚の立場といえるであろう。

そのかぎり、真言密教も、結局はかかる仏教そのもの、つまり真正法の自己限定としての意義を荷ってくる。ということは、密教の本来的なあり方を純化徹底させるところで初めて仏教そのものの根源的な自覚が可能になるということにほかならない。ただし、その純化とか徹底ということが、はたしてどこで成りたつかという問題が、きわめて困難な問題であることは論を俟たない。かれは、そこで、もともと真正修行事にとっては学問は不要であるが、明師の得がたい現状では、いわゆる聖教量によって邪正を弁別するほかに残された方法はないともいう。それでいて、かれ自身あたうかぎり伝承を求め、事相においては「野沢共に修学し、大師の根本を究[42]」めようとし、教相にあっては「強て古義新義に泥まず、唯密教の本意を求[43]」めることに終世、意を尽くしたのである。かく聖教量と伝承の両面にまたがるかれの密教把握は、正法の自覚に媒介されて伝統教学の軛を脱し、密教の源底を究めうるものとなることができた。他方、かれの正法思想もまた密教ともっとも深いところで繋がっていたにちがいない。なぜなら、さきの宗旨の源底を究め尽くすことが正法にかえる道だという論理が、すこぶる密教的な性格をおびていることも注目に値するからである。仏教そのものの自己限定といっても、即事而真という意味での根源的な自己表現の性格がつよい。また特殊的な宗旨の建て方が、本来あくまで仮りのものでありながら、しかもそれが同時にきわめて現実的、積極的な意義をもつというのも、どこか曼荼羅的な発想法に近いといえる。むろん、これらの論理の建て方は仏教に共通のものであろうが、しかし現実の具体的な事象に即しつつ、どこまでもそれと不即不離なしかたで真理を開顕してゆく手法は、まさに密教の独自性なのである。それに加えて、正法思想の基本的性格が、周知のとおりたえず実践に即した問題把握にあったことも、かれを仲基のごとく単なる仏教学者にとどめてはおかなかった。しかしこれらの問題はもはや別の機会にゆずらざるをえない。

註

(1)『十善法語巻第十　不邪見戒之上』(『慈雲全集』一一、三六九～三七二頁)。
(2) 中村元「富永仲基の人文主義的精神」(同著『現代仏教名著全集』第八巻〈日本の仏教3〉三五三頁、隆文館、一九六〇年）。
（3）『不偸盗戒記』（『慈雲全集』一一、四八一頁）。
（4）『十善法語巻第三　不邪婬戒』（『慈雲全集』一一、一〇〇頁）。
（5）『不殺生戒記』（『慈雲全集』一一　四五七頁）。
（6）『十善法語巻第二　不偸盗戒』（『慈雲全集』一一、六七頁）。
（7）『雙龍大和上垂示』（『慈雲全集』一三、五五三頁）。
（8）註（3）に同じ。
（9）『十善法語巻第十　不邪見戒之上』（『慈雲全集』一一、三六九頁）。
（10）『十善法語巻第十　不邪見戒之上』（『慈雲全集』一一、三七二頁）。
（11）吉川延太郎『註解出定後語』三四三～三四四頁、教学書房、一九四三年。のちに大空社から復刊（一九九六年）。
（12）吉川幸次郎『日本の心情』八三頁、新潮社、一九六〇年。のちに『吉川幸次郎全集』第十七巻に収録（三八頁、筑摩書房、一九六九年）。
（13）『十善法語巻第二　不偸盗戒』（『慈雲全集』一一、六〇頁）。
（14）『十善法語巻第二　不偸盗戒』（『慈雲全集』一一、五四～五五頁）。
（15）『十善法語巻第二　不偸盗戒』（『慈雲全集』一一、六七～六八頁）。
（16）『十善法語巻第二　不偸盗戒』（『慈雲全集』一一、六八頁）。
（17）『十善法語巻第二　不偸盗戒』（『慈雲全集』一一、五五頁）。
（18）註（17）に同じ。
（19）『十善法語巻第二　不偸盗戒』（『慈雲全集』一一、五四頁）。
（20）『十善法語巻第十　不邪見戒之上』（『慈雲全集』一一、三七五頁）。
（21）『十善法語巻第十　不邪見戒之上』（『慈雲全集』一一、三六八～三七四頁）。
（22）『十善法語巻第十　不邪見戒之上』（『慈雲全集』一一、三六八頁）。
（23）『人となる道』「第十不邪見」（『慈雲全集』一三、四一頁）。

(24)『十善法語巻第十　不邪見戒之上』(『慈雲全集』一一、三六七頁)。
(25) 註(14)に同じ。
(26)『諸宗之意得』(『慈雲全集』一四、三三頁)。
(27)『十善法語巻第十　不邪見戒之上』(『慈雲全集』一一、三六七～三六八頁)。
(28) 註(24)に同じ。
(29)『慈雲尊者法語集』「五　似金出真金滅」(『慈雲全集』一四、三三八頁)。
(30)『慈雲尊者法語集』「五　似金出真金滅」(『慈雲全集』一四、三四五～三四六頁)。
(31) 津田左右吉「文学に現はれたる国民思想の研究　四　―平民文学の時代　中―」(『津田左右吉全集』第七巻、四八四頁、岩波書店、一九六四年)。
(32)『雙龍派中制規集』「根本僧制」(『慈雲全集』一六、三頁)。
(33) 註(32)に同じ。
(34) 拙稿「慈雲の生涯と思想」(『墨美』一二七号、一九六三年、本書〈二一八～二五九頁〉に収録)。本書二五一頁参照。
(35) 中村元『日本宗教の近代性』(『中村元選集』第八巻、一三六頁、春秋社、一九六四年)。
(36) 中野義照「慈雲尊者の正法精神」(『慈雲全集』補遺、附録一五～二三頁)。
(37) 註(5)に同じ。
(38)『麤細問答』(『慈雲全集』補遺、一〇四頁)。
(39)『根本僧制幷高貴寺規定』(『慈雲全集』六、八六頁)。
(40)『人となる道』第二編「不邪見戒(十)」(『慈雲全集』一三、三三八頁)。
(41)『千師伝』(『慈雲全集』一七　三一頁)。
(42)『根本僧制幷高貴寺規定』(『慈雲全集』六、八九頁)。
(43) 註(42)に同じ。

四　近世の密教者たち——契沖と浄厳——

一　仏教界の新風

国学の成立に先駆的役割を果たした契沖（一六四〇～一七〇一）は、いうまでもなく真言僧であって契沖阿闍梨の名で知られている。ところが従来ややもすれば、契沖の僧侶という面をことさら重視するか、それとも歌人や学者であった点を強調するかによって、契沖学の評価は必ずしも一定せず、ときには思わぬ誤解を招くことすらあったようにみえる。とくに学問や思想という問題となると、かれの場合は真言密教の特異性も手伝って容易に決着のつかない段階にあるというのが学界の実情ではなかろうか。しかも、そのことは早くも本居宣長における契沖観の変遷のうちにすでに萌していた問題であったということもできるであろう。かといって、仏教史や密教史の立場からの研究もまた、遺憾ながら、当時の密教者たちの関心や行動型を十分に解明するところまでは進んでいない。こうした現状を考慮しつつ、この小論は当代の密教者たちの精神的境位ともいうべき問題を探り、いわば思想史と仏教史の橋渡しを試みるとともに、契沖関係資料の補いともしたいと考えるものである。

まずはじめに、これまでの密教史の取り扱い方をみると、早くからほぼ定型に近いものができあがっていたようであって、契沖は多く、浄厳（一六三九〜一七〇二）や慈雲（一七一八〜一八〇四）と名を連ねて近世文化史上特筆すべき人物であるとして紹介されてきた。たとえば新しいところで、宮坂宥勝教授の編著『高野山史』にはつぎのような文章がみられる。

江戸時代の文化に一般的に大きな影響を与えた密教家として、契沖、浄厳、慈雲に指を屈することに異論はなかろう。しかも、これら三人は一度は高野山に学んだことのある人びとであり、後、高野山を離れて終生、在野の立場に立ち、大寺本山と無関係に自主独往の活動をつづけた点でも共通している。(1)

たしかに近世の密教者たちの中から、学問や思想、社会的活動を通じて一般に著名な人物を拾うとなると、異論なくこの三人に落ちつく。しかし、かれらの活動は多く密教の教理史や教団史とは直接にかかわりのない出来事であって、むしろ教授が指摘されたとおり「自主独往」「在野の立場」に立つことによって初めて可能なものであった。いわばかれらは真言宗教団の枠組みからはみ出たアウトサイダーにほかならなかった。契沖の学問はもとより浄厳の如法真言律、慈雲の正法律も伝統的教団のあり方からはおよそ縁どおい存在であったといってもけっして過言ではない。のみならず、浄厳と契沖のごときは、ほぼ同時に高野山で修行時代をすごし、相前後して下山したのちは終始、高野山の教学や僧侶のあり方に対して批判的態度をもち続けたといわれるが、この点はのちにあらためて考察したい。慈雲の場合は、両者とすこし事情が違っていて、修行のはじめから一貫して古義と新義をとわず真言宗各本山に親近することはなかった。高野登山についてもただ一度だけ、それも親交の篤かった法友、真源阿闍梨の墓前に詣でたという宝暦八年（一七五八）の記録が残っているにすぎない。(2) ともあれ、こういう共通点をいくら指摘できたとしても、それが偶然の一致なのか、それとも何か深い理由があってとうぜん起こるべくして起こった共通性であったかは、宮坂教授によってもなお十分説明されていないように思われるのであるが、はたして実際はどうであったろうか。

ところで当面の問題は、これらのすぐれて近代的ともいえる密教者たちの基本的関心はどこにあったのか、もし共通の関心事がありえたとするならばそれは何か、といいかえてもよいであろう。そうすると、意外に明白な事実にわれわれは出会うことができるのである。すなわちかれらは、当代の自覚的な仏教者の多くがそうであったように、同時代の風潮に対する卓越した洞察力と鋭い批判精神の持ち主であったこと、そして末法の世に慊らずして正しく仏教固有のあり方を志向し、ひたすら仏教者本来の姿にたち還ろうと試みた尚古主義者であったこと、つまりは実践的な復古主義者として地盤を共有していたという事実を挙げうるように思う。もっと具体的にいうならば、浄厳や慈雲はもちろん、契沖もまた近世の戒律復興運動の洗礼に浴しており、いずれも京都槇尾山の明忍俊正律師（一五七六〜一六一〇）に源を発する真言律の法系と深い関係を結んだ人たちであった。すると、これはもはや偶然の一致といったことでは済まない問題であって、何としてもかれらに共通せる精神的境位あるいは雰囲気といったものを考察する必要があるように思う。

しかも、遡って鎌倉時代中期の戒律復興運動が、あたかも当時南都を中心として進められた、復興造営の気運に乗じて、南都の造像に大きな影響を与えたといわれる。たとえば平田寛氏は、中世の戒律運動に参加した人々に注目しつつ、「かれらのうちには、伝統の八宗はもとより、禅、浄土などの新仏教に接する者もあり、又、学解仏教の枠をこえて社会事業に努める者もあり、戒律復興運動の精神なり実際なりは複雑な様相を示すが、持戒し、南都教学の復興につとめた点は共通している。兼実、重源、運慶などを中心にする復興造営とはことなり、精神の深処に根ざした、教学の復興運動であったので、一見するところは地味であっても、戒律復興運動が南都の造像におよぼした影響は、広く大きいものであった(3)」と書いておられるが、まことに要をえた考察である。もし、このように戒律復興の運動が、南都教学の再興と結びつき、あるいは社会事業あるいは造像活動といったものに、その特色を発揮したとするならば、これに対して、近世の戒律復興はおそらく学問の分野において異彩を放つところがあったといえるかと思う。むろん、この時代の諸学興隆の風潮ともあいまって、教学の復興は新旧おしなべて仏教界の関心事であった。なかでも、真言律における悉曇学の復興から仏教聖典の原典研究、また儀軌や戒律に関する学問的研究などには、他の追随を許さないものがあった。そして、かれらの宗派意識にとらわれない自由な学風は、一面において仏教そのものの統一的理解への道を切り拓きつつ、やがて近代の仏教学へと引き継がれていったとみることができるであろう。こうした意味からも、近世の戒律復興運動については、あらためて検討すべき問題がかなり残されていると考えるのである。

二　近世の戒律復興

近世の戒律復興運動は、注目すべきことに真言律一派から興った。はじめ西大寺の真言律を学んで自誓受戒した槇尾山の明忍律師が、後世、律法中興の祖と称されることがあるのはそのためである。この点はあまり注意されていないが、実際にはよほど考慮すべき問題を含んでいたように思う。以下、すこしく問題点を指摘してみよう。

まず一般に、戒律復興というとすぐに連想されるのが、さきにあげた鎌倉時代の南都興律運動であり、ことに嘉禎二年（一二三六）九月、覚盛、叡尊、有厳、国晴のいわゆる四哲が東大寺大仏殿前において自誓受戒して、律宗を再興したという有名な話である。(4) そして、このとき再興された律宗は、とうぜん鑑真和上のはるばる伝来された南山律宗の正嫡であったと考えるのが普通である。しかし、よく調べてみると、細かい点で重要な違いがあるばかりか、自誓受戒ということ自体にも問題が残されていて、簡単にこれを南山律宗の再興とはいえないところがあった。

とりわけ叡尊の戒律については、はっきりとその特異性が指摘できるし、当時の南山律宗からみて首肯しがたい性格のものであったといわれる。ここでその詳細に立ち入ることはできないが、いわゆる社会福祉の事業とか造像起塔の活動、光明真言や授戒による教化活動など、かれの目ざましい活躍が西大寺を中心に展開されて、いわば真言律の特色であったかのようにもみえる。こうした活躍が、戒律の精神に基づくものとしても、律学を重んじて南山大師道宣の『四分律行事鈔』などの三大部、また霊芝律師元照の『四分律行事鈔資持記』などに忠実に随おうとする南山律宗の正統派とは、おのずから出発点において異なり、結局のところ唐招提寺、戒壇院の南都律、また泉涌寺俊芿の唱えた北京律とは、むしろ対立する関係に立ちいたったことが認められる。たとえば伝戒相承の系譜についてつぎのような相違が指摘されている。

既に北京には宋朝直伝の泉山あり、南都には鑑真和上以来の招提・戒壇の二派があって、新伝来の資持家によって南山宗を解し、南山の末流たるの自覚に燃えた。これに対し、西大寺派は中世以来の権威を誇った法相宗を以てその教学の綱格とし、興福寺東金堂衆によって伝持の律宗伝統即ち法相教観が南山と等しいとする考え方を以てこの寺の主張とした。(5)

つまり、叡尊は伝承の久しく絶えていた玄奘・道昭以来の瑜伽戒本によって通受菩薩戒を再興したというのである。これは、もし鑑真以来の南都律の相承が、四分律と梵網戒との結合による、いわゆる法華開会の菩薩戒であったと解してよろしければ、あきらかに叡尊一派が、意識して別の道を歩もうとした証拠ということになるであろうか。そうだとすると、真言律はみずから小乗戒と大乗戒とを綜合するという課題に、あらたに立ち向かうことを余儀なくされることとなり、さらには、密教と戒律という問題、すなわち顕密二戒の関係はどうなるかという問題とも直面せざるをえなくなってくる。ところが、こうした課題に対して、叡尊では一応の方向は示されたものの、必ずしも明確な解答が与えられずに終わった。そのために、真言律がそののち紆余曲折をたどって展開し、もしくは発展せざるをえなかったという必然性を指摘された点で、われわれは徳田明本師の右論文のすぐれた功績があったと認めるものである。事実、近世の真言律はさまざまな形でこの課題と取り組んできたのであって、おそらくは一義的に真言律を規定することの方がかえって困難であるともいえよう。

他方、こうした課題をかかえた西大寺真言律はまた、かつて高楠順次郎氏により、

弘法大師の御精神は事相の京都、教相の高野の伝燈におけるよりも、寧ろ西大寺の真言律の系統に一層よく顕われているようであり、その系統の最後の光明が慈雲尊者であると思う[6]。

と評されたところの「真言律の系統」であった。たしかに高祖大師の精神に則って顕密二戒を堅固に受持する道が、ここには開かれていたのである。

発心して遠渉せんには足に非ざれば能はず、仏道に趣向せんには戒に非ざれば寧んぞ到らんや。必ず須らく顕密の二戒堅固に受持して清浄にして犯さざるべし。謂はゆる顕戒とは三帰八戒五戒および声聞菩薩等の戒なり。四衆におのおの本戒あり。密戒とは謂はゆる三摩耶戒なり、亦は仏戒と名け、亦は発菩提心戒と名け、亦は無為戒と名くる等なり。是のごときの諸戒は十善を本となす。謂はゆる十善とは身三語四意三なり、末を摂して本に帰すれば一心を本とす。一心の性は仏と異なることなし、我心と衆生心と仏心との三に差別なし、此の心に住すれば即ちこれ仏道を修す[7]。

ここに引いたのは「弘仁の遺誡」と称されている文章であるが、さきに真言律に課せられた課題といったものは、

とおくこの遺誡に淵源すると思われる。西大寺真言律の「顕密呑併」「諸法融合」の戒という考え方も、明忍の「戒はこれ十善」から慈雲の『十善法語』にいたる伝戒相承も、そして浄厳が「別に律宗と名づくる一宗あるべき道理なく候（中略）実には仏の法に叶ひたる真言宗にて御座候」と『真言律弁』に誌したのも、すべて真言律の系統はおなじこの遺誡の精神を高揚せんとしたものにほかならない。妙瑞らによる有部律の再興もまたおなじ精神に基づきつつ『三学録』の主張を織り込んだものにすぎないとすると、真言律諸派の基本的枠組みはほぼ決まってくる。そして、かかる枠組みを最初に明確にしようと試みたものが、いうまでもなく叡尊の創意から出た西大寺真言律の画期的な役割であったということができるであろう。

もとより叡尊自身は、学者というより実践の人であって、この枠組みにふさわしい内容を整備するだけの余裕をもたなかった。そのうえ、かれの教学が法相学であったことは、右の課題に対して全面的な解決を下すのに適当な立場に、かれがいなかったことを示しているのかもしれない。しかし十七世紀はじめ、明忍が受学するころまでに、西大寺では叡尊の戒律について、

三聚を丼呑し、戒身を長養す、法を耀かし生を利す、千古未だ聞かず。(8)

という讃辞をおくるような伝承が確立されていた模様であり、おそらくは叡尊以降のごく早い時期にこうした問題が検討され、整備されるところがあったのであろう。しかし、明忍の時代には西大寺でも、南山律宗とともに「一たび廃してのち久しく振わず、軌則ありといへども随行まったく欠けたり」という惨澹たる実状であったという。

とかくして、慶長四年（一五九九）二十四歳で出家した明忍俊正が、まもなく師と仰ぐ高雄の僧正晋海から、意外にも戒律を守らぬ僧侶は真の出家にあらずという慨嘆を聞いて興律の志を発し、真言律を西大寺に学んだのち、やがて慧雲や友尊と語らって同七年栂尾山に自誓受戒し、槇尾山に僧坊を開くにいたった。この事情については、

慈雲の『律法中興縁由記』[9]に詳しく、その後の真言律諸派の系統についても、おなじく慈雲の『高貴寺規定』に略述されてある。[10]ところが、

槙尾の明忍律師、春日明神の神託をうけて自誓受戒してより已来、如法の律儀漸く宇内に顕る。[11]

として明忍の春日大社への参籠五十日におよぶ祈請と「戒は是れ十善、神道は是れ句々の教」なる神託を伝えるのは慈雲のみで、元政の『行業記』も、戒山の『律苑僧宝伝』も、この点に触れていないことは注意してよいであろう（とくに戒山が野中寺派の人だけにいささか気がかりである）。ともあれ、近世の戒律復興運動はこうして槙尾山において幕をあけることとなったが、その同志、慧雲は日蓮宗の人であり、友尊は西大寺の僧であった。そして、明忍が三十一歳、槙尾山に僧坊が開創されたおなじ年に、かれは、

吾れ通受自誓の願を遂ぐといへども、尚いまだ別受相承の望を果さず。[12]

といって、中国に渡ろうとしたが果たせず、ついに対馬において三十五歳の短い生涯を終えたというのである。また、明忍を慕って集まった人に、真別処の良永、日蓮宗の了性、泉涌寺北京律の正専、師子窟寺の光影、野中寺の慈忍などが名前を知られており、慈忍の門には戒山や洪善のごとき禅僧や、また慈空のように浄土宗の僧も来たり投じていた。そして深草の元政は真別処三世の快円と同じころ、独自の方法によって自誓受戒している。これらの人々が、浄厳や契沖の受戒以前に自誓受戒したことを確かめうるわけで、こうした状況はまず、いわゆる真言律宗というよりは、あきらかに戒律の復興そのものに主眼がおかれた時期であったことを示している。野中寺派から出て安養律院に住した戒山慧堅の『律苑僧宝伝』十五巻は、この時期よりやや遅れて成立し、右の人々のうち、明忍、慧雲、良永、了性、正専、光影らの伝記をあげているが、その真政の賛は、当時の真言律のあり方や雰囲気をよく伝えていると思う。

まさに声聞偏学を離れて更にいはゆる律宗なしとは、殊に知らずと謂ふべし。祖師、仏の本懐を推して法華涅槃、開顕円意を用ひ、決了権乗、同じく実道に帰する、之を律宗といふなり、この宗に三聚の行あって、一切諸行統括せざるはなし。それ声聞偏学とは実に霄壌の間なり、ああ末法の中、言を大乗に駕するは甚だ易く、躬から僧行を行ずること実に難し、須く知るべし、小を以って大を望まば則ち大小懸かに殊なる。大を以って小を摂するときは則ち小として大ならざるなし。勝鬘に曰はく、毘尼は即ち大乗の学と、智論に曰はく、八十誦は即ち尸羅波羅密《ママ》なりとは、即ち此の意なり[13]。

あるいはまた、

予にまた一説あり、幷びに学律の徒のために告ぐ。夫れ理に達せずして事に滞る者は、吾が道には取らず、真持戒の人は、但だ毀犯の相なきのみならず、亦、持相の得べきなし、若し妄りに此の戒に執して、心、道に在ることなく、世を軽んじ物に傲るは則ち不可なり[14]、

こうして戒山は、道宣の南山四分律の精神を汲んで、法華涅槃、開顕円意という考え方にたち、大乗戒をもって小乗戒を包摂するとともに、いたずらに形骸にのみしてその精髄を究めない戒律主義者をきびしく批判している。強いていえば、かれは南山の祖意にひたすら忠実であろうとする立場にたち、真言律の「律」という契機を徹底させたものということもできるであろう。すなわち、これは南都・西京二律とは一応区別したうえで、やはり南山律宗の行き方を意図したものというべく、初期の戒律復興運動には、野中寺派に代表されるように、こうした傾向がかなり強かったと思われる。

しかし浄厳の如法律一派は、これに対して「如法真言宗」としての真言律を強調したといえる。のちに幕府に届け出た霊雲寺の書状には、

真言律と申候者、祖師弘法大師顕密二戒堅固に受持可致との教誡を守り候而、真言密教の中大日経の四重と十禁との三摩耶戒と申す戒法を根本と仕、菩薩通受之三聚浄戒と申候作法に拠り候而、小乗戒大乗戒共に通受仕候云云[15]

と誌してあったが、この文面によっても戒山などの戒律との相違はきわめて明白である。照遍の『如法真言律興起縁由』にみえるつぎの文章もおなじ趣旨を解説したものであった。

和尚（浄厳）の自誓受戒は全く興正尊者の軌則に依て成満し玉ひぬ。其後他をして進具或は沙弥受戒せしむるは、三摩耶戒の式を用ひ玉ふ。真言行者最初三昧耶戒を受て進むが故に、後々の受戒も其軌則相応ず、声聞の戒、顕の菩薩戒、秘密の四重十重戒等、皆な悉く三聚浄戒に統摂して受く。豈に高妙に非ざらんや。[16]

いわゆる密戒、三昧耶戒のうちに小乗戒および顕教の大乗戒を統摂するという思想は、すでに空海の『遺誡』にみえたところであるが、これを『十住心論』における教相的な顕密統合の思想と対応するものとする考え方は上田霊城氏の論文[17]に示されている。上田氏はこうした浄厳の密戒中心の立場を「如法律の密教化」と名づけられたが、われわれはむしろ、真言律に含まれていた「真言」という契機をもっとも明確に打ち出したものと考えたい。「実には仏の法に叶ひたる真言宗にて御座候」と書いた浄厳の意図は、おそらく受戒や持律をとおして真言行者の如法な修行を成満せしめるところにあり、戒山らとは対極的な位置を占めるものと解して誤りなかろう。

同様にして、真別処九世、妙瑞による有部律の提唱にも戒律の密教化というか、真言独自の戒律をめざす志向性がつよく現われていた。これまでの真言律が、密戒中心の如法律すらも、『四分律行事鈔』を重視して、行持に関しては基本的に南山四分律に随ってきたのに対し、高祖の『三学録』には有部律と定められているとして、四分律に代えるに有部律をもってし、これこそ祖道を再興する道であると説いた。いま慈雲の『南海寄帰伝解纜鈔』巻一

に引証されている妙瑞の見解をうかがってみると、

瑞公云はく、密家に有部律を学ばしむる、其の枢要は唯だ一事の相伝あり。成実四分等の空宗のごときは、無性を尊んで有を破す。衆賢論師の諍ふところを見るに、灯火は衆縁に依って出づ、油炷盞および人功具足し、然して後に灯火あり、燧を鑽って火を求む。経部の云はく、灯火は衆縁に闕けるときには灯成せずと。此の宗は顕教の真如無性に同じ、是の故に秘宗の好まざるところなり。一切有宗の如きは前念の灯、自体不失の因となし、これを名づけて得とす。金石の中に本来具するところの火性、灯火の因となる、この故に秘密本有六大の妙訓に同じ。数々学んでその源に至れば則ち密意に近し(18)。

とあって、有部律を依用する理由はただに有部律がもっとも整備されたものであるというばかりでなく、また、これを高祖が伝来されたからでもない。むしろ、有部の教理上の立場が密教の本有六大の思想に近く、このことが『三学録』に有部律をあげて四分律を採用されなかったほんとうの理由であったとするのである。

しかも慈雲は、おなじ箇所で有部律についての問答をいくつか列挙している中で、有部と四分では部派が異なるから行事もまったく別なのかという問いをあげて、みずからつぎのように答えている。

本と是れ一味なり、また今時大乗の人、その戒体を語るときは則ち悉くこれ大乗の終窮、或いは秘密三昧耶妙戒なり、行事に所依ありといへども、何んぞ必ずしも確執すること彼の小乗の人の如くならんや。(中略)その有部に依り、南山に依るは且らく行事の所依を論ずるのみ(19)。

こうしたごく自由な態度が、慈雲や妙瑞にはあったというが、妙瑞の主張を奉じた真別処の密門、福王寺の学如、松尾寺の等空などは、いわゆる有部の三僧坊によって、もっぱら有部律の興隆につとめた。とくに学如はきびしく四分を排して義浄の新律、有部にのみ随行したといわれる。

ちなみに、密門や学如が得戒して有部興律の端緒を拓いたのは宝暦十二年（一七六二）十一月十日という。そして妙瑞の序文と真源の跋文を付した慈雲の『根本説一切有部衣相略要』一巻が成立したのは宝暦八年の春、つまりちょうど四年前のことであった[20]。おなじ七月には、真源の依頼をうけて、義浄の『南海寄帰内法伝』のほとんど唯一の註釈書と称される『南海寄帰伝解纜鈔』七巻が著わされたのである。われわれはこの労作が、わずか二ヵ月余の成立事情からみても、まさしく有部興律の金字塔という意義を荷っていたことにあらためて注目しなければならないかと思う。むろん慈雲の正法律の宣揚は、これより十二年前に着手されていたわけである。

ともあれ、われわれは真言律諸派の展開をたどって十八世紀の半ばまでいたった。明忍の中興以来ほぼ百五十年のあいだに、西大寺流の真言律は意外に大きな変容を経験することとなったが、その原因は、すでに指摘したとおり、叡尊の戒律のうちに含まれていた。密教と戒律（顕戒）とを、いかに矛盾なく綜合するかという課題が、さまざまな立場で実験され批判され、そして有部律までたどりついたということもできる。一方では真言教学や事相の興隆とあい交わり、他方では戒律研究を推進させるという軌跡を描きながら、この運動は展開されていった。真言律のあらゆる可能性はほぼ吟味し尽くされ、それぞれの行き方が力づよく押し進められた。われわれがみてきた三つの方向は、独自な観点からそれぞれ真言律の典型を生みだして、いわば古代や中世とは異なった戒律観を提起するにいたったのである。そして最後に、慈雲の正法律はおそらく、これら諸派の提出した問題に、いま一度、再検討を加えつつ綜合的な立場から集大成するという、とりわけ困難な役割を受けもったのである。この点については別の機会に譲りたいが、ここでは一つだけ考えておきたいことがある。

明忍系の真言律は、いわゆる三律園を中心として早い時期におこり、超宗派的な立場をとって、日蓮宗や天台宗、浄土宗などの興律の気運をもりあげていった。それは系統の上からいっても確かめられるし、また諸宗の僧侶をみずからの僧坊に糾合することも多かった。そうした気風は慈雲の受け継ぐところとなって、正法律にはじつにさまざまな人が関係している。これに対して、浄厳や妙瑞下の一派は、あくまで真言行者たるの風範を持して、高祖の遺風をそれぞれに高揚させようとしている。とくに浄厳のごときは叡尊の再来ともいうべく、その多方面にわたる活躍には目ざましいものがあった。のみならず、悉曇学や聖教儀軌の研究と講伝などでは先覚者としての栄誉を荷っており、傑出した人物だったことも疑いなく、その学問の多くは慈雲によって継承され、また発展させられたのである。また妙瑞の主張とも慈雲は重なりあうところが多かったようであるが、深く交わった形跡はみえない。しかし、さきにあげたように四分とか有部に偏執しない自由な態度は、有部律に関する造詣の深さとともに、両者に共通していた。なお本居宣長に悉曇を教えた等空は密門の弟子、妙瑞からは孫弟子にあたる人であった。

こうした繋がりを保ちながらも、慈雲には「此等の諸師、見処各々別々、行事各異なり[21]」、やがては「相似の僧坊」や「相似の弊儀」の横行を痛烈に批判せざるをえなかったという点に、やはり問題があったように思う。他面また、慈雲の正法律を最澄の円頓戒と並べて「戒律史上に於て、頗る独自性を有するもの」とする見解[22]もあるが、たしかに慈雲の戒律とか思想については、ひとり真言律の枠組みだけでは処理できないところがある。また戒律のみでなく仏教の全体に繋がるような問題が、かれのうちには隠されている。日本の小釈迦といった形容がどこかぴったりくるところがあるように思うが、それがはたして何であるかは、もはや今後の問題に属する。

われわれはもう一度、契沖や浄厳の時代に返らねばならない。そして、この戒律復興運動との連関からどういうことが解明できるかを見届ける必要がある。

三　契沖と浄厳

契沖と浄厳の関係については、安祥寺流の真言事相の授受、聖教儀軌の書写校合、悉曇学の影響ということが一般によく知られている。さらに妙法寺の住職問題とか、生涯にわたる親交という点をつけ加えると、ほとんど語るべきほどのことは残らないであろう。はたしてそうであるかを、これからすこし考えてみようと思うが、ここではいちおう、伝記上の問題と学問、思想にかかわる問題に分けてみてゆきたい。

まず、両者の伝記を比較してみると、一見、驚くほど似通っていることに気づくのである。契沖が尼崎に誕生したのは寛永十七年（一六四〇）であったが、その前年、浄厳は河内の鬼住村で生まれた。また契沖が十一歳で妙法寺に入ったのち、十三の年に高野山へ登るのに対して、浄厳は十歳にして登山し剃髪していた。やがて寛文九年（一六六九）、契沖は二度目の高野生活を終え、和泉の久井村に落ちついたが、このときかれは三十歳であった。その後を追うかのように、三十三歳の浄厳は、二十年余にわたる高野時代に別れをつげて郷里に引き籠っている。その間の事情は、むろんまったく違ってはいたものの、両者ともほぼ三十歳を境として高野を去って、それぞれの自分の道を歩みはじめたことに変わりはなかったのである。しかも高野山時代に契沖が師事した快賢の法資、真賢はかなり浄厳と親しい関係にあったというし、それに契沖に菩薩戒を授けた真別処三世の快円は、また浄厳のあらたな門出ともなった自誓受戒の師であり、その前にはほとんどおなじころ、ともに南院の良意について安祥寺流を受けた間柄であったことも推量できそうである。こうした繫がりがはっきりした形をとるのは、一つには安祥寺流の伝授であったが、これは、延宝五年（一六七七）あたかも浄厳が如法律の根本道場として開創した年にあたっている。そして同年、のちに両者と親しい関係をもつ義剛[23]は十三歳で得度したと思われる。おそらくは安流伝受とほぼ時をおなじくして、契沖の聖教儀軌の校合書写という活動が開始されるわけであるが、こうした共同事業を通じて二人の関係は親密の度をまし、意気あい通ずるところがあったかにみえる。こうして契沖と浄厳との親交が深まったものとも思えるが、他方『妙法寺記』によると「延宝二三年之比[24]」つまり契沖が池田村万町に居を移したころの両者の交流を誌している。しかし当時の浄厳は仁和寺にあって事相伝受のかたわら聖教の書写にとりかかっていた時期でもあり、確かな事情は解りかねる。この妙法寺問題は後で触れることがあろう。のち『万葉代匠記』の精選本が完成した、円珠庵における契沖の円熟期には、江戸の湯島に霊雲寺が開かれて、浄厳の教化活動も一段と精彩を加えるにいたった。そして契沖歿後一年にして浄厳も生涯を終えている。このようにみてくると、生涯の主な転機が両者とも非常に似ているように思えるから不思議である。

しかし、両者の交渉について重大な問題の一つは、やはり妙法寺の住職問題であったろう。『妙法寺記』の成立は貞享元年（一六八四）というから、『万葉代匠記』初稿本に着手して、さほど間のない時期である。というより契沖が住職となってから五年目のことであるが、そこでかれは「住持分」と称しており、

道理を申候ハヽ、覚彦房住持ニ而、拙僧者看坊ニ而可罷在義候へ共、内意ハ決定左様ニ而、表むき住持分ニ而罷在候ハ[25]

として、浄厳との内約のあったことを記している。もちろん、契沖はこれより前に、師僧から住職を譲る話があったときに、浄厳は修学の聞こえもたかいからと推挙した事実がある。そして浄厳がやって来たとき、「後々は付嘱可仕由[26]」つまり寺を譲るという話もできていたというのに、事情が変わって契沖が入住した。しかし、いろいろの都合で浄厳に寺を渡せない状況が続いて未だ約束が果たせないというのであろう。これに対して、浄厳側にはつぎ

のような伝えが残っている。

和上（浄厳）摂州東成郡大今里村妙法寺を契沖阿遮梨より受て興隆し、一派僧衆出坂等の時の止宿に便りす。

但し年号等未詳、後に如海性寂を以て此寺の第二世とす。(27)

右の文面では、如法真言律一派の寺院として契沖から譲り受けて、僧衆が大坂に出たりするときの宿に利用したということになる。この寺を受けたのは、むろん契沖の円珠庵に隠棲のときでなくてはならないとすると、元禄三年（一六九〇）のことでもあろうか。しかし、のちに如海をもって第二世としたということならば、いったんは浄厳住持の時期がないとおかしいことになる。その辺の事情があまりはっきりしないように思うが、とにかく妙法寺が契沖の後、如法律の一院に編入されたことは事実である。

それにしても、さきの延宝二、三年というのもよく解らない。浄厳が和泉大鳥の高山寺で自誓受戒（具足戒）したのは延宝四年（一六七六）のことで、このときは仁和寺の門主から、如法持戒の真言僧をとりたて、また所居の別所院室を創建したいとの本願をうかがったことに由るという。この別所院室として翌年に延命寺が創られ、如法持戒の真言僧という考え方がこのとき以来かれの基本的な態度となったことは注目される。それはともかく、かれはこれまでに父母の宅地に如晦庵を建て、また和泉大鳥の高山寺を創めていた。たしかに延宝のはじめには、例の写経事業に専念する一方、寺院を探していたことも事実らしい。あるいは契沖は快円あたりからこのことを伝え聞いて浄厳を妙法寺に推挙したのであろうか。ともあれ、かなりの年月を要したにせよ浄厳の方は所期の目的を達成することができたわけであり、契沖にすれば、如法律一派に寄与するところがあったということとなる。

こうして契沖は、みずから如法律一派の僧衆には加わらなかったが、かなり早くから浄厳やその一派にきわめて近い存在であったことが解る。しかも、契沖は二度目の高野時代に快円に菩薩戒を受けて、浄厳よりもさきに戒律への関心を示していた。じつは、このおなじ関心が浄厳に寺を譲るといった気持を起こさせたのかもしれない。また両者の関係にしても、おなじく如法持律の真言僧という考え方において相通じていたとも考えられる。

もし、右のように考えうるとすると、契沖の生涯にもこれまでの理解と異なった仕方で光をあてることができないであろうか。とくに生玉の曼陀羅院を捨てて放浪の旅に出、やがて高野に登ったという青年僧、契沖に想いをはせてみたいと思う。この一連の事件を、もし詩人の感興のおもむくところと解するのみであれば、契沖は別に僧侶でなくともよい。それに長谷や室生における絶食や練行という事実を、いかに解すべきかは問題のあるところである。むしろ、かれのひたむきな求道心が寺を去って霊場に参籠させたものではなかったろうか。曼陀羅院での生活は、世俗の縁に繋がる寺務もあり、町なかの落ちつかない雰囲気にも耐えがたい想いがつのり、加えて父の死去に打ちひしがれた契沖。かれの歌道への精進も、これを消し去るものでなく、かえって苦悩を深め、あるいは自心をまぎらかすもとともなったろう。仏道にはげまんとしても、高野の生活とはこと変わり若い住職には身の置きどころのない焦燥感に責められるばかりである。長谷や室生の参籠には、こうした苦悶がすべて籠められていたことかと思う。寺院生活は遁れられても、自分自身をのがれることはできず、落ちつかなさはつのる一方である。苦修練行を重ね、諸山を巡歴する青年僧の放浪の姿には、どこまでも身を責めてやまない懊悩の影がつきまとっていた。義剛の『録遺事』の美しい伝えは、憔悴しきった求道者の面影を想わしめるに十分である。それにまた、高野に登って受戒のことだけが記されているのも奇異の感を与える。何か心に期するものがあったと考えざるをえないのである。

当時の真別処は、再興されてほぼ半世紀、中興開山良永の遺風をとどめていたとしても、すでに二世真政房円忍にいたると、了性との関係から大和の北室律院、また法起寺を兼ね、多く活動の舞台を山外に移していったようである。快円房恵空もまた、寛文十二年（一六七二）には大鳥の神鳳寺に僧坊を開創して、真別処を弟子に譲っているほどである。いずれかといえば、真別処は人影も疎らで、閑寂さを通りこして衰微の傾きが目立っていたことかと思う。それにしても契沖の癒しがたい傷心には、そこに漂う独特の雰囲気に接してつよく響くものがあったことは推測に難くない。まのあたりに真剣な仏道修行に孜々として精進する一群の僧侶をみて、かつての自分たちの修行を恥じ、あらためて持戒持律の道に目を開かれたであろう。後年の契沖が、水戸家からの賜り物を少しも私せず、貧困な人々に分かち与えたという有名な逸話がある。その行為が、もとよりかれの慈愛に出たものにちがいないとしても、それはまた快円や浄厳の生き方に連なるところの戒律精神の発露でもあった。こうした行為を呼び起こすものを内に秘めた契沖の生き方は、やはり、このとき快円の授戒によって方向づけられたとみてよいであろう。

しかし、かれは終世、律師としてでなく阿闍梨として振舞った。この点、われわれは考えさせられる問題性を覚えるが、ただ僧坊や律院の生活よりも草庵生活や隠棲を好むという性向だけで説明のつく問題ではなかろう。折から、篤信者の久井村辻森吉行との邂逅が、かれの好学心を刺戟して、自分の進むべき道を決定する大きな理由となったかとも思う。また、契沖が高野の僧侶たちの堕落ぶりに慊らずして下山したとの説があるが、はたしてそう単純に決めてしまうことができるか疑わしい。たしかに学侶ならぬかれにとって落ちつける場所でもなく、三年のあいだに高野をみる目がよほど違ってきたということが考えあわされる。それに心を許す友とても、快円や龍鍐を除いてはあまり見出せなかったようである。三十歳でかれが下山したとき、龍鍐は二十三歳で大光明院に入住しており、義剛はようやく五歳でしかなかった。

四　聖教書写をめぐって

ここで浄厳と契沖との学問を対比することは必ずしも必要ではあるまい。そこで共通の関心事を拾ってみると、まず聖教書写の事業があげられる。契沖の写経は、延宝六年（一六七八）ころから始まるが、その聖教類二百余巻は生駒の宝山寺に奉納されているという。

ところでこの大規模な書写校合の仕事は、もと浄厳の発願にかかるもので、いま『契沖伝記資料』に収める奥書を調べると、早いところでは寛文十二年（一六七二）二月六日から九日にかけてまず四巻が書写されている。

〈『如意輪菩薩念誦法』奥書〉

寛文十二年二月九日書写之、是併為先師朝遍幷亡父亡兄

六親眷属成菩提道乃至門流繁栄密教弘通耳

安祥寺末資雲農卅四

後改浄厳

同月廿日一校了

延宝二年九月十四日於仁和寺奉対真乗院孝源法印伝授之

刻再校之了

野沢末資　浄厳(28)

最初の写経は三十四歳のとき、その前年に亡くなった先師朝遍をはじめ親族などの菩提を弔う意図をもって始まる。

この朝遍は第二百四十七世の検校法印をつとめた釈迦文院賢清房朝遍（一五九六〜一六七一）のことで、浄厳は十九歳で交衆した年から師事した。しかも先師の歿後、急に身辺の危険を感じて下山の止むなきにいたったかれは、郷里にあって師の法恩に報いようとしたのであろう。

ついで、再校は二年後に仁和寺で事相伝受のかたわら、聖教儀軌の伝授を受け、やがて栂尾の高山寺法鼓台の聖教類の書写にかかるころのものである。注目すべきことの一つは、さきの署名では高野時代の雲農を改めて浄厳を称している。この改名は延宝元年、自誓受戒のときのこととされているので、これは後からの加筆でもあろうか、よくは解らぬ。いま一つは、安祥寺末資から野沢末資の称に変わっている点であろう。前者の安流の末弟子とは、高野山でその事相を三度にわたって、伝受したことを示す。後者に小野・広沢の両流、つまりは密教事相の正統を受けた末弟と記すのは、いま仁和寺にて顕証、孝源両師について広沢の西院流を受けたことにより、さきの安祥寺流（小野）と合わせて密教の本源を究めたという意味である。すでに高野時代からたゆみなく続けられた事相研究はこうしてさらに磨きをかけられ、如法の真言僧という自覚へと高まっていったのである。

聖教の書写から諸本の校合へと転じた浄厳はその後も善本を求めて、讃岐高松の現証庵では高麗本により、また重ねて明蔵を参看するといった仕方でじつに丹念をきわめ、労苦の跡を偲ばせるものがある。その成果の一部は、鉄眼の手で黄檗版一切経に収まり、また、これまで次第相承に偏ってきたのを改めて、秘密儀軌の講伝を始め、その流布につとめるなど浄厳の貢献はきわめて大きかった。この画期的な仕事に、契沖や蓮体、義剛らが参画して力を尽くしたことは容易に考えられる。なかでも契沖の業績がまとまって現存することの意義はとくに大きい。

契沖の写経は、なにも山居を出て妙法寺の住職となるために、仏典に心を入れたといった性格のものではなかったのである。進んで安祥寺流を受け、また聖教の伝受、書写、校合という一連の活動をとおして、契沖は身をもって浄厳のいわゆる如法の真言宗に随行していった。それはまったく新しい仕方で、如法とは何かという問いを契沖に投げかけるものでもあった。かれはさきに如法なる戒律修行の実際に触れ、いままた如法な真言宗に接する機会をえたのである。むろん、如法な真言宗とか如法な修行ということは、当代の多くの人が語っている。そのなかで如法真言律は、聖教の軌範性を強調して師伝とか相承のみがすべてではないという明快な道を指示していたのである。如法とは、まず聖典に随い、師伝などによって変わることのない真実を、あるがままに取り出すところにあった。おなじく高祖の本源に立ちかえって、さまざまな夾雑物を取り去った、いわば古道を明らめることであった。真別処でえたものと、延命寺で出会ったものは形こそ異なるが、この古道・真実を究めようとする点では軌を一にしていた。しかも、それらはいちいち具体的な形をとって示され、単なる理念や観念として提示されたものではなかった。あえていうならば、それらは批判的で実証的な合理性を備えた、いわゆる近代的な学問精神とおなじところから汲みとられた行動にほかならなかった。契沖は目の前で、あの頑迷、牢固な伝授思想が、しかも密教のうちから音をたてて崩れていく姿を見たのである。神秘のベールは剝ぎとられ、聖典や祖典がその荘厳な姿で立ち現われてくるのを目撃し、あらためて「仏の法に叶ひたる真言宗」つまりは如法な密教のあるがままの姿を凝視する機縁に恵まれたのである。

もとより、われわれは契沖の学問意識とか実証的な文献学の方法が、こうした機縁によって醒めたとも、培われたとも考えてはいない。しかし、これらの機縁とともに契沖が接した密教者のうちには、かれの学問に対する態度と共通するような精神的基盤が開かれていたことは確かに指摘できると思う。

契沖が学者として純粋であり得たのは、彼が真の僧侶であつたからである。彼の清らかな聖心よりこそ、その澄みわたつた学問的意識は、湧きいでたのである。(29)

とは村岡典嗣氏の言葉であったが、ここにいう真の僧侶を、浄厳らにみられる当代の目覚めた人たちを指すと解したとき、ほぼ首肯できる見解のように思う。

註

(1) 宮坂宥勝編著『高野山史』一二七頁、高野山文化研究会、一九六二年。
(2) 『慈雲尊者年譜』の宝暦八年の条に「季秋尊者高野山に詣し真源闍梨の塔処を弔ふ」とある(『慈雲全集』首、一九九頁)。
(3) 平田寛「戒律復興運動における南都の祖師画について」(『仏教芸術』第六八号、一八頁、一九六八年)。
(4) 叡尊『自誓受戒記』(奈良国立文化財研究所監修『西大寺叡尊伝記集成』奈良国立文化財研究所史料第二冊、三三七〜三三八頁、一九五六年)。また、叡尊『金剛仏子叡尊感身学生記』上「同(嘉禎)二年の条」にも略同じ内容の記述がある(『同上』九〜一〇頁)。
(5) 徳田明本「南山律宗としての西大寺派について」(『南都仏教』第一八号、二二頁、一九六六年)。
(6) 中野義照「慈雲尊者の正法精神」(『慈雲全集』補遺、一五頁)。
(7) 『弘仁遺誡』(『弘法大師全集』第二輯、八六一頁、六大新報社、一九一〇年)。
(8) 『律苑僧宝伝』巻十五「槇尾平等心王院俊正忍律師伝」(『大日本仏教全書』(以下『仏教全書』とする)一〇五冊、二九〇頁)。
(9) 『律法中興縁由記』一巻(『慈雲全集』六、三四四〜三五一頁)。
(10) 『高貴寺規定』一巻(『慈雲全集』六、八三〜九〇頁)。
(11) 『高貴寺規定』一巻(『慈雲全集』六、八七頁)。
(12) 『律苑僧宝伝』巻十五「槇尾平等心王院俊正忍律師伝」(『仏教全書』一〇五冊、二八九頁)。
(13) 『律苑僧宝伝』巻十五「大鳥山神鳳寺真政忍律師伝」(『仏教全書』一〇五冊、三〇〇〜三〇一頁)。
(14) 『律苑僧宝伝』巻十五「大鳥山神鳳寺真政忍律師伝」(『仏教全書』一〇五冊、三〇一頁)。

(15) 上田進城「浄厳和尚とその時代の教界（二）」（『密宗学報』第一五七号、二八頁、一九二六年）。
(16) 『如法真言律興起縁由』（『照遍和尚全集』第六輯、三五九〜三六〇頁、照遍和尚全集刊行会、一九三七年）。
(17) 上田霊城「浄厳の三昧耶戒式の構成」（『密教文化』第八二号、一九〜二九頁、一九六七年）。また、上田天瑞「真言律と其の系統」（『日本仏教学協会年報』第一一年、一一八〜一四三頁、一九三九年）を参照されたい。
(18) 『南海寄帰伝解纜鈔』巻一（『慈雲全集』四、四八頁）。
(19) 『南海寄帰伝解纜鈔』巻一（『慈雲全集』四、四九頁）。
(20) 真源『根本説一切有部衣相略要』跋文（『慈雲全集』三、三二八頁）。
(21) 「一派真言律宗総本山神下山高貴寺規定」（『慈雲全集』六、八七頁）。
(22) 常盤大定「慈雲尊者の正法律—日本仏教と戒律の問題—」（『宗教研究』新第一〇巻第一号、二七四頁、一九三三年）。
(23) 義剛については、『弘法大師全集』第五輯所収の『大師御作目録』上巻奥書に「貞享四年十一月六日之夜、在二金剛峯寺正智院西軒一書写畢　大法師義剛二十三歳」とある（『同書』七一三頁）。ここにみられる貞享四年（一六八七）二十三歳にもとづいて換算すると、寛文五年（一六六五）に生まれ、正徳五年（一七一五）五十一歳で歿したことになる。
(24) 『妙法寺記』（『契沖全集』第十六巻、四二〇頁、岩波書店、一九七六年）。
(25) 註（24）に同じ。
(26) 註（21）に同じ。
(27) 『如法真言律興起縁由』（『照遍和尚全集』第六輯、三五七頁）。
(28) 『如意輪菩薩念誦法』奥書（『契沖全集』第十六巻、六五六〜六五七頁）。
(29) 村岡典嗣「近世学問意識の源泉としての契沖の人格」（同著『増訂日本思想史研究』三九八頁、岩波書店、一九七五年〈第五刷、初刷は一九四〇年〉）。

五 『十善法語』の教え

はじめに

ご紹介をいただきました岡村でございます。昨日から三日間、安居会と教学大会ということで皆さま方がお勉強なさること、たいへん感心いたしております。安居会は私のような者がお話しすべき場所であるのか、たいへん問題なのですが、夏安居は古くは、宗団の碩学が生涯をかけて宗学の研鑽をなさいまして、検討を尽くされた最後の成果をここに持ち寄ってご披露される、そういう名誉ある大役が安居講師の習わしとなっております。三十九回ということですが、この夏安居復活の端を開かれました中野義照先生も、ぜひこれを復活しなければと随分意気込んでおられた、そのお姿をいつも思い出しております。

平成十年に一度お招きをいただき、お大師さまの『大日経』の捉え方、というよりは『大日経疏』の取り扱いについていくらかお話をいたしました。それから、もう一度、お大師さまの真言について、いくらかお話をしました。これはまだ、講義録が出ておりません。たいへん不手際なことで申し訳ありませんが、いずれつづまりをつけたいと思っています。

今回は三度目、ふしぎなご縁で、慈雲尊者のお話をするようにということであります。考えてみますと、今年（二〇〇四年）はお大師さまの入唐千二百年。そういう記念の年にあたり、早くからいろいろな記念事業がなされておりまして、皆さまもお大師さまの教学、あるいは偉大な功績について、いろいろと勉強の機会があったかと思います。加えて、この十二月の二十二日には、慈雲尊者の二百回のご遠忌が催されます。こういう二つの機縁が重なったということでございます。私はたいへん不勉強な人間で、多くのことをよう研究いたしません。若いときから、お大師さまと慈雲尊者の勉強を手がけてまいりました関係から、今回は適任とは思いませんが、寄せていただきました。

ところで、掲げました慈雲尊者の『十善法語』は、じつは私、読んでもよくわかりません。いくらかの解説を調べてみましたが、もう一つよくわかりません。なぜわからないかといいますと、これは書かれたというよりは、話されたもの、つまり法語でございますので、講義をなさったわけです。慈雲尊者が学識に優れ、人徳・お人柄だけではなく、長年にわたる禅と戒律の修行をなさった成果をふまえ、さらに、丹精をこめた研鑽を総括するかたちで五十何歳になって初めて自分の思いのたけを論じられた、代表的著作なのであります。

ところが、多くの人たちの解説をみますと、一般の在家信者に対して十善戒についてお説きになったものであるといわれております。十善戒とは、皆さまご案内のとおりの身三・口四・意三、不殺生・不偸盗・不邪婬・不妄語・不綺語・不悪口・不両舌・不慳貪・不瞋恚・不邪見と、在家勤行のお次第でお唱えする、あの十項目の誡めでございます。それはいちおう、だれもが承知していることをふまえてお話をされたようです。ところが、今申しましたように、皆さんや、私どもがふだん了解している十善戒について、慈雲尊者ほどの方が自分の生涯のすべてを打ち込んで総括される、これではギャップが大きすぎます。私どもが了解しているものと、尊者が示されているものとの間隔が、あまりに大きすぎるものですから、かえってわからなくなる。私も解説を書くようにといわれながら、すこしも手がつかないのです。それで、まずどうしてそんな不可解なものができ上がったのかを考えてみないことには本題に入ることができません。

お手許の資料に、お大師さまのものを出しておいていただきました。お大師さまにも十善についてのお考えが出ております。四恩と十善はお大師さまにとってたいへん重要なテーマであったわけです。

昔は、『弘仁の遺誡』と申しまして、短いご遺誡があり、その中に「顕密の二戒は十善を本となす[1]」というすばらしい一句が収まっていた。ところが、最近の研究の結果、この『弘仁の遺誡』といわれるものは、お大師さまのお書きになったものではないということで、『定本全集』では、「参考資料」に格下げされています。旧い『弘法大師全集』には遺誡の一つとして収録されていました。内容的に問題の多いものですが、それがいったいいつ、どういうかたちで成立したのか、詳しいことがわかりません。文献考証のうえでは確かにお大師さまのものではない。しかし場合によれば、お大師さまにも十分そういうお考えがありえたかもしれない、じつは、そのように解釈できるのであります。

福田亮成という智山教学の泰斗が慈雲尊者の『十善法語』についての解説を書いておられます。そこには、お大師さまの十善戒のお考えが紹介され、それとの関連で慈雲尊者の『十善法語』の成立が考えられるという意味のことが出ています。そこで私も、大師の四恩・十善思想の典拠として『三昧耶戒序』を添えておきました。実際、この文章にはお大師さまの密戒の骨子が非常に明確な仕方で示されており、十善戒についても、他に類例のない卓説が展開されている。しかし、それが慈雲尊者の『十善法語』とすぐには結びつかない。ところが大師の著作をみておりましたら、出てまいりました。十善戒に関して教科書風にお書きになった文章が、『十住心論』の第二住心・

愚童持斎住心の中に、良賁の『凡聖界地章』を引用して出ております。三帰・十善は仏教に入る初入の門とあり、さらに、三帰について、十善について、また五戒、八戒というようなものについても適切に触れておられる。

もっとおもしろいのは、やはり第二住心でお大師さまは、十善戒はだれよりも国王、国政をつかさどる君主に一番ふさわしいもの、国王として正しい政治を行う基本は十善にある——日本でも昔から天皇のことを「十善の君」と申し上げます——、仏教の教えに従えば、十善戒を守るとそれにふさわしい業果、つまり巡り合わせが受けられる。一つは粟散王と四種の輪王、さらには転輪聖王が出てまいります。つまり、十善戒は、国王とか世界の帝王が現われるためのいわば前世で積まれた業であるから、今、その果報として君子あるいは帝王としてその位にある。のみならず、その国の司、あるいは国王なら国王の政治そのものの一番の基本は、十善を等しく民に教え、それを守らせることにある。つまり国をほんとうの意味で優れた正しい政治の行われる国に仕上げるための最大の要因が十善であると、お大師さまは書いておられる(2)。こちらの方はどうやら、後に申します『十善法語』に近い。これはたいへん注目すべき指摘であります。

お大師さまにもう一つ触れておきます。今度は第三嬰童無畏住心のところで、いわゆるインドの十六外道といわれる哲学、思想、宗教がそれぞれ羅列してあります。それらの外道に対置するかたちで仏教が説かれるところから第四住心が始まるわけであります。だから、仏教以前のさまざまな宗教、哲学、思想あるいはモラル、そういった広義の世間の教えが今申した第三住心にコンパクトな仕方で集約され、それを超えたところで初めて仏教の世界が開かれると、大師は考えておられます。これは非常におもしろい問題の立て方だと思うのです。

私はかつて、こういうことを申したことがございます。お大師さまの十住心を考えるときに三つの生の段階がある。「生」と申しますのは、われわれの生き方の基本型とお考えいただきましょう。モラル、道徳、コモンセンス、そういったものにまったくかかわりをもたない、道徳以前の本能中心の生き方を「自然的な生」のあり方と呼ぶことができましょう。これに対してモラルに目覚め、人間として人の道に目覚め、人間がみずから潜在的にもっている素質を開発する、つまり文化的伝統に基づいた教養を身につけ、「文化的な生」を営む、これが第二番目の段階です。さきの第一の「自然的な生」が『十住心論』で第一住心・異生羝羊心といわれるレベルだと考えますと、第二住心・愚童持斎心は、先ほど申しました三帰・十善を手掛りにして人の道に目覚め、みずから修養を高めていこうと発心する出発点、そういう目が開かれるところが、この「文化的な生」ということ。中国でいえば、儒教的な人の道がこの文化的なあり方の基本ということになりましょう。

これに対し第三住心・嬰童無畏心はほかでもない、人の道に対する天の道です。これは宗教的な生のいわばとっかかりということになります。第三住心以降が、じつはお大師さまの『十住心論』の思想体系の中では広い意味の宗教的な生き方、あり方、つまり行動の規範としての道がほんとうに問題になるレベルと考えていいでしょう。その先駆けがまずインドにおける外道であったというわけです。それから、この世を嫌悪して天上に生きんとする生天の教え、死後の天国における生を望む、あるいは往生を望み、極楽にいたることを祈願するなど、この世をどこまでもネガティブに、厭うべきものと捉え、これを超えたものが真のわれわれのあり場所であり、そこへいたる道がつまりは生天の教えという宗教の一つのタイプであります。

広い意味では、キリスト教もそういうことですし、イスラムまたしかり。超越的な神をたて、この世の生をどこまでも死後、天国に生まれるための条件づくりと考える。そういう一神教は世界中に広く行われており、仏教にも一部受け入れられている。そういうレベルがまず最初にあって、外道も多くはそのタイプであると考えられている。それを超えた、仏教の基本的なあり方、縁起的なものの見方からすれば、この世の生を厭うだけではすまない。

この世にあってほんとうの修行が行われなければいけないとして、仏教では声聞・縁覚・菩薩・仏といったさまざまな段階的な教えが展開される。そして、お大師さまの場合、最後に大乗、そして密教がすべてを包む教えとして立てられる。これが普通に考えられる十住心思想ということになりましょう。

ところが、これはじつは難しい問題を一つ含んでおります。のちに慈雲尊者とも関連して申し上げなければいけないのですが、お大師さまを考えるときの一番難しい問題は、十住心の世界はすべてが曼荼羅だという捉え方です。ふつうは第一住心から第二住心、さらに第三、第四住心とだんだんに歩みを進め、段階を一つずつクリアする、そういう段階的な捉え方、これも一つの読み方です。これに対して、そのすべてがじつはお大師さまの立場からすると等しく曼荼羅なのですね。すべてが大日如来の現われたお姿であり、形である。そういう意味では、高い・低い、優劣・差別、そういった段階的な捉え方をはじめから超えている。そのような読み方が可能なわけです。

よく『十住心論』は九顕十密という立場であり、それに対して『秘蔵宝鑰』の場合は九顕一密と、顕教の立場を九段階に分け、それを超えたものとして秘密荘厳心、密教の世界があると説かれている。しかし、この九顕十密と九顕一密は、たいへん難しいことなのですが、双方が緊密なかたちで結びついて簡単には切り離せない、そういう世界がじつは十住心だったのです。とすると『十住心論』と『秘蔵宝鑰』を広略というかたちで対比させて、基本的にはおなじ問題が論じられているといったならば、これはお大師さまの教えを正しく受け取ったことにはならない、という問題が出てまいります。ちょうどおなじことがまた、慈雲尊者でも出てくるわけです。

いま、高木訷元氏の言葉でこれを言い直しますと、顕教の立場は宗派的です。宗派仏教が問題になっているところでは全部が顕であって、互いに他と競いあっている。だから真言も、もし宗派としての真言だけであれば、顕教的なレベルを超えるものではない。お大師さまがあえて「密」といわれるのは、そういう宗派仏教的なあり方を超えた、超宗派的な教えがあり、そういう世界が開かれる。そういう包括的な世界がほかならぬ大日如来を、根本とするマンダラの教えなのです。じつは、お大師さまがあえて『秘密曼荼羅十住心論』という題をつけられた理由は、そういうところにあったのではないかと思います。

顕と密はいつでもどこでも相関的である。ところが、差別にとらわれるかぎり、じつは顕となって密とはならない。たいへん厳しい、そして、ほんとうに深い味わいのある教えが密という立場にはこめられているように思えてなりません。いずれ秋に、高木氏との共同編集による吉川弘文館の『空海—密教の聖者—』（二〇〇三年）という書物でそのことに触れるつもりでいます。そういうお大師さまにおける一番深く一番難しく、そして、根本となっている問題が、じつは慈雲尊者にも引き継がれているのだと思います。そういう問題意識がお大師さまと慈雲尊者をお互いに関連づけ、どこか非常に近いところで照らし合っている、何かそういう関係があるように思われてならないのです。

たとえば、自然的な本能的なあり方は、もし正しい理法、ことわりに逆らうものであれば、これは悪です。しかし、もしことわりに従う働きであるならば、これは善です。善と悪とが分かれる、その分かれ目が今の自然的生の内にもじつは含まれているわけです。むろん、私の心、私意、私欲をもって、事柄に対処するときは、正しい善の方に行かず、逆に悪の方へ傾き、悪に堕するということが起こる。だから、自然的生がすべて悪しきものであり、文化的あるいは宗教的なものがすべて正しい、そういうわけにはまいりません。それぞれの生のあり方のうちに善にも悪にも分かれうる問題がじつは隠されている。そのようなところがあるわけであります。

お大師さまの十住心という立場には、世間も出世間も、仏教以前の外道も仏教も、声聞も菩薩も二乗も一乗もすべての教えが総合的に配される。ちょうどそれとおなじようなことが、十善をモチーフとする慈雲尊者の法話の中でもまた現われてまいります。私どもが簡単に出世間とか世間とか、善とか悪とか、戒律とか禅とか教とか、あるいは教相だとか事相だとか、そういう言葉で区分したのではどうにもならない場所が、つまりは密であるということではないでしょうか。

同様の問題を考えた方がじつはほかにもあるのですね。高野山の最後の学僧ともいうべき金山穆韶老師、高野では前官さんですが、この金山老師の教学が現代、たいへん大事な思考のパターンを与えてくれるように思います。この金山老師と慈雲尊者と弘法大師、この三人にどこか共通したものが取り出せるのではないか、ということを私は考えております。

金山老師は私がこの大学へ寄せていただく前年に亡くなられまして、たいへん残念ながら、直接お教えをいただくことができませんでした。ただ多くの方から金山老師の教えについて教わり、また、自分なりに勉強して、やっと気がついたことがあります。

金山老師は明治の廃仏毀釈のあと、文明開化の大きな新しい波をかぶる時代に青年時代を過ごされました。そこで老師は、敵を知らなければならないということで、キリスト教の神学を一所懸命勉強されました。おそらく、高野山ばかりでなく真言の学僧の中でキリスト教の神学をあれだけ一所懸命研究された方はいないだろうと思います。

老師の問題意識を推測しますと、仏教を問題にする前に、まず世界の宗教とはどういうものか、その世界の宗教に対して仏教とはどういうものか、そういう仏教の中で密教というのはいったい何か。若いときから、そういう世界的な視野の中で密教を根底から問い直すという問題意識をもち、晩年になりましても、京都大学の波多野精一とか、西谷啓治といった諸先生方の宗教学や哲学について随分と勉強なさったようです。

では、そういう新しい学問を勉強しながら密教を問題にされて、そこから何が出てきたかというと、あの『弁顕密二教論』（以下『二教論』とする）の二重二諦説を援用して[3]、まず「俗諦のうちに仏あり衆生あり」、これはだいたい阿弥陀さんの信仰だというのです。お念仏の立場、つまり阿弥陀さんという真なるものに、煩悩具足の俗なる私が相対するという仕方でお念仏を唱える。俗のまま己れを空しくしてみずからの慮りを捨てて阿弥陀さんに帰依するわけです。これに対して真俗という分別、差別の考え方が否定され、超えられるとき、それは、すべてが空に、無に帰する立場だというのです。我もなく、仏もない、その立場は禅である。お念仏では、念仏があり、阿弥陀さんがあり、そして唱えている私が残っている。坐禅では、座っている私もない。私に与えられた公案もない。公案と一つになっている私の答えもない。さあ、何もないところから一つ答えてみろ、これが公案なのです。なんといっても容赦されない、許してもらえない。自分が無そのものになりきったところ、そのほかに禅はない。

では、最後の一つは何か。それが「真諦のうちに仏あり衆生あり」であります。むろん二諦は真諦と俗諦で、そのとき仏と我、真と俗とのあり方を、差別的に捉えるか、差別を超えて絶対の無と捉えるか、そこで念仏と禅が分かれた。しかし、それはまだ一重でしかない。真諦のもう一つ超えたところに「真あり俗あり」「仏あり衆生あり」、そういう境地が開かれるというのであります。密教における三密瑜伽とはまさしくこのところだというのです。われわれが行法の壇に登るとき、仏と我（行者）は仏もなく我もない、まったくの無に等しい。そういう自と他、主と客のとらわれを捨てたところで初めて壇に登る。そこで、仏と我との入我我入が成立し、三密瑜伽の世界が開ける。これは、はじめの俗諦における真と俗、仏あり衆生ありということでもなければ、真諦における仏なし衆生なしということでもない。まさしく「真諦のうちに仏あり衆生あり」、それこそ密教が成りたつところだというのであります。

お気づきでしょうか。これは三信転入と申します、もとは、お念仏の方の他力における基本的な信仰の論理を、

『二教論』での『大智度論』の二諦説に基づき、金山老師が独特の論に仕立てて、念仏と禅と三密瑜伽行の三つに配釈されたものです。世界の宗教、仏教、そして密教を問題にするという仕方で密をほんとうに捉えようとするときには、あくまで教相判釈が行相判釈となってくるのですね。金山老師もいろいろお書きになっていますが、しかし最後のところでは教相でなく、行に即して、念仏でも、禅でもない、三密瑜伽であると、実践の根拠をお説きになっておられる。密を密たらしめるものは、法身説法その他、教学的な仕方で論じられる教相判釈の問題ではない、そうではなくて密教独自の行法をもってこなければ結局は収まらない、というところがあったのだと思うのです。

お大師さまもある意味ではそうだと思います。『十住心論』の成立背景には、奈良時代を通じて日本に仏教がどんどん入ってきて、およそ経典という経典、論書という論書、また、さまざまな修行に関する所伝も入ったに相違ない。そういうなかで仏教を仏教たらしめるものはいったい何か、じつはそういう関心を大師が抱かれたのだと思います。しかも、お大師さまは、中国だけでなく、中国を越えてインドまで、つまり当時考えられるかぎりの世界、あの長安で出会われた世界中の諸民族、それぞれの文化を代表する人たちのもたらした世界の文化、思想、宗教のなかで、仏教とは何か、そして、その仏教をほんとうの意味で仏教たらしめるものは何か、という問題意識を抱かれたのだと思うのです。それは金山老師の関心と基本の枠組みでは共通です。ここでも世界の思想、宗教、そして仏教、不二の教えが最後の問題だったにちがいありません。

お大師さまの場合は、中国に入ったフイフイ教、今のイスラム教にも触れられたでしょう。拝火教や、景教、東方に伝わったキリスト教にも触れられたでしょう。あるいは砂漠の民の宗教、信仰にも触れられたでしょう。世界の文化の真ん中での仏教、そして仏教の中で一番大切な根本になるもの、それはいったい何か。そういう関心のきわみ、お大師さまが最後に恵果阿闍梨のもとで、まさにこれだと確信してお受けになられたのが密教だった。このように考えることは誤りでしょうか。

そのとき、恵果和尚は、密教の教えは経典や経疏に隠密にして、あからさまに文字で書き表わされていない。このあらわに説かれていない教えを、図画をもって、曼荼羅をもってこれを示すと申された[4]。曼荼羅が、恵果阿闍梨から授かった密教の根本だということですね。曼荼羅を感得する、曼荼羅の前で三密瑜伽の行を行ずる三摩地の法こそが密教の一番のもとだということでしょうか。

もっともお大師さまは、請来された密教をあくまで教相判釈という伝統的な枠組みの中で顕密を弁別されたのが『二教論』だと思います。そこから、密教といえば法身の説、顕教は応化身の説というようなことで、定型化してしまっているわけです。お大師さまの「仏に三身あり、教に二種あり[5]」が、その起点になりますけれども、その根幹にあるのはやはり、曼荼羅の実践の教えであり、三密の行であり、それがそのまま真言の一番根本だということは変わらないのだと思います。

『二教論』の前に弘仁六年（八一五）四月という日付をもって『勧縁疏』が公開されますが、そこでお大師さまは、恵果阿闍梨の教えを復誦しておられます。その教えとは「もし自心を知るは即ち仏心を知るなり。仏心を知るは即ち衆生の心を知るなり。三心平等なりと知るを即ち大覚と名づく。大覚を得んと欲わば諸仏自証の教を学すべし[6]」。最後には三摩地の法を修するところへ戻ってくる。つまり、教判はこの自証の三摩地の裏づけがあって初めて教判である。その大前提のもとで『二教論』が書かれ、『即身義』が書かれ、これに基づいてわれわれは顕教と密教との違いがいろいろ論義できるようになっている。そのかぎりでは密とはまさに三摩地という根源までいやおうなしに返っていくものなのですね。

では、十八世紀の慈雲尊者とはどういう方でしょうか。古代・中世を通じて先徳たちは中国仏教を手掛りにしていろいろと研鑽に励まれました。その間、密教でも「いや事相が」「いや教相が」と甲論乙駁があったのですが、教判については忠実にお大師さまに従うというかたちを継承するわけです。ただ江戸時代になっていくつか新しい事態が起こったのです。

すでに信長、秀吉のときに仏教のほかにキリスト教が入ってきました。さらに家康のとき、時代をリードする思想として、儒教が御用学問となり、幕府の権威を背景にして急激に擡頭する。このように世界の宗教、思想はキリスト教と儒教という具体的なかたちで、現実のものとなったわけです。

慈雲さんは直接キリスト教に触れることはありませんが、西洋の文物、学問についてはかなり明確なイメージをもっておられます。しかし、何より、古代・中世の教学では閑却されていたものが慈雲さんのもとで復原される。それが梵学です。仏教の学問は梵文にある、インドの文字、ことばまで戻らなければだめだ。漢文だけで仏教や密教を取り上げて、そのなかで教判がどうだ、古義、新義がどうだといっている。そういう島国の構図ではなくて、中国の向こうにインドがあり、その向こうにはヨーロッパもある、そういう世界的な広がりのなかで、あらためて、仏教の根本とは何かを問うとき、初めて真の仏教や密教がわかるはずである。

じつは十八世紀半ばは、日本の学問、思想、広い意味での哲学、宗教の世界は、一方からいうと世界のさまざまな流れが渦巻のように流れこんだ、一つの転換期だった。元禄のあと享保年間に外学・蕃書の解禁、つまりオランダの書物が公然と勉強できるようになる。それがまたのちには弾圧され、多くの悲劇を生んでまいります。がしかし、鎖国の紐をゆるめて蘭学を日本の人たちが吸収できるようになるのは、ちょうど慈雲さんの時代だったのです。だから、そういうなかで木村蒹葭堂や平賀源内、伊能忠敬のような世界的な知識や技術を身につけた巨人たちが現われる。つまり、世界の先端の学問・知識・科学を吸収した実際の研究者、さらに、それを実践し、実験する技術者が現われた時代なのです。

この時代、大坂は天下の台所と称され、諸国のもの・こと・情報が集中したところである。「難波の知の巨人」と呼ばれた大豪商、木村蒹葭堂は、慈雲さんと同時代の異才であるが、この蒹葭堂に絵を教えた柳里恭（柳沢淇園）も第一級の知識人・文人として著名である。慈雲さんの処女作『方服図儀』の刊行は、この柳里恭の力が大きかったことが推測できる。序文と図版を画いている柳里恭の傾倒ぶりがよく偲ばれる。また尊者晩年の『麤細問答』には、柳里恭との問答を冒頭に掲げ、その肝胆あい照らす親交ぶりを彷彿させるに十分である。おそらく高井田時代のもっとも高揚した慈雲の正法意識をみごとに表出した記念すべき大文章といえるでありましょう。

> 道自然法爾に備はりて闕減なき、これを正法と言ふ。構造布置して成立せるは皆僻解なり。
> 問ふ、仏とは何底の人なるや。答ふ、唯この善人なり。悪の害あるをしる、善のたのしみをしる、悪を遠けて近よらず、善を修して厭くことなき、一生かくの如し。百千万生も唯この善人なり。虚空界をつくし、未来際をつくす、これを仏世尊と名づく。[7]

ことばは簡潔ながら一点の曇りもなく、真正法とその核心をみごとに凝集した一節である。この柳里恭が、慈雲さんの肖像を画いたと伝える一幅が長栄寺に蔵されている。生駒山腹、長尾滝のほとりの巌上に端然と坐禅する構図は、よく見かけるものだが、柳里恭は、巌上の金剛座に滝を配し、菩提樹を添えている。この国に菩提樹の大木はないのであるが、慈雲の端坐する姿を、釈尊成道の故事になぞらえて、河のほとり菩提樹のもとで入定する尊者の図に画きうつしたのであろう。時に柳里恭五十五歳、その夏に歿しています。しかも雙龍庵に住したのは、慈雲四十一歳の春のことであるから、両者のあいまみえた最後の時期にあたっている。この記念碑的な肖像は、余人の真似することのできない傑作であるが、いみじくも日本の小釈迦という尊称の発端を示す点が注目されます。

大師は法身大日如来までかえり、慈雲さんは仏世尊にかえられた。通俗の仏教や仏教史の枠組みを超えて、お二人とも仏教そのものの根源にまで立ち返ったところから、仏教を展望するという地平を開かれたということではないでしょうか。いずれの場合も宗派的なレベルを超えて、超宗派的な地平までかえる禅定、三摩地の契機が重要な鍵となっていたということではなかったでしょうか。密も禅も、どこか基本的にそういう宗派性をやぶるところがあるということを思わずにはいられないのであります。

一　正法のシンボル

慈雲尊者は享保三年（一七一八）七月二十八日、大坂中之島でお生まれになった。今もその屋敷跡に「高松藩蔵屋敷跡」の石碑が残っているそうです。また、むかしは中之島にあった阪大病院の裏手辺に「慈雲尊者誕生の地」という石碑が立っておりました。それらは、法楽寺さんの小冊子の中に写真が載っております。古くは、『慈雲尊者全集』（全十八巻、高貴寺、一九二六年）の編集者、長谷宝秀先生の文章に詳細な説明があります(8)。

お父さんは、上月安範と申し、浪士でございます。お母上は高松藩の藩士の養女となりますが、出身は徳島の常三島、徳島城の北東部に昔の武家屋敷があった一画だと聞いております。

早くからたいへん聡明な方だったのですが、七人兄弟のうちの一番末、それから女きょうだいが一人、子沢山だったわけです。ところが、尊者十二歳のときに母方の養祖父が亡くなり、十三歳のときお父上がなくなりました。そのため、お父上の遺命と、お母上の希望もあって、お母上が帰依し、尊者もたいへん尊敬をしていた、法楽寺の忍綱和上のもとで出家・剃髪。ほかのご兄弟もそれぞれ親戚その他にもらわれて、それぞれ身を立てたようです。

享保十七年（一七三二）、得度して二年、十五歳の年に四度加行。そのとき、宗教的な霊感をえて仏道修行に精進したというエピソードが残っております。

尊者四十九歳のときの「今後は法を説くまい」という法語の中で、(9) どうして自分が正法律の提唱を始めたか、その因縁を話しておられます。その中に、十二歳のころに、お兄さまの家庭教師をしていた武市新蔵という浪人が、いろいろ講釈をするなかに、人は、死んだのち閻魔に裁かれ、地獄に落ちて責め苦を受けると仏教では説いているけれども、なぜそんなことが起こるのか。死ぬと身体はなくなる。身体がなくなった亡者に、生前の罪の償いをさせ、裁きを下す、これはいったいどういうことか。裁きを受ける当体は何か。また、実際に裁きを受けるとして、身体もないのに、どうして地獄で責めさいなまれることが起こるのか。そんな不合理なことはありえない。死ねば、身体は土に帰し、魂魄のみでこの身体をとどめないにもかかわらず裁かれる。勧善懲悪の思想というものは、おかしい、理屈に合わず不条理だという話をしたわけです。

その説明にあたって、水鉢に水を盛ると、天空に月があるあいだは水面に月が映る。生前の身体には心なり、働きなりがいちおうの対応関係にある。だから、裁かれることがありうる。しかし、月がなくなったら水に映る月の姿はない。善を行った善果、善の報いをえることもない。悪をなした悪の報いを受け、罰を受けることもありえない。生前と死後との連続ははっきり否定される。それをあたかも連続的であるかのように説く釈尊という人は、たわけたことをいう大嘘つきだと解説したわけです。

合理的といえば合理的です、ただし死後の生についてまったくネガティブ、否定的な考え方を示すわけで、仏教では「断見」という。生きてあるあいだだけ人間は働き、実在する。が、死後は存在しない、死滅してしまう、と切ってしまうわけです。すると、私なら私のあり方の基本はいったいどこにあるのか、これはもともとたいへんに難しい哲学問題なのですが、それをこのように単純に切断する。自然外道もしかり。古代インドの外道の中にも死後の報いはないという唯物主義、快楽主義の考え方がありました。現代の無宗教論、無神論の立場もとうぜん、こういう考え方に属するでしょう。

そのとき、慈雲少年は断見をそのままうのみにしたわけです。しかもたいへん頭の鋭い少年ですから、「うん、そのとおりだ」とやってしまった。それで、出家したときは十年間、仏教を一所懸命やる、そして今度は還俗して仏教をやっつけるんだ、なんとそんなことを本気で考えていたといわれております。

ところが、十五歳で加行の如意輪観音法を修したときに突然異変が起こった。体中が熱して汗を吹き出し、ひっくり返るような発作が起こったわけです。そのとき、初めて少年は「ああ、私が悪うございました。幼いとはいえ、朱子学の断見をうのみにして、釈尊を、仏さまをそしる、誹謗するという罪を犯しました」と心底から懺悔して、一念発起いたします。これが一つの出発点になり、十五歳のとき断見の非を知ったとのちのちおっしゃっています。[10]『十善法語』の不邪見戒では四つの断見を挙げて、これはもっとも悪い考え方で、仏教を受けつけず、遠ざけてしまう。不邪見の最たるものは断見なりといわれております。と同時に盤水とは仏教の本来の立場からすればいったいどういうことなのか、丁寧に説明をされています。この少年時代の体験が生涯にわたって慈雲尊者にとっていかに問題であったかがよくわかるように思います。

ちなみに、断見と並んで死後の永遠の生を認めると、断見ではなく、これは常見になります。つまり、仏教の正しい知見ではなく誤った考え方です。縁起するもの、本来空なるもののなかで、しかも因があり、果があり、業があり、行いがあり、果とか報があるのだという考え方、正しい意味での因果応報の考え方は、単純なかたちの連続的な思考で原因と結果を結びつける、そういう因果関係で事足りるものではない。がしかし、常見は害をなすことが少ないからいちおうの説は大目にみておきましょうといわれています。だから、不邪見のうちでは断見が最悪、しかし、常見もまたほんとうの悟りを妨げることにおいては変わりがない、このように説かれます。

さて、十六歳のときに京都に遊学、伊藤東涯の古義塾に学ぶ。その塾は天下の秀才、論客が集まったところで、尊者が文字を読み、文章を書き、そして中世とは比較できないほどの漢文の読解力を備えた基礎はここで培われた。やがて奈良に出る、奈良には仏教の学問所があります。四宗もしくは七宗兼学、さまざまな基本的な仏教学の基礎をマスターする。それが奈良です。高野山の中川善教前官なども「私は奈良で勉強したよ」と話されたことがございます。中川前官の時代までは奈良は仏教の基本を学ぶセンターでしたから、とうぜん、尊者の時代には一般的な傾向だったことと思われます。

やがて河内の野中寺にいたります。野中寺を開くのは、中興開山、慈忍慧猛律師です。この方は、槇尾山の明忍律師に師事して戒律を修めます。

明忍は、高雄山寺の晋海というたいへん偉い立派なお坊さんの弟子だったのですが、晋海僧正があるとき「自ら省るに真出家ならず。是のみ自ら恨るところなり」(11)と慨嘆される。それを聞いて、明忍はびっくりして、庭に転り出て嘆き悲しみ涙にむせんだ。これほど立派なお坊さま、最高のお手本と信じて疑わなかった僧正がなお「真の出家でない」といわれるものがある、それはいったい何か、とうかがうと戒律であった。では、どうしたらよろしいかと問うと、西大寺へ行って律を授からないといけない。それで、西大寺へまいり、折から二人の同志があって、西大寺の長老から戒法を授かるわけです。西大寺の辺は荒れ果て、周りが田んぼや畑だった。畑仕事をしている老僧に声をかけると、「わしが長老だ」ということで、その老師のお授けをいただき、自誓受戒して新しい近世の戒律の復興が始まります。

明忍は近世の戒律復興の祖。明忍、慧猛、その弟子の洪善。この洪善が大坂法楽寺の中興です。そして忍綱、その弟子に慈雲尊者が出るわけです。この戒の系譜が伝戒というかたちで、近世では慈雲尊者にとって一番大事な系譜になります。のちの「十善の系統」という系譜はこれを基本に据え、ずっとさかのぼってお釈迦さままで、血脈をつなげていくわけです。

さて、槙尾山が戒律中興の拠点になり、高野山でも真別処に新しい戒律運動が飛び火します。それから、河内、堺、あちこちに拠点ができるなかで、野中寺の伝戒相承が慈雲の本命につながっているわけです。

さらに、戒律の復興は真言に限りません。天台宗は大乗の戒律を中心にした、あの最澄の系譜で、普通は考えられないことですが、近世には戒律運動が起こります。法華宗にも、浄土宗にも起こります。禅宗などでは、法脈を改めるという宗制や修行の改革運動が進み、戒律の方は表に出ません。むしろ白隠のように修行の方法を根本的に新しく改革する運動が起こってまいります。良寛は、じつはこの近世の宗制改革の余波を受けて岡山の円通寺で修行したのち師匠の寺を継ぐことができず諸国を行脚し、やがて五合庵に庵を結ぶことになるわけです。そのため、曹洞宗の古い系譜の中に良寛は入ってこないのです。そのようにいろいろな波乱が各宗にわたり戒律運動の周辺で起こるわけですが、その基本の柱が今申している真言律の系譜とお考えいただきましょう。

さて、その野中寺で修行を始め、優れた先輩たちの教えを受け懸命に勉強いたします。古い経典を調べておりますと、とくに律蔵にはたいへんなことが書かれている。ほんとうの修行は学問だけではだめだ、「多聞は生死を度せず(12)」とあるのです。坐禅をしないとほんとうの仏法はつかめない、ということを、十九歳のときに骨の髄までたたき込まれる。やがて律の修行を終え、自誓受戒をして比丘・大僧として法楽寺に帰り、師匠から西大寺系の密教の極意を授けられ、住職を継ぐようにと後事を託されます。ところが、慈雲さんは師匠の言いつけを聞きません。

一室にこもってもっぱら観法を修した。阿字観だとか唵字観だとか、当時いろいろなかたちで伝わっていた密教系の観法を実際に一つひとつ自分で点検したようです。そして、自分なりの得心がいったうえで、今度は信州の曹洞宗の僧堂にまいり、大梅禅師という方に参禅した。そのとき、弟弟子に住職を譲ったと書いてあります。

やがて信州から帰ってまいりましたけれども、そのとき一つのエピソードがございました。大梅禅師のもとで参禅をして印可を授かり、悟りを開いたという証明を受けた。ところが、意見が合わない。「見処が大に齟齬した」[13]と尊者は書いておられます。西田幾多郎という哲学者は京都相国寺の僧堂で参禅をして印可を受けるわけですけれども「私はまだ納得できない」と日記に書いてある。こんなことが間々あったのですね。

ところが、慈雲尊者の場合は、律僧ですから、戒律の修行をしました。その前には経典の研究、四宗の学問をやっております。また、参禅の修行の前に貞紀和上から密教の極位、西大寺流、菩薩流ですか、その印可、相伝を受け、奥義を授かる。経典の立場、戒律の立場、密教の立場を修したうえで禅に行ったわけです。禅の印可を受けたとき尊者は、どうも違う、今の時代には、これが仏教だといえる真実の法を私と一緒に唱え、一緒に修行して同志となってくれるような人は一人もいない、痛切にそう感じたのです。大梅禅師と問答をしても、尊者の言い分を大梅はどうしても認めない。僧堂の弟子たちの中でいろいろ話を聞いても違う。あちこちと長老の話をうかがってみてもみんな所見が違う。禅は禅の立場を守って、どうしてもそれを超えない。

ところが、禅と律はすこしずれるわけです。そのうえ、密が入っているからさらにずれる。おまけに、経の立場を、禅では「不立文字、教外別伝」といって一蹴してしまう。こうしていろいろな立場が交ざり合って、総合する尊者の法に同志として一緒に修行をしようといってくれる同志が見つからない。

そこで、空閑独処、山中に一人で隠れて自分だけで修行をしよう、跡をくらまそうと考えた。「木や石と共に朽て仕舞はうと思うた[14]」と書かれています。「とても世間に同道唱和の人もあるまい[15]」、ただ一人山にこもって自分の法を守るほかに仕方がないと思っていたところ、若い弟弟子の一人、愚黙という人が「信濃ではどうして居られた。どうしたことを修行せられた[16]」と慈雲を問い詰めるので、「私はこういう修行をしてきたけれども、どこへ行っても私のいうことをほんとうの仏教だと請け合ってくれる人はいなかった。だから、私は一人で山へこもるんだ[17]」というお話をなさったところが、まだ十六歳の弟弟子、愚黙から「それは菩提心がないというものだ。われわれが一所懸命死に物狂いで勤めますから、どうか教えてください[18]」と責めたてられ、それでは三年ばかり指導をしてみようと正法律の僧堂がたち上がる。僧坊と申しますが、そこではきちんと規則を立て、修行を根本においたかたちで一切の雑事を閉めだしてしまう。ですから、乞食をして集まった食糧だけが三～四人の糧、もし集まらなければ食べるものもない。それでも、慈雲尊者たちは何事もなかったかのように端然と修行を続けられたという話が残っております。

この高井田の長栄寺を託されたのが、二十七歳の年で、翌年、これを正法律の最初の僧坊とします。それが愚黙の発願でしたから、のちに愚黙大禅師、愚黙尊者と敬称すべてをこの愚黙に捧げて、「正法の日本の国に起こるは愚黙の大願による[19]」と書いておられます。

やがて「根本僧制」が整い、そこで初めて正法律という、のろしが上がるわけです。この正法は、さきに同道唱和の人もあるまいといわれたことの対極です。つまり、「私意を雑へず、末世の弊儀によらず、人師の料簡をからず、直に金口所説[20]」、お釈迦さまの教えをひたすらそのままに修行する。これにはだれも反論できない。「弊儀によらず」とは、さまざまな律の系譜があるけれども、明忍から慈雲に伝わる伝戒相承の儀のみに従うということ、これが釈尊以来嫡々と伝わってきた唯一の正しい正法律の伝承であるというのが基本です。

その正法の正法たるゆえんは、まず第一に、外道の教えに対して、仏法を正法という。その仏法なるもののなかで、人師の料簡、末世の弊儀によりいろいろな宗派が分かれ、それぞれ教義を立てる、そういう宗派本位の教えが流行し、競いあっているけれど、それはすべて似たものではあっても本物ではない。だから、正法は生粋の本物志向である、このようにいっていいかと思います。

これを簡単には原理主義だと私は申しております。すべては似たものであって、本物でない。なぜか。長谷宝秀先生がいわれるのに、雑乳の水、乳の交じった水（ほんとうは反対で、水の交じった乳ということですが）、そういう交じりけのあるものでなく、乳そのものの醍醐味を伝えるのが正法である。すべては交じりけの入ったもの、その交じりけのもとはというと、己が料簡、己が判断、私の考え方、つまり私の意見でこうであろうと判断し解釈すると、もうもとに戻らなくなる。加味つまり一種のすり替えによってさまざまな流儀や宗派が分かれ、そして、その人師の料簡に基づいて教相判釈のごときものが立てられるが、そのようなものはすべて、もとの「金口直説」ではない。

ところが、ここに問題がある。例の富永仲基が出て、だいたい「金口直説」などありゃしない。のちの大乗非仏説論のごとく、すべて後のものは前のものよりも向上の説となるという「加上の説」を立てる。これが思想史の一つの法則です。お釈迦さまも自分の師匠の上を行くような教えを立てた。そのお釈迦さまの教えを受けて、さらに上に出る教えがたえず仏教の思想史を動かしている。それはすべて加上の説である。つまり、もとのものを直接あるがままに伝えることなく、いつでも上乗せをして、古いものよりもより高いもの、より正しく、より優れたものというかたちで論を立て、それがここでいうところの「人師の料簡」、「末世の弊儀」、その根本である私意を助長しているわけです。そのことを慈雲は富永仲基のものを読んで知っていたわけです。とすると、「金口直説」はありえないということも知っていたはずです。

では、どうなるのか。すこし調べてみました。経典に関するかぎり、仏の教え、菩薩の教え、場合によれば諸天の教え、そういうものが経論・経典として大蔵経の中に収められている。それはお釈迦さまがじかにお説きになったものだとはいえない。「如是我聞」と書いてあっても、法を説かれた方がどなたかはわからない。華厳もそうでしょう。華厳は毘盧遮那仏がじかに法をお説きにならない。代弁者が出てくる。普賢や文殊がいて、そういう菩薩が仏の意を体して法を説くかたちになっていますね。

ただ、一つ例外がある。経でなく律に関するかぎり、お釈迦さまがおっしゃった言葉でないものは一語も書き留めていない。ここに慈雲の原理主義のよりどころがあったわけです。普通の教えであれば、つまり、教理とか教説とか経典本位の基本の考え方であれば、けっして金口直説とはいえないのです。金口直説をとりあげたのはお大師さまのライバルの最澄です。最澄は、お釈迦さまが直接お説きになった教えが『法華経』である、霊山の説法に天台禅師が参じてじかにこれを聴法したというのです。じつは、金口直説はこれまでいろいろなかたちで使われ、立て看板だった。それが全部、富永の加上の説が出て消去されていくわけです。それに反論できる論拠を用意した慈雲が、あえて「金口直説」「常住霊鷲山」をいうわけです。文殊も、摩訶迦葉も、一字たりとも改めたり加えたり修正してはいない。まさにお釈迦さまがじかにお説きになった言葉だけをただひたすら拝受して伝える、そういうものが大蔵経の中にある。それはただ律蔵だけだと。

ですから、真言ではなくて、律ということが入ってこなければ、正法を正法たらしめる根拠が明確なかたちで提示できない。これは、この当時のもっとも尖鋭的な批判、批評、クリティシズムをきちんとふまえたうえで切り返している。これが正法、ほんとうの仏教だという積極的な主張になったわけです。そこで初めて正法のもつポジティブな意味が出てまいります。

場合によれば、お釈迦さまがお出になるお出にならない、出世・不出世にかかわりなく、永遠の昔から法爾自然の教えとして伝えられているものがまさしく十善である、正法である、このように慈雲はいっておられる。さまざまな経典の中で因縁とか、縁起の法とか、あるいは密教であれば「如実知自心」といった経典の言葉を出さず、ただただ正法の正法たるは戒律・律文にあり、それを正面切って押し立てて正法律といった。これが根本の柱です。ところが、小乗・大乗といった仏教の学問、また戒律、密教、禅、この四つの柱は、すべてもとに照らすと根本的には一つであり調和できるはずだ、おなじ法の源泉から発せられた言葉であり、源泉に帰る道である、というかたちで四宗を兼学する、総合する、そういうものが正法律の基本だった。禅だけを、律だけを、密だけを、経だけをということではなくて、戒・定・慧をどこまでも兼学する。ですから、等しく学ぼうとする者は宗派にかかわりなく、戒律のそれぞれの所属する僧坊・一派にかかわりなく、すべては同朋である、こういうかたちで開放される。これはまことに思い切った前人未踏の立場です。そこから宗派を超えた超宗派的な立場としての正法律が出てまいります。

今申したいくつかの要素のなかに正法の基本的な考え方を包括して、これを慈雲という方はたいへんユニークな仕方で、理念ではなく、具体的な形として実現していくわけです。

では、正法のシンボルは何か。お袈裟です。真言では「如法衣」と申します。なぜ如法か。法の如く、法の教えるがままに作られたお袈裟だからです。それでは、その如法の袈裟を定めたのはというと、慈雲尊者があの『方服図儀』をお書きになって、インドの律文、現に残されている尊像、祖師像、あるいは絵図、それらを丹念に調べて、まさしく如法のお袈裟とはかくあるべし、というところをきちんと示されたわけです。自分で法隆寺へ行って、聖徳太子が奉納されたというお袈裟を拝見し、それと寸分違わないお袈裟をみずから作ってこれを献じた。まさしく原理、原点、正法のもとまで返るという志向性を、厳密な形で標示しているのが如法の袈裟だ、という確たる信念から「千衣裁製」といったことが発願されてまいります。これは如法の僧坊、如法の僧伽を構成する僧に献ずるものとして作られた如法の袈裟です。これに対して今残っているものすべては誤り。衣が間違っている。袈裟が間違っている。さまざまな僧儀、修行の方法、どれをとってもお坊さんの正しい形は何も残っていない。今では頭を剃ることだけが残っている。現在はもうそれも通りませんが、そんな言葉も残っている。正法はシンボリックな仕方で形として表示されなければいけない。これが一つです。

教ということ、学問ということからいいますと、各宗派が成立して以降の論書は、人師の料簡、末世の弊儀、宗派のよりどころになり、もとの原理主義からは逸脱している。だから、これはとらない。ですから、『大乗起信論』までは講義に使うのですが、それ以降の祖師たちの主たる論書はかれの引用書物の中に入ってこない。お大師さまの『十巻章』も同じ主旨で入っておりません。しかし、六大の説はあるし、声字実相の説はあるし、『大日経』真言行学処品を使って十善説の根本が示される。そういう点はおろそかにされていないわけです。

ただ、お大師さまの教え、著作をよりどころにしたかたちでは説かれない。ときに「五大に皆響あり[21]」によって「六大みな響きあり[22]」という合成語を作る。どのようにコメントするかというと、「五大に皆響あり」と「六塵ことごとく」の両方を突き合わすと六大におのずから響ありというところまで戻るのだと。これはこれで一つの解釈ですが、たいへんおもしろい。六大についていえば、我も六大、仏も六大、さて、その六大はいったいどういう意味か、「本誓平等、驚覚云々[23]」とある。きちんとそういう意味を押さえたうえで三昧耶が説かれる。そのように、じつに徹底した周到な研究・調査のうえでものが論ぜられ、じつに行き届いています。よほど頭のよい方だったのでしょう。

その成果の一端が義浄という方の『南海寄帰内法伝』というインドの旅行記です。南海ですから、南の海を渡って、陸路、西域を越えてきた玄奘さんとは違うコースで、中国へお帰りになり、その仏法伝来記を書いた。インドにおける文字、文化、それから僧院などの生活について事細かに記載されている。よほどよく調べてみないとそのコメントが書けないのです。これを高野山の真源学頭の依頼を受けまして註釈を書く。それが『南海寄帰伝解纜鈔』です。のちに中野先生の恩師、高楠順次郎先生がロンドンで「『南海寄帰内法伝』の英訳をやれ」といわれて慌てて調べたところ、尊者の註釈があった。たった一つしかないこの註釈書を使って事なきをえた。あれはたいへんなものだと話されたとうかがっております。

さて、そのように仕事が進むのですが、四十代で生駒山にこもられ、長尾の滝という滝のほとりに雙龍庵という庵を結んで、修行と坐禅と梵学の研究に打ち込まれる。今度は、ありとあらゆる梵学関係の書物、資料、もとのテキストを集めるわけです。のちに長谷先生が弘法大師請来の梵字真言讃を印刷なさいました。高野山に一組、それから東寺に一組、もう一組が高貴寺と、三つしかまとまったものはなかった。それでも脱落があったとのことです。それがいかに丹念にお調べになったかもわかりますが、中世をとおしてお大師さまの請来された一番大事な梵字悉曇の最初の資料が、文字どおりお蔵入りしていたわけです。それを御室へ行って調べ、どこそこへ行って調べる、あちこちからテキスト、資料を収集したのが『梵学津梁』の基本となる資料集で、本詮と申しますが、次に校合と校訂（末詮）をやり、さらに参考資料（通詮）を集めます。厖大なものが集まって『梵学津梁』一千巻ができ上がる。

そして、諸宗が議論して「おれが」「おれが」といって争っているのは、もとの原典に返って経典を読むことをしていないからだ、梵学経典へ戻ってみるがよい、という批判を残されております。今、原典に返る研究は当たり前になっていますけれども、そのときに尊者が申された意味での原理主義の立場から原典が読まれているか、じつはよくわかりません。ですから、慈雲の梵学研究を今の近代的な仏教学あるいはインド学と結びつけ、先駆的業績と認めたがらないのですね。しかし、基本の考え方を尊者がまず明確に示して、当時、世界中でどこでもまだ行われていなかった資料のコレクションを整理し確立された。これは無視できない事実であり、すごいことだと思います。

そして、『理趣経』についても漢訳の経典を一つずつ梵語に戻していく。そういう還元作業をこのときおやりになった。

『般若心経』の梵字経典は浄厳のものやまた法隆寺の貝葉が残っています。浄厳の百年あとに慈雲がおなじ仕事をなさっています。浄厳と慈雲のものにはそれぞれ註釈がついていて、浄厳のは単語が逐一合うのです。慈雲のは、それぞれの単語が語尾変化しているところまで押さえて翻訳している。だから、語と語のつながりが慈雲の場合ははっきり読みとれる。百年というのはたいへんな年月ですが、その間にどれだけ梵字・梵学についての知識や研究が進んだか、興味深い問題であります。

じつは、その影響もあって、この時代に大師の著作について論議が起こります。お大師さまが「真言」の梵語は「曼荼羅」であると書いておられる。『声字実相義』に出てまいります(24)。それがたいへん問題になり、慈雲は「マントラ」と「マンダラ」を書き分けて、いろいろな経典の翻訳を付き合わせて、両者は文字が違うのだから、漢訳がすり変わることはない、弘法大師ほどの優れた学者がそれを誤ることはありえない、とすると、これは後世の書写のミスであるとして、写誤、写し間違いという説を提案して「後世の写誤ならん」と書いた(25)。

そのときおもしろいのは、『声字実相義』に使われている当時、最新の論法の読み方が、華厳の学者は読み違いをしているけれども、お大師さまはそれを正しく読んでおられると。六離合釈についての見識を示したうえで、お大師さまが、梵字を読み間違ったりなさることは絶対ありえないと、随分、芸が細かいのですね。それだけの学識と超人的な努力を集約したのが『梵学津梁』だったのです。

長いあいだ幻の大著と呼ばれ、各方面の先生方が是非見たいとおっしゃっていたものです。明治の先生方は直接見ていますが、おそらく五十年ちょっと前から封印されてしまった。長谷先生が全集をお出しになったあとは封印されたまま、出てこなかったのです。

それが上山春平氏の電話が発端となって、ようやく公開され、研究が進む手はずとなりました。このことが今度の二百年ご遠忌の記念事業の一番大きな成果だといっていいかと思います。

二　人となる道

さて、そのような準備をされた慈雲尊者のところに明和八年（一七七一）、京都の在俗信者から、北野のすこし南、西院の東北に阿弥陀寺というお寺を用意したので、ぜひお出ましいただき、ご法話をお願いしたいという依頼がありました。その前に尊者は、正法律の僧坊の住職を弟子に譲って隠居したいと考えておられましたものですから、それではということでお出ましになります。ですから、そこから『十善法語』は慈雲尊者が在俗の信者のために法をお説きになったものだということがよく解説されることになりました。

皆さんのお手元にある資料を順番に見ていきますと、まず「十善法語巻第一　不殺生戒」というもの、「安永二年（一七七三）十一月二十三日示衆」の日付があります。(26) その日に講義が始まりまして、その筆記がまず整えられ、これに尊者が手を加えて、安永四年（一七七五）に法語十二巻が完成いたしました。「何々じゃ」と書いてありますので、口語体の『十善法語』と申します。

もう一つ、文語体で書かれたものがあります。これは後桃園天皇、先帝の后と天皇のご生母に献ぜられていて、これも安永二年十一月二十三日とあります。じつは、それよりすこしあとの翌安永三年一月十八日に尊者は、半分折りの奉書に『十善戒相』を書きまして、天皇と先帝のご生母におなじものを献上しています。それが京都の尼寺にそれぞれ残っており、『慈雲全集』の中に収められてございます。これが尊者の手許から出た最初の十善戒に関する短い法語です。

お説きになった相手は、在家といえば在家ですけれど、時の天皇だったのです。

十善戒をお授けになったのち、十善戒の戒相、守るべき教えについてごく簡単なかたちで示されたものでございます。そこでは、「十善と云フは、聖主の天命をうけて、万民を撫育するの法なり。此ノ法ちかくは人となる道にして、遠くは仏の万徳を成就するなり[27]」と書いてあります。公に出された最初の十善戒の中に、天皇が国を統治するための帝王学、儒教の「治国平天下」つまりは、国を治め、天下を平らげるための道が十善だというわけですね。そして、その十善の教えの基本となる担い手がほかならぬ天皇だというのです。

このことは、さきに、お大師さまが『十住心論』で十善戒をお説きになったとき、国王が正しく国を治める教えとして十善をお示しなされ、不空の翻訳された経典を下敷きにして提示された趣旨と、みごとに符合するわけです。ただの人ではない。昔流にいうと上御一人。至上の人、人として最高の人がみずから践み行い、みんなにこれを示す、そして実際に政治の場でそれを実現することがまつりごとの道なのだと説いたものが、まさしくこの安永三年の『十善戒相』だったのです。

だから、『人となる道』というかたちでのちにまとまりますけれど、多くの方は、およそ人間が人間であるかぎり践み行うべき道、つまり、それを逸脱するともはや人間でなくなるものだと低い方で一般化して考えるようですが、じつは、最初にまずは治国平天下の道を出発点として、家を斉え身を修める修身斉家治国平天下という、あの中国の儒教の基本的な枠組みが全部すっぽりと収まる教えが、仏教でいえば正法十善なのだ。そして、それこそがまぎれもなく最高の意味で人の人たる道なのだ。その人とはどういう人かというと、衆生、凡夫であり、かつ同時に仏教的にいえば、仏の万徳を円満し、それをすべての人に分かち与える世間の菩薩のあり方なのだ。それはもはや理想とか理念といったものではなく、あるがままの菩薩大士がまさにあるべき人のモデルとして真っ正面から捉えられている。

それに対して、聖人の教えや君子の教えは、それぞれの道、それぞれの国の政治というレベルで立てられたものでしかない。孔子の道もしかり。そのよりどころとされた周の文王の道もしかり。十善はそんなものではない。仏教の経典の中でくり返しくり返し説かれてある教えである。釈尊以来嫡々と受け継がれてきた基本の教えである。菩薩が菩薩になるところが最後です。世間と出世間との対応がぴったりと重なる。それはたとえば中世の場合だと、王法つまり天皇の基づく法と仏法が「相仰ぐ」と、たとえば大徳寺開山などはそのようにいっています。ところが、この十善では王法と仏法がもとは一つのところで重なってある、別のものではない、別のところから出ていないというのですね。

そこで問題が出てまいります。世間がすなわち出世間、俗がすなわち真、即俗而真・即事而真・当相即道、これが真言の一番基本の教えであり、立場です。俗のほかに真なし、真俗離れず、真俗不離というのがお大師さまの肝心の教えです。例の『綜芸種智院式』の中に出てまいります。それを「不二」といったのは最澄ですが、真と俗が離れない、その微妙さがお大師さまのすごいところです。これはお大師さまの言葉ではなくて、「我が師の雑言」

とありますから、不空、もしくは恵果からお大師さまが受けられた教えかもしれません。その真と俗、世間と出世間が一つに重なる法があるとすれば、それは十善以外にない。それが具体的な世間の教え、出世間の戒律、それぞれ具体的なかたちに分かれてくると、たとえば優婆塞・優婆夷の戒とか、沙弥・沙弥尼の戒とか、あるいは大僧戒・具足戒・二百五十戒と分かれてくる。

それから、儒教ではたとえば仁・義・礼・智・信の五つの教え、五常ということがいわれる。これこそが伊藤仁斎曰く、「道は日用人倫」つまり日々の生活において役に立つ具体的な生きた真実の教えでなければいけない。ですから、仁とは難しい仁ではなくて愛だと、仁斎はスパッとだれにでもわかる言葉でこれを教える。

慈雲が「不殺生」といったときには殺さないというだけではない。殺さないとは、生きとし生けるすべてのものがおなじ命をもち、一なるおなじ命をそれぞれが分けもって生きている。すべては一つ命なのです。それも生きとし生けるものだけではなくて、命あるもの、命なきもの、天地自然、森羅万象すべてが菩薩の一視同仁ということになります。これはもう大日さまの法爾自然がそれこそ釈尊に、菩薩に、そしてわれわれに、慈悲の働きとして、仏の生、仏の心として等しく注ぎこまれるということ。

じつは、殺すなかれというのは、ただ殺してはいけない、傷つけてはいけないというような戒律の問題ではなく、すべての存在がよってもってあるところの一番のもと、本源、そこまで掘り進めたレベルで問題が考えられる。それを法性という。それはもう哲学です。宗教とかモラルの教えを次元的に超えているわけだから、万国におし通じて践むべき教えです。

盗むなかれとはどういうことか。それぞれのものにはそれぞれ持ち味がある。それぞれの特性、長所がある。海のよさはほかのものに奪われることがないもの。山の山としてのよさは他に奪われることのないものです。それを

「利」という言葉で尊者はいわれる。ものが他によって奪われることのない相応の徳分をそれぞれもっている。

不邪婬もおなじことです。すべてのものがもとは陰と陽、天と地、光と闇、そのような対になって、すべてがそれぞれのいわば役割を与えられ、場所を与えられ、役柄を演じているわけです。

すべてがおなじ命ということは禅でもいいます。「仏心」という言葉はどの宗派でもいいます。すべては一つ命だといいます。それはそれでいいのです。そのときの命の現われ方を何か具体的なかたちで事象として示せといったときに、密教しか示せないものがある。慈雲の十善の教えの中に出てくるのは、じつはそういう深秘のレベルまでずうっと貫いた根本的、根源的なあり方で、そういうところまで返っているのですね。

盗むなかれというのは、それぞれの特性、特徴、よさは他が奪うことができない。それは一つひとつの個が全体であり、他に取って代わられないもの、個の絶対性というもので - 金山老師の言い方だと真と俗それぞれがどちらか一方に吸収されることがない、それぞれが厳然たる個である、そういう関係が成りたちうるようなことでなければいけない。禅でもこれがある。主人公、莫妄想、だまされるな、みんな一緒です。

だけど、もう一つ、禅もいわず、ほかの仏教もほとんどいわないことは、ものにはすべて両極的な原理があるということ。天と地、光と闇、男性と女性、二つの原理がそれぞれあって、その関係のなかで具体的なものがものとして現われる。これは基本的には両部の教えで、真言密教しか基本的には受け継いでいない、そういう教えが下敷きにあります。

なぜそんなことをいうかというと、このようなことを考えていただきたい。「モーゼの十戒」というのがあって、『旧約聖書』に十の神の掟が書いてある。その中にもおなじものが出てくるのです。殺すなかれ、盗むなかれ、姦淫することなかれ、誤った偽の証言、つまりウソをついてはならない、四つは一緒です。では、その根拠はどうか。

キリスト教では神の国の住民・市民の確保のためには生命が保障されなければいけない。そして、それぞれの持ち分が安堵され、侵されてはならない。市民の構成する共同体の和が崩されてはならない。偽証は、世間のありとおりとは違う、神の国にあってはそういう誤った証言がそも成りたたない。しかしすべては、神の国というかぎりは神さまとの関係のなかですね。

これに対して、十善の教えの方は、資料で申しますと『人登奈留道随行記』の上を見ていただきます。三枚目ぐらいでしょうか、二十六ページの三行目「十善ありとは、道に背クを悪といふ。道に順ずるを善といふ。此善十種あれば十善といふなり」(28)から始まりまして、次のページ左の方、「不殺生とは、生とは、いきとしいけるものなり。この生きとし生ケるもの、命根ありて世に住す」(29)、その命根が生きとし生けるものすべてにある。「不偸盗とは、偸もぬすむと訓ず。盗もぬすむと訓ず」(30)。「不邪婬とは」以下一番簡潔な仕方で伝戒の相承の教えが書かれ、しかも、それが同時に何によってなのか、十戒のように神のことばでしょうか。森羅万象おのずからあるがままの本性に従うかぎり不殺生が本来の姿で、不偸盗は本来の装いであり、不邪婬が本来の姿なのだ、つまり、十善とは天地自然あるがままの装いである。法性の現われた姿である。何の現われなのか。われわれのいう法身の誓願であり、力であり、真理性であり、リアリティーそのものがあるがままに現われてあるのが今の天地自然の姿であり、人間の姿である。だから十善という。

ここまでまいりますと、これは普通の意味での通俗的な道徳の話、モラルの話ではございません。そういうものをはるかに超え出ている。ですから、そのところから初めて天皇のいわば帝王学、というかたちで十善が使われる。あるいは、それぞれの立場、身分、境涯、そこに生きる世間の人間、百姓も、武士も、町人も、すべての人が人としてあるべきあり方、根本的、原理的な仕方で本来あるあり方がすべて映し出される。

今、日本で一番足りないのは、まさにその人がその人であるというもっとも単純な事実の根源まで帰るといったいどういうことになるか、そういう問いが欠落していること。その問いを徹底してどこまでも真剣に問う姿勢がない。今大学の制度を改めて、かつてないほど悪しき制度が志向されようとしている。古きよき教育の伝統がみごとについえようとしています。これは、人が人である、文化が文化である、社会が社会である、自然が自然である、そういうものを貫いていったい何がほんとうに一番大事なのか、そこまで問題がつき戻され、そこからもう一度問い直すといった、そういう問いの立て方がどこにもない。思想にも、宗教にもない。それが今の日本の実情、あるがままの姿でしょう。

それは、十善の教えをちょうどひっくり返すと、よくわかるようなことかもしれません。たいへん申しづらい部分で、しかもほんとうに私どもが取り組まなければいけない課題がじつはこの十善の中に畳みこまれている。今申した『人となる道随行記』(『人登奈留道随行記』とも)などは尊者が自分でコメントされて、配られた。弟子の名前が記されていますけれども、尊者の本意を示したもので、そんなに難しいものではございませんので、お読みいただけたらと思います。

『人となる道　略語』[31]という一番短いものは、刊本『十善法語』の序文ともなり、十善の教えを一番コンパクトなかたちにつづめて、それが、近世の日本にあっては、仏教とか世界という開かれた大きな問題と同時に、具体的なかたちとして神道に現われる教え、まさに日本人にとってもっとも身近な教えがじつは十善の姿、人となる道の具象的な姿なのだ、そういうことをつづめて説いてあり、それを広げたものが『人となる道』初編[32]ということで、そこではそれぞれが十善についての今いわれたような深い意味、それから広い意味をいわば裏づけるさまざまな資料が用意され、それをさらに広げてみると『十善法語』十二巻という講義録が成りたつ。このようにみてまいりますと、これはやはり慈雲尊者の生涯をかけた教えといわなければいけないかもしれません。

じつは『人となる道』とか『十善法語』というテーマで、かなり厖大な資料がそのまま残され、だいたい活字化されております。慈雲尊者が何度も何度もくり返してお説きになったもので、私どもが軽々しくご説明できるものではありませんが、その入り口のところだけ、私のわかります範囲でお話をさせていただきました。長時間ご静聴ありがとうございました。

註

(1)『弘仁の遺誡』(『定本全集』七、三九二頁)。ここには「諸戒十善為レ本」とある。
(2)『十住心論』巻二の「十善戒」に関連する記述は、「三帰・五戒・八禁の頌」以下にみられる(『定本全集』二、六四〜一〇八頁)。
(3)金山穆韶「二教論及び宝鑰より観たる弘法大師の根本教旨」(同著『真言密教の教学』八三〜八八頁、高野山大学出版部、一九四四年)。
(4)『御請来目録』(『定本全集』一、三一頁)。
(5)『弁顕密二教論』(『定本全集』三、七五頁)。
(6)『性霊集』巻九所収『勧縁疏』(『定本全集』八、一七五頁)。
(7)『麤細問答』(『慈雲全集』補遺、七四・八〇頁)。
(8)『慈雲尊者伝私見』所収「尊者御誕生地の事」(『慈雲全集』首、二二一〜二二八頁)。
(9)『慈雲尊者法語集』所収「六十六　今後は法を説くまい」(『慈雲全集』一四、七四九〜七五六頁)。
(10)『慈雲尊者法語集』所収「六十六　今後は法を説くまい」(『慈雲全集』一四、七四九頁)。
(11)『律法中興縁由記』(『慈雲全集』六、三四四頁)。
(12)『方服図儀広本』巻上(『慈雲全集』一、八七頁)。

(13)『慈雲尊者法語集』所収「六十六　今後は法を説くまい」(『慈雲全集』一四、七五〇頁)。
(14)註(13)に同じ。
(15)註(13)に同じ。
(16)『慈雲尊者法語集』所収「六十六　今後は法を説くまい」(『慈雲全集』一四、七五〇～七五一頁)の取意。
(17)註(16)に同じ。
(18)『慈雲尊者法語集』所収「六十六　今後は法を説くまい」(『慈雲全集』一四、七五一～七五二頁)の取意。
(19)『正法律中四衆伝』巻上「愚黙親證大禅師」(『慈雲全集』首、三三七頁)の取意。
(20)『高貴寺規定』(『慈雲全集』六、八三頁)。
(21)『声字実相義』(『定本全集』三、三八頁)。
(22)『人登奈留道随行記』巻上(『慈雲全集』一三、一〇一頁)。
(23)『両部曼荼羅随聞記巻之二』(『慈雲全集』八、一四〇頁)。本文は「三昧耶は羯磨三昧耶等と相対して、除障驚覚本誓平等の四義あり」。
(24)『声字実相義』(『定本全集』三、四〇頁)。
(25)『両部曼荼羅随聞記巻之一』(『慈雲全集』八、八八頁)。本文は「恐くは後世荼の字に写誤するが故に爾り」。
(26)『十善法語巻第一　不殺生戒』(『慈雲全集』一一、三頁)。
(27)『十善戒相』(『慈雲全集』一三、一頁)。
(28)『人登奈留道随行記』巻上(『慈雲全集』一三、五二頁)。
(29)『人登奈留道随行記』巻上(『慈雲全集』一三、五四頁)。
(30)註(29)に同じ。
(31)『人となる道　略語』(『慈雲全集』一三、四〇九～四一三頁)。
(32)『人となる道　初編』(『慈雲全集』一三、二一～四七頁)。

六　慈雲尊者研究序説

一　問題の所在

あえて慈雲尊者飲光（一七一八〜一八〇四）その人の異端的性格を糺明しなかった、ただこれだけのことが日本密教の理解をどれほど平板化してしまったことか。逆にいえば、尊者を密教者として取り扱うことを躊躇させるものがげんに存在するとすれば、それはいったい何か、思想的性格の相違なのか、はたまた宗派的偏見か。そのいずれにせよ、この問題はひとり慈雲研究上の関心事たるにとどまらず、日本密教の本質的解明にもかかわるごとき問題ではなかったのか。ほぼおなじことがたとえば興教大師覚鑁（一〇九五〜一一四三）にもあてはまるかもしれない。すなわち、覚鑁上人は密教の根本的把握に力を尽くして幾多の新機軸を打ち出だす一方、時代の動向に目を注いでは高野聖たちの念仏に理論的支柱を与えるとともに、いわば日本密教のあらたな展開の可能性を示されたのではなかったろうか。この場合にはしかし、高野における武力的な迫害とか根来への隠退など教団の危機的様相は目に余るものがあり、高野系の歴史書のごときはあきらかに上人一派を異端視してはばからなかった。むろん異端という語はどうも穏やかでなく適切とも思わないが、教団統制のうえだけでなく精神的にも何かただならぬ危機的状況がそこにあったことはやはり事実であろう。ところが密教史はおおく厳正中立をまもり客観的な見地にたって事態の推移と原因を問うのみで、あからさまには正統対異端といった問題の存在を認めようとはしない。そして、そのことがかえって密教の思想史的展開の実態をはっきりと捉えることを妨げ、かつはこれら先覚者たちの時代的な意義や存在理由というものを安直に処理してしまう結果を招いていたのではなかろうか。

両師のおかれていた時代状況とかおのおのの関心や個性の相違にもかかわらず、かれらは共通して真言教団の実状に慊らず、伝統的なゆき方に対して手きびしい批判者として立ち向かったともいえる。それがやがて本意ならずも新宗派の独立という事態を避けがたいものにしてしまったが、それも教団史的な問題のみにとどまらずして、ある意味ではそれほどまでにかれらの批判がするどく本質的なものを衝いていたというか、旧教団がそれによって成立していたところの精神的基盤、いいかえると密教精神のありようにかかわるごとき根本的な問題領域にまで批判の鋒先が達していたということではなかったろうか。もしそうだとすれば、かれらをただ客観的な見地から評価して密教史の中に位置づけるというだけでは、なお問題を残すことになりはしないか。もっと狭く教理とか教学を中心に密教史が意図されるような場合には、およそかれらの主体的な関心などは等閑視されるほかはない。ところが、かれらの提起した問題をただ単に消極的なものとしてのみ把握するときは、その存在理由が明確にならないというばかりか、より本質的には密教本来のあり方ということも積極的には問題となってこないのではあるまいか。ここにあえて異端という誤解を招きやすい語を取りあげたのも、じつはかかる密教本来のあり方を密教の歴史的な思想展開の中で検証するような道を開くことはできないのか、という問題意識があったからである。

もとより正統とか異端といった概念が密教の歴史の中でただちに通用しうるものとは考えられない。密教は教理的にはもちろん、教団構成のうえでもじつに豊かな抱擁性にとみ、それゆえにまたかつて鞏固で神聖不可侵的な教権が樹立されたということもない。したがって異端問題などははじめから起こりようがなかったともいえるわけである。ところがここにあげた両師の場合には、ほとんど例外的といっていいほどに緊迫した危機的な問題状況があって、問題の取り扱い方いかんによっては正統対異端といった概念の導入ということも許されそうに思える。なにしろ正統といい異端とはいっても、かなり流動的な関係であって固定化できないものであるし、たぶんに政治的な含みのある概念でもあろうから、便宜上ここでは思想史的な観点からもっともルーズな意味で用いたままであるが、覚鑁上人の問題はいましばらく措くとして、ここでは慈雲尊者についてそうした問題状況の存否をいちおう確かめてみよう。

もっとも慈雲がその当時の密教教団に対して異端的存在であったという着想は、じつのところ中村元博士の示唆にとむ論文「日本宗教の近代性」によったものであるから、その論文の主旨をまず引いておくのが便利であろう。「すでに徳川時代において種々の近代的思惟の特徴の萌芽がみれる。（中略）すなわち、もしもそれが徹底されたならば、宗教改革を将来せしめたであろうと思われるような思惟を認めることができる」[1]。すなわち仏教における近代化の運動は明治維新よりも以前にすでに起こりつつあったというのがその主眼点であった。そして注意すべきことに、かかる近代的思惟の持ち主たちが「当時の仏教教団から見れば、いずれも異端的存在にほかならなかった」[2]といわれている。はたしてそこに取り扱われた宗教家が一概に異端的といえるかどうかには疑問があるとしても、慈雲に関するかぎり、いちおうこの見解は正しいとしなければならない。それも博士の指摘されるごとき、かれが現在なお「教団の好まぬ」存在であるといった理由によるよりも、まずもって慈雲じしんのとった態度ならびにその周囲の雰囲気が、その当時あきらかに異端的であることを表示していたといえそうである。

かれの修行した道場の雰囲気が、すでに真言教団のいずれにも親近せず、これらに対してとりわけ批判的であったことがまずあげられよう。むろんそれは河内の野中寺を総本山とする真言律一派であって、いまも中興開山の慈忍慧猛和上（一六一三〜七五）をはじめとする『野中寺僧名録』を伝えるが、そこには、たとえば高野や豊山から移ってきた真言僧、禅宗や浄土宗からの転向組、ないしは「衆外」に去ったものまでいちいちの消息が克明に記されていて、ほぼ当時の一派の動静を復元することができる。それによるとこれら一派衆僧は、世俗化し頽廃せる一般真言僧たちと一線を劃し、おのずと如法如律の矜持を保っていた模様である。そのうえ、同じ真言律の系統でも、たとえば西大寺とのあいだに軋轢のあったことを証拠だてるような逸話が残っている。すなわち慈忍和上に西大寺流の真言秘法を相伝したという廉で、それを授けた高喜長老なる人物は西大寺から擯斥されてしまったというのである。

もっともこれは門外不出、唯一人にのみ伝授すべき秘法ということであったから、慈忍がすぐれて傑出した真言僧であった証拠とはなっても、それがすぐ野中寺と西大寺の不和を証明するものではないかもしれない。しかし、明忍律師（一五七六〜一六一〇）以来の新しい真言律の拠点となった槙尾山の律園からも事情があって独立せざるをえなかった慈忍一派としては、もはや西大寺といえども真言（事相）の法脈以外に相承すべき何ものもないとみていたのではなかろうか。この一派では、げんに西大寺真言律の祖、興正菩薩叡尊（一二〇一〜九〇）よりも、むしろ唐招提寺の大悲菩薩覚盛（一一九四〜一二四九）をあげて四祖の一に数えたとする伝承が残されてある。これら西大寺系の旧真言律に対する態度は、のちに触れるとおり慈雲にも引き継がれずにはおかなかったと推定される。しかしその慈雲じしん、さきの『僧名録』によると「いったん当派を退いたのち衆に還った」という意味の符牒をつけられた存在であった。かれは元文三年（一七三八）野中寺で具足戒をうけたのちは田辺の法楽寺に帰り、本師忍綱尊者（一六七一〜一七五〇）のもとにあったが、その後いかなる理由によるかはよく解らないにせよ、とにかく野中寺派をいったん退衆後、ふたたび還衆したこととなろう。となると、この野中寺派と慈雲のあいだに何か微妙な関係が介在したことも否定するわけにはゆかない。

かかる背景を考慮に入れて、たとえば後年に起った「真言律宗」の公儀認可の問題を検討するとどういうことになるであろうか。かれは「古義・新義と申す事は、中古已来学者之料簡にて、弘法大師之時には其沙汰無レ之事に候」と書いたうえで、新義・古義をとわず「各長処に可レ依志願に御座候、然者、真言律宗と称し申候(4)」と届けで、古義と新義いずれの真言教団に対してもその圏外に立とうとする意図を明白にしたのであった。たしかにかれは生涯、高野山をはじめ真言宗のどの本山ともほとんど関係をもたなかったが、これは幕府権力に接近しなかったことと併せて、特筆さるべき事実であろう。もとより「諸宗末世の風儀」によることを厳に誡めた慈雲とすれば至極とうぜんなことであったろうが、古義・新義の問題をただ「中古已来学者の料簡」として斥けたことの意義も小さくはない。高貴寺を本山とする正法律一派の公認は、かくて形式的には別に公許されていた野中寺派にならって真言宗教団すべてからの独立宣言であったとともに、その精神からいえば弘法大師の密教にかえるという態度表明であるといえなかったであろうか。おなじ天明六年（一七八六）に制定された『高貴寺規定』にはたしかに「本宗の事相、野・沢共に修学し、大師の根本を究むべし、教相は強て古義・新義に泥まず、唯密教の本意を求むべし(5)」とあった。

甚だしきにいたっては『諸宗之意得』の中に「古義・新義の立破は知ルもよし、知ラぬもよし(6)」という言葉もみえるが、教相はただ「一行阿闍梨ノ疏、弘法大師ノ諸論疏等学ぶべし(7)」と記し、事相についても「事相の次第等ハ皆経軌より出たるなり（中略）次第折紙等も伝フべし、経軌も受持すべし(8)」との指導方針を明かしては「折紙等を重モにして、経軌を智通壇と云フて浅略のやうに覚ユルことは後人の私か(9)」と末世の風潮を嘆くのであった。要するに、かれは新義古義いずれも「密教の本意」を正しく相承するものでなく、事相諸流もいわば玉石混淆でしかありえないと宣告したうえで、あらためて「大師の根本」を究めることを力説してやまなかった。つまり学問修行の一切にわたって、この真言律一派こそ、弘法大師の精神をもっとも正しく継承するものであるとの確信を披瀝し、あえて伝統的な真言宗のあり方に対する全面的でしかも徹底した批判の立場を表明したものが、この真言律宗公認の問題点であったのである。

かつて中野義照先生は「慈雲尊者の正法精神」と題する講演において、「弘法大師の御精神は事相の京都、教相の高野の伝灯におけるよりも、寧ろ西大寺の真言律の系統に一層よく顕われているようであり、その系統の最後の光明が慈雲尊者であると思う[10]」と高楠順次郎博士の説を紹介しておられるが、はたしてこれは伝統のみに由来するものであろうか。すでに指摘したところからも、伝統とか相承を重視しながらあくまで批判的態度を失わず、一種の合理化というよりは非神話化の意図を、慈雲が抱いていたことは明らかであろう。事相について「経軌も受持すべし」と説きえたのも、じつはそのためであったが、それとても「二十一才先師大和上に従て西大寺流を受[11]けたのをはじめとして有縁の師を求めては諸流の相伝をうけ、六十八歳の高齢でなお一沙弥から受法するまでの誠意を尽くした、ひたむきな精進のうちから導きだされた帰結であったことを知らねばならない。

しかし、より重要なことは、中野博士のいわれる慈雲の「正法精神」という点にあるかと思われる。すなわち「正シく私意を雑へず、末世の弊儀によらず、人師の料簡をからず、直に金口所説を信受し、如説修行する[12]」という根本仏教即正法律への志向が、いわば弘法大師の精神にかえることと一つに貫きかわされていたというところに、かれ独自の密教理解の鍵がかくされているといえないであろうか。ここではもはや伝統も相承もすべて「人師の料簡」をこえてその源からみられてくる、いいかえると伝統のもつ形式的な権威性の殻をやぶってただその精髄のみが取りだされるということにならざるをえず、そこにこそ大師の根本を究めるほんとうの意味があった。まして本来的には密教に対して別に正法というものがあるのではない。もともと密教の教えのうちに正法の真理性が開顕しているにもかかわらず、宗派的偏見がその真理性を遮蔽して密教の頽落へと導いたものであるとすれば、密教の本意究明とは取りもなおさず真正法たる所以を顕わすことでなくてはならなかった。その意味では、慈雲において密教の問題は、ただ伝統的な教学といった限られた枠内にとどまらず、ひろく正法とか真の仏法という、いわば開かれた視野の中であらためて根本的に問い直されたということもできるのではなかろうか。

慈雲はかつて「如来久遠所集ノ法、禿居士ノ手ニ皆滅尽ス、衆生の沈淪愍れミ傷ムべし、若シ邪正ヲ弁セハ人我ヲ打タン」(13)という一偈を認めたこともあったが、むろん覚鑁上人の高野山におけるのとは異なり、また時代も変わっていたために、現実にはかれの身辺に危機が迫るようなこともなかった。しかし慈雲の場合にはそれだけにいっそう内面化されたかたちで深刻な危機に曝され続けたともいえるであろう。もし現在なおかれが真言宗においていわば例外者として遇せられるにとどまるとすれば、まさにそのことが、あからさまに異端者呼ばわりをしないだけにかえって内攻したかたちでやはり異端視している証拠かもしれない。そして、かかる潜在的な異端者扱いの終わる日が、おそらくかれの密教把握という問題がいま一度ほんとうに再吟味されるときであり、真に密教の生きた歴史があらためて真に問題となるときであるにちがいない。

ともあれ、慈雲の提起した問題はいうまでもなく密教史の中でのみ処理さるべき性質のものではなかった。さきに引用した中村博士の論文も、もともと日本仏教における近代性、ないしは近代的思惟の問題を取り扱われたものであった。そこで、われわれもまた観点をかえて慈雲の宗教にみられる近代的なるものに注目する必要があるかと思う。まず右の論文で指摘されていた慈雲における三つの特質を整理すると、それは批判的精神、倫理的性格、そして民衆教化ということになるであろうが、それはほぼつぎのごとくである。

㈠たとえば「かれを一貫していたものは真理を求める精神である[14]」といわれる。真理を求める精神のまえには仏教諸宗派の区別などは問題にならず、かく宗派的偏見を打破するごとき立脚点にたてば、もはや自分の宗派にこだわったり自宗のドグマに盲従することもない。ただかれの求める真理が「釈尊によって説かれたにちがいない[15]」という信念だけは堅かったが、徹底して批判的態度を捨てるということもなかった。

㈡また慈雲の主張は「宗教における倫理性の強調[16]」という点にほぼ集約できよう。世俗の信者には十善戒を説き、出家修行者には戒律の実践を説いたことは周知のとおりであるが、これは伝統的に日本仏教が荷ってきた呪術的・現世利益的な信仰形態、したがってまた「仏教諸宗派が依って立っていた社会的、心理的基盤に対してかれが背を向けていた[17]」ことを示すものである。

㈢それがさらにかれの宗教活動のあり方とも関連しており、世間からは現在なお「慈雲さん」の愛称をもって親しまれ、逆に教団の立場からはあまり好ましからぬ存在として扱われているところからも、すぐれて「民衆の宗教家」であり、また「民衆のための熱烈な啓蒙的精神[18]」の持ち主であったというのである。

このように大意を要約したのはほかでもない、ここに指摘された三点は、ある意味で近世仏教のうちに萌した新傾向として、この時代のすぐれた宗教家が多少とも持ち合わせていた特質でもあった。それが慈雲の宗教のうちにいわば典型的なかたちで顕われていたと解して誤らないであろう。しかし、いますこし視野を拡げてみるならば、なにもそれがひとり宗教家の場合にのみ認められる傾向ではなく、ほとんど同時代のいわゆる近世思想家たちにかなり共通した性質であったことを容易に知りうるであろう。そして、徳川時代の後半期にほぼ集中的に現われたこれらの諸傾向がやがて来るべき近代精神に対して、いわゆる先駆的意義をもつにいたった事情も思想史上よく知られている。つまりこの当時の時代精神ともいうべきものに根ざして自覚的な宗教家たちはそれぞれ仏教に新機軸を開くべく粉骨砕心したのであるが、それを仏教における近代性の問題として取り扱おうとしたものが前記の論文だったわけである。そのかぎりでは時代的な紐帯が断ちきられ、思想史的な脈絡が十分把握されなかったことは遺憾というほかはない。そのことはまた一般の思想史家についてもいえそうである。すなわち後者はただ近世思想家たちに着目するにとどまって、なぜか宗教家のうちには近代的なるものの萌芽を認めようとはしないのである。ではあるがしかし、翻って宗教家のうちに近代的なるものの萌芽がはたして実際にあったといえるのであろうか、この率直な疑問に答えることこそ、これら双方の立場にとって共通の課題なのではなかろうか。いいかえると、もし慈雲の場合であれば慈雲の宗教における近代性という問題は、もっと徹底的に吟味されるべき課題なのであって、いちおうの特質を拾いあげる作業でもって終わるといった性格のものではなさそうである。その意味でいますこし検討を加えてみる必要があるのではなかろうか。

とりあえずここでは、近世仏教のうちでもとくに慈雲の特質とみなすことのできる倫理性の強調という問題に焦点を絞ってみたい。たしかにかれは出家、在家をとわず如法の戒律を重んずべきことを説いたが、それは一にかかって「今時の宗とするところ、皆解脱の正因にあらず、その規矩法度みな如来の真諦にあらず。真正法に復し、真正法の如くならしめん[19]」すなわち仏教本来の根本理念にたちかえらせようとする悲願に根ざしたものであり、そのためには宗派的偏見を捨てて「私意を雑へず、末世の弊儀によらず」あくまでも「直に金口所説を信受し、如説修行する[20]」ことを強調したものにほかならない。いみじくも日本の小釈迦と称されたかれの高邁なる精神や行業については、われわれもひとしく感歎のほかはないのである。がしかし、かれの唱導した道がはたして仏教近代化への道に直結するものかどうか、という問題となると評価はおのずから別になってくるのではあるまいか。たとえばその後の仏教の歴史はむしろ別の軌道にのって進展してきたといえるであろうし、近代仏教のあゆみの中ではかれの理想は必ずしも継承されなかったとみることもできる。のみならず戒律とか倫理性の強調そのものは、本質的にはたしかに時代をこえた問題であるとしても、ことさら徳川時代にそれが顕著な運動として盛りあがったのは、所詮「封建制の要求する生活の粛正、生活の軌道化」[21]に無意識のうちで対応したからにすぎず、近代化とはむしろ逆行するものでしかないとする意見もあろう。これに対して近代仏教の歴史的な現象形態がただちに仏教の近代化を意味しないとするならば、近代化という問題そのものが仏教にとって、とりわけ現代的な課題だというべきかもしれない。しかし、それにしてもなお慈雲の提起した問題は、やはりここでも例外者の地位に甘んじているかのようである。それだけに、いますこし別の角度からこの問題に光をあてることが必要なのかもしれない。

いうまでもなく慈雲における倫理性の強調は、もともと近世の戒律運動と軌を一にしていた。かれはこの復古主義運動の集大成者なのであって、たとえば『十善法語』の成立にしても、のちに触れるごとくこの戒律復興の系譜と無関係ではありえなかったのである。近世初頭に、槇尾山の明忍俊正律師の自誓受戒に端を発した戒律復興運動は、やがて真言の系統でも良永賢俊（一五八五～一六四七）の高野真別処、真政円忍（一六〇九～七七）の神鳳寺、浄厳覚彦（一六三九～一七〇二）の霊雲寺、慈忍慧猛の野中寺などを律院として開創せしめる結果になった。そしてさらに天台宗系統では慈山妙立（一六三七～九〇）や霊空光謙（一六五二～一七三九）による安楽律、日蓮宗系統に元政日政（一六二三～六八）の法華律、浄土宗西山派では慈空性憲（一六四六～一七一九）の真宗院とか、湛慧信培（一六七五～一七四七）の長時院などが、それぞれ僧坊をかまえて如法の律儀を復興しようとしたのであった。ところがこうして各宗にわたった戒律運動が、なぜか禅宗と浄土真宗にはほとんど直接の影響を与えなかったということは従来あまり注目されていなかったように思う。むろん真宗の場合には宗門のあり方からいってとうぜんだといえばそれまでであるが、禅宗、ことに臨済禅ではどうしてなのか、これはもっとよく検討すべき問題ではなかろうか。簡単にいってしまえば、禅の立場からは参禅のほかにことさら戒律を強調すべき必然性が出てこないことは、あたかも念仏に徹しきる以外のいかなる雑行も認めようとしない立場に近いということであろう。さきの戒律運動が宗教における倫理性を強調したのに対して、もしこれら二宗門のうちにおなじ質の問題を求めるとすれば、おそらくはそれぞれの立場で宗教性を純化し徹底するということになるのではあるまいか。

禅であればたとえば只管打坐というか、端的に禅そのものの徹底をはかることのほかに別の修行を要せず、念仏なれば一向に念仏申すことのほかに何一つとして強調すべきものをもたない。いずれの場合にも、純一無雑に専念してゆく宗教的な実践方法を確立するとともに、その実践のうちで宗教生活と現実生活とがいわば一枚になっているが、これに対して、さきの諸宗では多少とも宗教的な実践と現実の生活とがまったく一つだといいきれないものが残っているのではあるまいか。たとえば真言宗において、ごく一般的にいって現実生活のうちにまるごと融けこんでいくような実践方法をもちあわせていたといえるであろうか。たとえ教理のうえで即事而真、当相即道が説かれたとしても、それはあくまで現実生活を宗教生活のうちに摂取し向上せしめるにとどまって、逆に宗教生活から現実の生活のうちに展開してゆく面がよわい、理論的にはたしかに仏凡一体、真俗不二ということができても、現実問題としてはやはり出家と在家、修法と日常生活という形式のあいだに、どこか越えがたい間隙があったのではなかろうか。そしてこうした宗教生活と現実生活との端的な一致、不一致という問題がそのまま戒律とか道徳生活の問題にも投影せずにはおかないことが解るとき、あくまで禅や念仏のうちには戒律運動が興らず、真言、天台その他にそれが興らざるをえなかった理由もおのずと明白になってくる。なぜなら、この運動そのものが究極的には真正修行事、すなわち宗教性そのものの浄化と徹底をめざすものにほかならず、かかる宗教性の純一化を、いわばその形式の側面から強調したものであった。

ところが、ほぼおなじ宗教性浄化の関心から出発したこれら二つの傾向が、それぞれの仏教教団に対するとき、その反応は大きく違ってくる。一方は教団のうちにあってどこまでも宗教性の浄化をはかることとなり、いやとも教団はその対処に迫られるであろうし、他方、倫理性の強調はその影響がおおく教団の内外にかかわらない超宗派的な規模にわたる。周知のとおり、ただ天台の安楽律を除いては戒律運動が教団じしんの大きな問題となることもなかったのである。こうした歴史的な事実を、たとえば白隠の禅における、また清沢満之の真宗における甚大なる影響力と対比する試みは興味深い問題であるばかりか、おそらくは現代において、仏教の近代化の問題を根本的に検討し直すという場合には不可避の問題ではないかと思われる。それはともあれ、戒律運動の特質は本来それが超宗派的な見地から仏教のあるべき姿を根本的に問題にしたというところにあり、慈雲の主張もむろんおなじ関心に由来したものであったが、かかる超宗派性がとりも直さずこの運動の長所でもあり短所ともなりえたという事実だけは、まずここで確認されてよかろう。

たしかに慈雲の場合、いわゆる「宗旨がたまり、祖師びいき」とか「わが家の仏のみ尊し」[22]とする宗派的偏狭性の打破が、ただちに根本仏教への志向と結びついていたことは疑いえない。ところが、まさにその宗派性の超克が、たとえば真言宗諸教団との乖離をもたらし、とうぜんのことながら一種の異端的存在にまで導き、やがてはかれにおける密教理解の問題も、わずかな例外はあるにせよ真言教学のうえでほとんど顧みられないという結果を生むにいたったともいえるし、さらには通仏教的な正法思想と真言密教、正法と正律、あるいは倫理性と宗教性といった二元性のもとにかれの宗教が把握される傾向とも深く繋がっていたのである。

しかしもし二元的な対立契機を認めるときは、いきおいかれを形式的な、いわゆる戒律主義者とするのほかなく、往々にして近世の戒律運動を形式主義的な小乗戒復興の運動と規定する見解と同一の結論に導かれることになるであろう。ところが少なくとも慈雲の場合、かかる分裂契機を認めるかぎりはかれの宗教の根底にあるものを看却するほかはなかろう。なぜなら、のちほど検討されるとおり、かれの宗教があくまでも密教的なものであって、その超宗派性も抱擁性もつまりは密教固有の性格と基本的には一致しており、倫理性と宗教性の根源的な統一ということもそこからのみ説明しうるものであった（とはいえ、かかる密教理解がはたして伝統的な教学の歴史のなかにどう位置づけられうるものであるかはやはり問題であろうが）。

とにかくかれの宗教は徹頭徹尾、密教的な基盤を離れず、またその全思想は密教の根本的理解なくして成立したものではありえなかったといっても過言ではない。そうした問題を集約的なかたちでわれわれに示すのが例の大梅禅師（一六八二～一七五七）との出逢いであった。慈雲は二十四歳のとき晋住したばかりの法楽寺を捨てて信州の正安寺、大梅法瑛の会下に参じ、居ること一年有半にしてそこを辞したのであるが、のちに「大梅禅師とは見処が大に齟齬した[23]」と述懐するとおり、大梅の禅を素直に受け容れることができずに終わった。この見解の違いを、おおくは曹洞禅に対する如来禅とか、「禅者」に対する「律者」として説明するもののようであるが、その解釈もいちおうは当たっている。しかしさらに検討を加えるときは、どうしてもかれの密教観にまで立ち返って把握する必要があろう。かれは「禅者」の禅をも受け容れつつも、そこにとどまりえずして、その原本的なあり方としての如来禅にまで還ってゆき、さらに密教の修行観からみても禅定中心主義の立場を包みながら、おのずとその一面性に問題を感ぜずにはいられなかったのである。そこでまた見所の相違を語る一方、「法に力を得たる因縁[24]」といって禅師に謝意を表することも、かれは忘れなかった。まえにはこの問題を消極的にも「教者・律者に加えて、ここでは禅者に対してもまた絶縁状が申し渡された」(25)ものだと解釈したことがあるが、これもいちおうの解釈としてのみ正しい。なぜなら教・律・禅のそれぞれの立場への袂別は、そのままかれじしんの自己批判の遂行であるとともに、これらのすべてをいわば包越するところのきわめて積極的、能動的なものがかれのうちで自覚的に形成される過程でもあった。そして、この自己否定のきわみに顕われた絶対肯定の立場、これこそかれの宗教の端的を如実に示すもの、すなわち純粋に密教的なるものの開顕であったとみなければならず、このところから、あらためて律者、教者、禅者のあり方がすべて本来の意義に覚醒めた、本来あるべき姿として見直されてくるのである。

あえていうならば身・語・意の三業相応するところに仏者の真実の姿があるとするものであり、そこでは仏者の三業すべてが「直に法性の顕はれた姿」(26)なるがゆえに、山河大地をはじめわれわれの一切の事業作善も一切の語言文章も、もともと仏作仏業にかかわりなきものは何一つないこととなる。つまりは「縁ノある処は此ノ法のある処、法のある処は我カ得道のある処」(27)というのがかれの宗教のすべてであり、これは後述するごとくかれの密教観と根底においてあくまで不二一体のものであった。そして、かれの宗教がかかるものとして自覚されたのとまったく時をおなじくして「とても世間同道唱和の人もあるまい」(28)という断腸の想いがかれの口から洩れざるをえなかったのであるが、かかる悲嘆の底を潜ぐることによって初めてかれの「正法律」の法幢が樹立されるにいたった、という事実もまた看過しがたいところである。

しかしそれにしても、かれの提唱した仏教の根本的改造の理想はやはり旧套を脱せず、のちの福田行誡とか釈雲照などにおける出家主義と同一線上にあったことは疑うべくもない。『諸宗之意得』結尾の文章はそれを鮮やかに映したものであるが、そこには「若シ出格上根の人の諸宗の巣窟を解脱し、世人の毀誉を省みず、直に仏在世の如き僧となり、文殊・弥勒・大迦葉・阿難などの如き妙行を修して、真正法を維持し、人天の大導師となる人あらば、予その人のくつを頂戴して奉仕したく思ふなり」[29]と記される。これをもしほんとうの仏教改革をかれが後人に期した感懐とみなすときは、日本仏教の変革は、かれの期待とはむしろ逆に、出家仏教から在家仏教への転換のうちに実現されようとしていることとなる。ところが、慈雲の唱導にかかる十善思想は本来、出家と在家をおし束ねて仏教の「あるべきやうわ」を問題にしていたことも否定できない。それは畢竟じて「三帰十善」を離れて真の仏道は成立しないという確信に基づくものであったが、それはげんになお在家仏教の指針たるのみならず、真に仏教精神を発露せしめる道として意義深いものといわねばならない。しかもそのうえ、従来の師資相承における口授のたてまえを破ってひろく一般に開放し、一流一派相伝の私物化を否定するという態度から『十善法語』の筆録公表に踏みきった、かれの決断はたかく評価されてよかろう。ここに在家仏教へのなみなみならぬ配慮と熱意が窺えるというもので、どこまでも菩薩の大悲行願を理想とするかれの実践態度をよく物語っている。ましてその法語の説くところ「宏特にしてただ十善のみにあらず、大小権実、真俗二諦、開闡して余蘊なし。尊者つねにいう、我を知り我を罪するものは、それ十善法語か」[30]とは、諦濡の『正法律興復大和上光尊者伝』(以下『略伝』という)にみえる一節であった。

さらにいうならばここに十善思想というのも、ただに超俗的な禁欲主義のみに尽くすことのできない、豊かな人間性の把握とその根源にまで達する宗教的識見がかれの全人格をとおして滲みでたものにほかならない。それを、在家仏教のうちにあってそれを超え、世俗の人間をこえつつその根底から包みこむような教え、すなわち「人となるべき道」として、かれは提示したのであったが、その底にはあくまで人間性を肯定する人間尊重の理念が輝いていたのである。もしそれを人間倫理の問題とみるならば、かれの倫理観は伊藤仁斎のそれにもっとも近かったであろうし、仏教・儒教・神道をすべて人倫の道として把握した富永仲基の見識とも一脈通ずるところがあった。ただ慈雲はこれら思想家たちの主張を仏教の根本思想と対決させながらもすべて包摂しうると考えていたのである。たとえば「菩薩の行願、一切の総願別願を摂して此の法界に帰す。此のみならず世間の儒道百家までも此の阿字に帰するなり」[31]とて、真言の法門のうちに儒教、諸子百家の教えがすべて帰入せずにはおかないとし、また十善道においては「一切道として仏法ならざるなく」[32]、世俗の教説、何一つとして捨つべきものがないともいう。のみならず、かかる諸教説を媒介としての破邪顕正、つまりは仏教の真理を開顕してゆく態度こそ仏教者、わけても「教者」本来のあり方なのだと、かれは了解していたようである。そしてこのようなかれの態度が、たとえば『十善法語』の中で幾多の近世思想家たちの所見を抜本的に検討させるにいたったとともに、ほかならぬかれ自身の思想を、ほぼ同時代の諸学者のそれにいちじるしく接近、密着せしめるという結果をも招いたのであった。かくのごとく人間性や倫理性をとりわけ重視する十善思想は、もともと往時の思想家たちとの学問的交渉ときわめて緊密に関係していたといわなければならない。あるいはそれを民衆の立場への接近と解することもできようが、それ以上に慈雲の念頭には、当時おおくは排仏的な傾向をもつ知識人層とか思想界に対して、仏教の根本思想をどのように説明すればよいか、という問題意識がたえず去来していたとみるべきであろう。

さきに「民衆のための熱烈な啓蒙的精神」と称されたのも、おそらくこうした慈雲の関心を指すものであろうが、その民衆性をもし良寛のような立場と同一視すれば問題の本質を誤ることになりかねない。まして『十善法語』の内容にわたるときは、とくに『尊者法語集』の諸篇との対応いちじるしく、年来久しくあるときは上堂示衆、またあるときは受戒や布薩会の説示、あるいは生駒雙龍庵、高井田の長栄寺、あるいは大徳寺などにおいて機会あるごとに、大衆すなわち修行者たちに提撕したところの法語とほぼ同質のものであって、いわば慈雲における『正法眼蔵』とも称すべき性質のものであったことは注目される必要があろう。もとよりかれの接得は懇切をきわめ、すこぶる温厚篤実なること、あたかも仁斎の『童子問』におけると同様であったが、かかる学者、修行者に対する態度がそのままこの法語のうちによく表われている、まさに「憶念」すべきことではあるまいか。ともあれ、このようにみてくるとき、かれの倫理性の強調という特質はたしかに根本仏教の理想に立ちかえれという、かれの根本精神に根ざすものではあったが、あくまで同時代の思想的風潮に棹さすものであり、一般の在家人、とりわけ知識層に対する啓蒙というかれの関心と無関係でなかったことが知られる。すなわち、かれもまたすぐれて「時代の子」であったわけである。しかもそのおなじ理由から、真言密教の教えもまた閉ざされた僧侶の学問という旧殻を破って、あらたに開かれた真理として明るみに姿を顕わしえたはずであるが、はたして事態はどうであったか。それがつぎに検討すべきかれの密教把握という問題でなくてはならない。

二　慈雲における密教の理解

じつのところ、慈雲が密教をどのように把握していたかという問題は必ずしも明確ではない。たとえば、『慈雲全集』に集録されている文献の量からいっても、密教に関するものは、戒律や十善法語の関係のものに比べてはるかに少なく、また内容的にも『両部曼荼羅随聞記』（以下『曼荼羅記』とする）を除くと、本格的な密教論書を見出すことはほとんど不可能である。ただ断片的なしかたで密教の根本問題に触れた若干の文章が残っているところから、われわれはほぼその大意を知りうるというにすぎない。しかし、そのことがすでにかれの密教観を如実に示しているのかもしれない。すでに述べたごとく教学上の諸問題について「穿鑿に過ぎる」ことを嫌い自由な態度をとったかれは、その最終的な基準を「事相を離れて教相なく、教相を離れて事相なし、事相に違ふ教相は妄義なり、教相を謬る事相は妄伝なり、何者、一々の事相の上の理を説く、即是レ教相なり、故に当相即道と云ヒ、即事而真と云フ、是ノ故に事教一致にして密義を尽すべし[33]」とする立場に求めた。のみならず「八祖相承の教相は此ノ曼荼羅に有るなり、其ノ外は唯是レ法門の荘厳なり[34]」とも説いている。このようにかれが教相の問題に触れるときはたえず曼荼羅を背景にしているということは注意すべきであろう。かれはまた密教の真意をえずして徒らに顕教密教の差別に執することを極力誡めたのであるが、それも結局はこの曼荼羅の体であるところの「阿字本不生」を正しく会得することにかかっているという。

そして「近世其ノ本不生を談ず、多クは痛快ならず、何トナレバ、縁起を嫌て別に本有を説くが故に、却て外道の常見に堕して、密教の深義を失するに至る[35]」とか「今時ノ真言宗、自性六大等ノ説、多くハ是レ外道ノ見解ナリ、配釈ヲ法門トなし、実ニ実相縁起と相違セリ[36]」といった批判をくだす。いいかえるならば、密教の理論は実修と体験に基づいたもので、その根底を究めずして徒らに空理空論にわたれば、それはもはや密教ではない。曼荼羅や阿字本不生とは、かかる実修と体験の拠りどころであり、それ以外のいわゆる密教の理論的研究はすべて「法門の荘厳」たるにすぎず、密教の真意を会得するためには必ずしも必要不可欠のものではないというのである。その意味では、かれが教理的な研究書を残さなかった態度もたしかに首肯できる。そしてほぼおなじ理由からであろう、かれが密教に言及した文章のおおくが初心者に寄せたものであることも注意する必要がある。たとえば問題が教理の内容にわたるときは、しばしば密教の阿闍梨に問えといって話を打ちきっており、かれみずから阿闍梨として密教を講じたのは事相関係の若干のものを除けば、ほとんど『理趣経』と両部曼荼羅だけということにもなる。したがって、ここでも初心者向きの文章を中心に、かれの密教観の特色を知ることに心懸けたいと思う。

いまここに、ごく短い『真言宗安心』という年代不詳の仮名法語がある。これは「真言宗には如何に安心仕るべきや[37]」と問われて慈雲が解答を与えたものであるが、たぶん質問者が禅関係の人であったためであろうか、禅宗と真言宗の対比から始まっている。そしてその内容はむしろ題名とは相応せず、密教とはいかなる宗旨なのか、真言宗の説く教えはどんなものであるかを簡潔に述べたものといえる。しかるにこれを『真言宗安心全書』に載せるときは「宗意安心篇」の中に収めてある。[38] つまり真言宗安心の論書とみたわけであろうが、この編者の処置は内容的にみていかがなものであろうか、いささか疑問の余地もあろうかと思われる。もちろん編者の見識は、慈雲の法語も含めて従来顧みられることの少なかった密教系の仮名法語類を編集して、真言宗の祖師たちが自分の宗旨をどのようなものとして会得したか、という体験的把握の生きた実際をわれわれに提示したところにあった。かかる生きた密教理解をひろく真言宗の安心と呼べば、そうも呼べるが、しかし教学にいわゆる密宗安心の問題とはかなり性格的に違った分子が含まれてこざるをえないのではなかろうか。もし端的に安心というときは、慈雲のごとく文殊五字陀羅尼の頌を引いて「或ハ起シテ二於一念一ヲ、言二ハ、我ハ是レ凡夫一ナリト、同レシ謗スル二三世ノ仏一ヲ、法ノ中ニ結二スト重罪一ヲ文即是レ真言行者の安心なり[39]」と記すべきであろうか。ともあれ、これら法語類を正当に評価するだけの場所が、いまだに教学の中に許されていないことは、つまり教学がかかる体験的理解あるいは主体的な密教解釈をそれほど重視しないということであろうか。そのことはいわゆる「真言密教の根本義」を文字どおりほんとうに根本的に検討させなかった理由と無関係でないのかもしれないが、慈雲の指摘した「外道の見解」はそのまま現代の密教のうちにも横行しているように思われてならないのである。

ところで『真言宗安心[40]』は二つの主題「即身成仏の宗」と「万善具足の法門」をめぐって論述されるが、その文脈はつぎのとおりである。

(1)「禅宗と真言宗とを向上の宗旨とす」として、まずは禅と真言の成仏観が比較される。

(2)「今日世間の相みな真言宗の法門となり来ル」という観点から「万善具足の法門」の輪廓が説かれる。

i「一切の善事みな仏事ならずと云フことなし」

ii「病患、貧苦も法門となる」

iii「その余一切の事業みな仏道に入るの門ならざることなし」

(3)結語、「宿福の人この宗に入るべし、この法門に入るべし。凡ソ真言宗は即身成仏の宗、万善具足の法と知るべし」と。

まず「即身成仏」という問題が前半(1)の主題であることはいうまでもなかろう。そこで禅宗との対比がなされるが、それは両者がともに「向上の宗旨」であるからだという。いったいこれはどういう意味であろうか。もし向上の宗旨とか上転門ということが強調されるならば、教理的には本来の密教ではなくむしろ顕教の分斉となるのではないか。慈雲じしんもこれについては『曼荼羅記』に「顕教は皆是レ上転門（向上門）にして捨劣得勝、転迷開悟す、故に猶微細妄執を存せり[41]」といい、これに対して「秘密は当相即道、即事而真の故に、即ち是レ上転下転、非上非下転門なり[42]」と説明を加えているではないか。しかもそれをなぜ向上の宗旨といったのか、いちおう説明を要する問題である。むろん、おなじ『曼荼羅記』には「法華の如きは正直ニシテ捨二テ方便一ヲ、但説二ク無上道一ヲとあれども、密教には方便ヲ為二ル究竟一トなり[43]」として二種の方便をあげ、「一には向上方便、謂く上求二ル菩提一ヲ是なり、故に進修の方便と云フ。二には向下方便、謂く下化二スル衆生一ヲ是なり、故に利物の方便と云フ[44]」と説いている。この進修の方便とか向上の方便と称される上求菩提の一面をおさえて向上の宗旨ということはなるほど可能であるが、しかし慈雲の場合、単にそれだけの教理的な解説にすぎなかったのか。他の文献をみると「諸宗には坐禅の規則もなし、但真言宗・禅宗に残りたり[45]」とあり、また「現生に曼荼羅海会を拝見せんとならば、阿字観に如くはなし[46]」ともいう。かれこれ対照して、では真言宗の坐禅は阿字観にとどめをさすというのであろうか。

たしかにかれは青年時代に阿字観に没頭して寝食を忘れたほどであったが、それは何故であったか。かれはある箇所で「今時の真言宗ハ仏祖ノ命脈、嫡々相承ス、依行シテ解脱を得べシヤ(47)」と設問したことがあるが、それは「解脱ヲ得ントおもはば則ち禅那ノ一門ニあり(48)」という見解に対するものであった。あらためていうまでもなく、向上の宗旨とはこの解脱をえる法門ということにほかならず、「禅定を修して生死を決択する、沙門の本命元辰なり、更に余事なし(49)」というものである。しかし「今時の宗とするところ皆解脱の正因にあらず(50)」の一文はさきにも引用したとおりとすると、かれのいわゆる「真正修行事」とか「心地の修行」とはいったいどのようなものを指すのか。その消息を伝えるものは少ないが、京都阿弥陀寺の面影はわずかに慧琳尼が『十善戒法語の縁起』の中に書きとめておいた。それによると平常「大かたはかべに向(51)」かって坐禅していたとあるし、また『枝末規縄』では「行住坐臥常爾一心は四分律の明誡なり、行道に賢聖黙然は有部の正誥なり、初心は生死の恐畏すべきを思ひ、已達は実相智印を憶念する、行住坐臥の間、怠慢あるべからず(52)」とも記されていた。

そしてさらにかれの親しく指導した愚黙親證（一七二八〜五一）の画讃には「長坐して日を終へ至要にあらざれば言はず、結跏して暁に達し兀として木頭のごとし、趙州栢樹子の話を見て省あり、諸方の浅深ことごとく掌握に帰す(53)」とあって、やや具体的な姿を偲びうるのであるが、どうやらかれが禅那の究極の手段としたのは、この愛弟子に対するごとき、あくまで「一箇半箇を打出する」底の禅であったことが知られるのである。しかしここにいたると、かれのいう禅定や心地の修行は実質的にはもはや密教的ということもできなくなるのではあるまいか。

その意味でも、つぎに禅宗と真言宗の相違が問題にされねばならない。かれは「禅宗は即心即仏と云ヒ、真言宗には即身成仏と云フ、此の心の成仏と身の成仏との別を詳かにすべし(54)」という。まず「即心即仏と云フは我カ心を悟り了れば是レそのまま即ち仏と云フ意なり、其レ故遥に十万億土の外に仏を求めざるなり、且く余宗よりは超過せるに似たり[55]」と、これに対して「真言宗に即身成仏と云フは、此ノ膿血の出る肉身、飲食を与へて養ふ肉血のかたまりに、功徳具足無上尊の仏身を顕すなり[56]」、そのゆえに「別に大日如来を礼し釈迦如来を礼するも、外に向て求むるに非ず、其ノ意は、此ノ身此ノまゝ直に仏となるべし。万善具足の法なり、即身成仏の宗なり[57]」と説くのであった。はたして禅宗の立場が即心即仏ということのうちに尽くされるものかどうかは問わないまでも、何故に即心即仏よりも即身成仏がすぐれているといえるのか、これはゆゆしき大問題でもある。

たしかに禅者にあっては悟りとか見性が一つの眼目となるものである。慈雲はこれを「唯見性を論じて禅定智慧を論ぜぬ、此を仏世賢聖在世に照せば三帰相応の慧ニシテ入道の初基じや[58]」と評していたが、いまいちど密教の立場からいい直すと「禅家等の転迷開悟の修行は皆是レ大円鏡智の摂なり、設ひ豁然大悟と云フと雖、猶是レ東方の三昧なり[59]」ということになってくる。すなわち、それは五智（大円鏡智、平等性智、妙観察智、成所作智、法界体性智）のうちでは初入の大円鏡智に配されるにとどまって、五智を究め尽くして円成せず、まして「功徳具足無上尊の仏身を顕す[60]」ものとはみなされない。密教的には、この転迷開悟の修行をはじめとして「布施等の一切福徳門」、「読経等の一切智慧門」、「礼拝等の一切事業門[61]」それぞれの修行が円満成就するところで五智円成、真の成仏が成りたつ、そのかぎり「三乗となく一乗となく、皆是レ従顕入密せずして成仏すること」なしとするのが密教「決定の説[62]」だというのである。こうした見解は、たとえば権田雷斧師の『密教奥義』（丙午出版社、一九二〇年）などにもみえているが、その一例をもってしてもすでに「即心」の成仏と「即身」の成仏という対比そのものがきわめて密教的な見方であったことを証明している。とすると、この対比の背景にはとうぜん六大とか三密の思想が浮かびあがってこざるをえなくなる。

ここでは六大に関して『三昧耶戒和釈』にみえる慈雲の見解を調べてみよう。むろん「三昧耶」とはまず平等の義であって「諸仏と我と衆生、此三無差別」という根本真理を、密教固有のしかたで開顕するところに六大体大の説が成りたつというものである。すなわち「平等とは、諸仏と我と衆生と、此の三種一体にして全く差別なしと悟る也。ゆゑいかんとなれば諸仏も地水火風空識の六大を体とし、我も此の六を体とし、一切衆生も此の六を体とす。少しきも増減なきが故に平等と云フなり。謂く人の身中に骨と肉とは地大なり、血のうるほひ汗の流るるなどは水大なり、温かなるは火大なり、出入の息又手足の動きはたらくは風大なり、地水火風の四の物和合して、一身の内にあつまり居るは、空大之無碍の徳なり、眼に色を見、耳に声を聞き、或は苦を知り楽を知り、善と思ひ悪と思ふは、是れ識大とて、心の徳なり。一切の物此の六つを具せずと云フことなし、故に平等と云フなり[63]」。かくしてまさに六大無礙常瑜伽なるをもって仏凡一体の理が顕わされるのであるが、それで仏といい、凡夫というのは何を指すのであるか。

「然れば諸仏菩薩も我も一切衆生も、もとは一体にして、へだてなけれども、此の六大の本来清浄の理に迷うて、一念差別の心起りて、次第に広く妄念をかさね、悪業を作りて、六道流転の凡夫と成り。此の本来清浄の理をさとりて、心の外に別の境界なし、一切の諸法は本より生ぜず、今また滅することなしと悟りて、種々の妄念を起さず、平等の一心に立ちかへるを、仏とは云フなり[64]」と。かかる本来平等即「三昧耶」の義によって仏凡一如、心身不二の真理を説くがゆえに「元来真言宗は不転肉身の宗にて、此の有り状《すがた》を改めずして成仏すべきなり[65]」といわれるのであった。もちろん教理的にはかかる「即身成仏」観を指して理具の成仏と呼び、かく「平等の一心」に立ちかえるべく加持の成仏、そして仏凡一体を現証するところの顕得の成仏と三段に分けて説くことはいうまでもないが、この三段説を用いず、慈雲がもっぱら不転肉身「この身このまま直に仏」を説いたことは注意されてよかろう。ここに僧侶の学問や教学とはおのずと異なった視角が現われているからである。

しかしかかる宗義問題とは別に、かれが禅宗をどう把握していたかということも検討されねばなるまい。紫野碧玉庵、嶺南座元宗黙との問答（同前）はその消息をよく伝えている。たとえば「禅者の機発は千仏未出世の先に立て千仏未成の道を成ず、爰に至つて釈迦多宝も我が同朋侶なり[66]」とか、「諸仏は五蘊皆空と説き給ふ、色はこれ現今五尺の形骸なり、受想行識は現今の思慮分別なり、教外別伝不立文字、無量の法蔵爰に具足して他に求むべからず[67]」といった文面のうちにも、かれの禅理解の一端を窺うことはできる。と同時に、そこにはあくまで慈雲の禅というか、機鋒を押し包んで温厚篤実、戒・定・慧相応のいわば如来禅とも称すべき風格がきわめて顕著であることも看過できない。それはおそらく「法でなくんば一足も行くまいと思ひ、法でなくんば一言も言ふまいと思ひ、法でないことは聞くまいと思ひ、法でなくんば見まいと思ひ、一切皆悉く法に帰して、其上一回超脱する時節を憶念してくるがよい[68]」という、かれの説示となんら変わることのない文字どおり如法禅と称すべきものであろうし、それゆえに、またいささかも菩薩の戒行を離れず「釈迦多宝と相朋うて菩薩の位に居す[69]」る底の菩薩禅といってよかろう。かれの著名な法語にはつぎの語もみえている、「一切衆生は本来涅槃の姿なり、一切山河大地草木叢林は本来菩提の体なり。此を無所住の心と名く。行んと要せば即行けよ、坐せんと要せば即坐せよ。行は即如来の行、坐は即是如来の坐なり[70]」。要するに如法如律という一家言が貫きとおされるところに、かれの禅の特色がある。そしてかかる特色がおのずと当相即道、即事而真の徹底した体得ということに繋がっていたとすれば、あるいは、かれの禅の特色を密教的ということもできるのではなかろうか。

それに対して『十善法語』（第四）の一節は逆にかれの密教観の底に禅的なものが流れていたことを証拠づける

一例ともいえる。「密教の中に、大日如来を讃嘆して身口意業偏虚空とある。此は誰も覚エて居る偈で、宗旨には家の解しやうも有ルべきじやが、其ノ宗義は且く置け、正意はかうじや。自性法界は元来頑空無相ではない。身業が直に法性のあらはれた姿じや、法性が縁起すれば、等虚空界微妙の色身となり来るぞ。口業が直に法性のあらはれた姿じや、法性が縁起すれば、等虚空界微妙の音声語言となり来るぞ。意業が直に法性の顕ハれた姿じや、法性が縁起すれば、等虚空界微妙の思惟了別となり来るぞ、此ノ一切時一切処に隠し得ぬ場処を法性の如来と云フ。外に向ウて求ムることではない、今日衆生の本性あり通りを、取リも直さず法性の如来じや。本性と云へば名相に渉ルに由て、雲のあなたの事と聞クであらふ。さうでない、今日現前の一念心に相違なきじや[71]」と。ここで「宗義はしばらくおいて、正意はこうじや」と断じてはばからず、法性の如来をじきに「今日衆生の本性あり通り」、いなむしろ「今日現前の一念心」と抑えるあたり、真言の教相、教学に拘泥しない無礙自在なかれの活作略をまのあたりに見ることができる。なおまたこの「現今の一念心」は、『法語集』において「自己の一念」「一霊覚心」「自性法界清浄妙心」さらには「仏心」などと呼ばれて随処に説示されたものであるが、それを要するに「汝等人々持合せの現今の一念心が、本来生死煩悩を解脱し、本来諸仏の智慧徳相を具足し了つたものじや。それじやになぜに迷て居ることぞ、なぜに悟を求て居ることぞ[72]」、もし「現今の一念心元来一微塵も蹤跡の無いことを憶念[73]」すれば「我相の起される者か、貪瞋痴に随順のせられる者か。一切の生死無明煩悩は此ノ中に解脱し、一切の禅定智慧徳相は此ノ中に具足し、一切衆生は此ノ中に済度し、一切の三聚戒随順行、乃至満分具足戒も、此ノ中に満足したものじや[74]」とある。もう一つ引用しておくと、「心と云へば即仏のこと、仏と云へば即衆生のこと、衆生と云へば即自心のこと、自心と云へば即目前の山河大地草木叢林のこと、天の高いこと、地の低いこと、頭の円いこと、足の方（四角）なことじや、喩へば頬と云ひ、つらと云ふ如く、別物ではない、面と云ひ顔と云ふ如く、眼と云ひ目と云ふ如きもので、何も別物ではない(75)」と説かれている。このくり返し懇切丁寧に提唱された「現今の一念心」はまた「直心」にほかならず、『十善法語』ではこの直心「是菩薩道場」ないし「十善是菩薩の道場(76)」と称されて十善思想の根底をなすものとなり、この直心の展開相がそのまま十善戒相と呼ばれるにいたるのであるが、密教的にはまさしくこの直心が、本来自性清浄であり自心の源底（浄菩提心）ということでなくてはならない。『大日経』の「云何菩提謂如実知自心(77)」も、「阿字本不生」もこれを措いてほかになく、『十住心論』に「秘密荘厳住心者、即是究竟覚知自心之源底、如実証悟自身之数量(78)」というのも別のことではありえなかった。むろんこれらについても「宗旨には家の解しやう」とか宗義があるではあろうが、「正法眼に看てくれば」この直心、「今日現前の一念心」のほかには説くべき一法とてなく、これを直きに「即身成仏の宗、万善具足の法門(79)」といってみても、慈雲にとっては本質上なんら変わるところがなかったのである。

つぎに考察すべき主題(2)も、じつは「今日現前の一念心」のうちに「万善具足」して闕けるところがないと説かれたとき、すでに含蓄されていた問題にすぎないが、その展開された姿を慈雲の説に従ってたどることにしよう。いまの主題を総括的に示すものが「今日世間の相みな真言宗の法門となり来ル(80)」という一節であり、このうちにすべての問題が尽きているともいえる。しかし現実世界の一切のあり方のうちに、当相を離れずにそのまま真言の教えに帰趨するところの門戸が開かれているとは、具体的にはどういうことであろうか。密教が当相即道とか即俗而真の教えだといわれる理由はいったいどこにあるというのか。

まず「父母に孝を尽し君に忠を尽すべし、是よりして一切善事みな仏事ならずと云フことなし(81)」という。あらためて『梵網経』を引くまでもなく「父母師僧三宝に孝順せよ、孝順は至道の法なり、孝を名けて戒とす(82)」というのは慈雲のもっとも根本的な信条であった。たとえば『人となる道　略語』にも「それ唯タ孝か、孝は万行の本なり」と説き「もし人父母に孝なれば、帝釈天王つねに汝が家に在す、大梵天王常に汝が家に在す、如来正徧知者つねに汝が家に在す[83]」と『父母恩重経』をうけたのち、さらに「此ノ人天命に順じて天福を享す、福を享して其こころ邪曲ならず、是を直心とす[84]」と誌していた。すなわち父母に孝行せよというのはなにも世俗倫理の一徳目だというのでもない、また孝とか孝順の道を徹底して踏み行うところに、おのずと直心が顕現するということでもない。かれはむしろ「実に父母と云ふは有難い者じゃ、有難い名じゃ。自己を糺明して廓然大悟する石ずへ柱だてじゃ[85]」と説くのであるが、それはどういうことか。人間はすでに「生れながらにして誰が教へずとも、父の敬畏すべきこと、母の親重すべきことは、知つて居るもの[86]」だが、そのことは本来「自身の法性が直に父母と顕れ」たもの、いいかえると「父母は即ち人々の法性の始めて現じた所の境界じゃ[87]」ということにほかならない。つまり「父母には法爾として孝心ある筈のもの[88]」であり、まさにそのゆえに「孝は万行の本」であるとするのが、かれの見解であった。それと同様、すべての善事はもとをただせば法爾として直心から出でた行為ならぬものはない。まして衆善奉行、諸悪莫作は仏教における根本教説にほかならない。かつて慈雲は「仏とは如何なる人ぞ」と問われて即座に「正人なり、善人なり[89]」と答えたことがあった。

そして「悪の害あるを知つて此を避けて作さず、善の利益あるを知つて此を修して厭はず、一事善を修すれば一事の善人なり、一日善を修すれば一日の善人なり、一生善を修すれば一生の善人なり[90]」といってもいる。もとより悪を避けて善を修することはそれ自体、道徳的な教えにすぎず、そのかぎりでは宗教的な意味をもちえない。もしかかる作善の行為が宗教的に意義をもちうるとすればいったいどうしてなのか、これはやがて『十善法語』の根本問題となるものでもあるが、ここではただ、作善を作善たらしめている「善根」に関するかれの意見をきくにとどめておきたい。「元来天地同根万物一躰、この心、涯際なければ善根も涯際なし、此の善根を福徳門とす。此の虚空の涯際なきに達し、此の心の涯際なきに達し、この善根の涯際なきに達するを真正の智慧門とす。此の智慧を以て世界を照らす、世人の悪をなして身心を苦しめ、災児孫に及び隣里郷党に及ぶを見て深重の慈悲心を生ず、これ大悲門なり。此の大智大悲身心に洞徹して余事なきを大定と名づく[91]」と。もはや明らかなごとく、かれは一切諸法を根源的にはただ善と悪との二法をもって総括し、「此の善悪二途を弁明せば仏あることを知るべし[92]」と端的に言表していたのである。こうした見地からみれば、法性の等流するところ、一一の善事すべて善根の顕われでないものとてなく、仏心の法爾自然なる働きならぬはない。仏もまた善人以外の何ものでもないことがおのずと諒解されてくるわけである。ではこの善根が直きに仏であるかといえば、むろんそうもいえない。「此の善根の積り積りて満足せる、一点の私なき、此の正道の満足せる、一点の邪曲なき、虚空界に偏満し衆生界にゆきわたりて尽未来際壊滅せざる、是れ仏の徳なり[93]」。しかしてこの「仏徳」、いいかえると「仏の無涯際の大慈悲」はただ「衆生の善根の多少浅深に応じて顕わる[94]」るものでしかないと説かれている。さらにいえば「仏の誕生を見奉るは我が善根心中に仏の慈悲の応ぜるなり、その御説法は我が善根一分の解了の中に仏大智の応ぜるなり、元来仏は此れ法を説くに非ず[95]」というところに、かれの根本的な見解があり、かつは禅者となりえずして、あくまでも密教者であった証拠も認めうるといわねばならない。ちなみにこの前後の引用は、主に親交の篤かった大和郡山の柳里恭すなわち柳沢淇園（一七〇四～五八）との問答によっており、その歿年（宝暦八年〈一七五八〉）から推して慈雲三十余歳の壮年期の思想内容を示すものとして興味深い文献でもあった。

それにしても、つぎの問題（2)のⅱ）は、ある意味でこの法語の核心をなすもっとも重要な部分でありながら、おなじ内容にわたる文献がほとんど見当たらないという厄介な箇所でもある。しかもそれが密教の特色を一番はっきりと表わす、いわゆる現世利益の問題に触れるだけに慈雲の真意をただす手段が断たれているのは遺憾にたえない。ともあれ、まずは「病ある身に薬師如来を念じ奉て利益を得る、此ノ病、真言宗の法門なり、貧窮なるに毘沙門天を供奉して其ノ利益を得る、此ノ貧苦、法に入るべき法門なり(96)」とある。すなわち病気や貧苦が直きにそのまま真言宗の教えに導くところの法門であるという。たしかに病気の治癒を薬師如来に祈願し、貧苦からのがれ富や財産をえようとして毘沙門天に供養する、こうした祈禱とか供養は真言の教えの大きな特色であった。それを一般に呪術的な現世利益と称して、甚だしきにいたっては密教はこの祈禱あるがために仏教でないとまでいわれるかと思うと、この祈禱法こそ密教のすべてであるとして、その誹謗の不当さをたえず真言家は論駁し続けている。たとえば「密教は内容としてはきわめて深遠な哲学をもつものであるが、その表現においては結局現世利益の範囲をこえない祈りの宗教である」（勝野隆信氏）というのはまだ穏便な方で、いわゆる加持祈禱の呪術性、非宗教性を弾劾するものにいたってはすこぶる多い。こうした問題だけにわれわれとしても慈雲の祈禱観が注目されるわけであるが、『十善法語』（第二）にはそれら加持祈禱の盛行は「近代の一類の弊儀(97)」にすぎず「真の密教修行の者は有為の福業は祈らぬ、巫祝の類とは大に違ふ(98)」と断を下している。むろん加持祈禱が単に近代のみの弊儀でないことは論ずるまでもないとして、「有為の福業」とは息災、増益、敬愛、調伏、鉤召など四種または五種の現世祈禱ということなのか、もしそうだとすれば、病気や貧苦がじきに真言の法門となるというさきほどの所説はどうなるのか。

また『人となる道』に説いていう「世に一類底下の者あり、富栄をうらやみ貧賤をうれへ、これによりて身心を労し、亦は資財を衰損す、或は身の楽をほしいままにし、心の欲を逞クし、みづから災害をまねき、亦は寿命を減少す。或は湿にふし風を侵し、みづから疾を発して諂《ヘツラヒ》を鬼神になす。或は孝養つとめず、忠義はげまずして、福縁を仏菩薩に請ず。或は非分に官職をもとめ、寿命をいのり眷属を祈り、財利をもとめ、日夜つねに忩々として、終に朽敗に帰す。経中に、これを憐ムべき衆生と名づくるなり。此ノ中あやまり解して、神祇功なく求請験《シルシ》なしと云フことなかれ、其ノ私なき者は、かならず神明の冥助をうく。又君父のためにいのり、国家のために求請する等、そのことはりあるべきなり[99]」とすると慈雲じしんがたしか安永八年（一七七九）、後桃園天皇の不予にあたり皇太后恭礼門院の依頼をうけて呪願したというのも、この君父のため国家のための求請というべきであったろうか。そしてまた、かれが旧来の呪術的信仰の基盤にはたして背を向けていたといえるのかどうか、いますこし慎重にこの法語の文脈を調べてみないことには、やはり十分なる判断を下せないようである。

かれの文章は「大凡祈誓するに心相深重なれば利益を得るなり、若し軽浮の心なれば其ノ利益なし[100]」と続く。きわめて常識的な意見であって、ただ浮薄な気持で祈っても利益はなく、また仏の加護もえられるものでないから、祈るという以上、心相深重ほんとうに心をこめて一心に祈誓せよというだけのことである。しかしこの場合、心相深重とか軽浮の心とあるのはいったいだれの心なのか、この点に一つの鍵があるかに思える。まず仏に祈ることを仏に帰依することと解するならば「誠信に仏に帰する者は」とかれは説いていう、「仏の外に自心なく、自心の外に仏なく、能帰の心が直に是レ所帰の仏宝じや[101]」と。かれの祈禱観はなによりもまずこの祈りの一心、もはや「仏の外に自心なく、自心の外に仏もない」祈願の当体そのものを核心として展開されているかにみえる。すなわち、真剣なる祈願は私じしんの祈りでこそあれ他人のものではない、まして祈禱師や巫祝のたぐいに依頼して済ませるものでもない。それが呪術的であるかどうかの詮索は論者にまかせて、ただここには専一にわれを忘れて祈る私と、私の心からなる祈りに感応するところの仏があるのみである。かくのごとき心相深重なる祈誓の一心にまで、私が立ち戻らされるとき、「能帰の心が直に是レ所帰の仏宝」にあらずして何というべきであろうか。また世間有相の悉地（祈願の成就）の当相を離れて出世間無相の大悉地（仏との瑜伽感応）がはたして別に存在するであろうか。その祈願の一心において、いわば私じしんの心奥にまで還源せしめられた私は、その還源のきわみ私じしんを超え出たもの、すなわち仏とじきに出逢っている。そこでは私の祈りを離れて仏なく、仏への祈願のほかに私というものもない。かかる祈りの究極相にあっては、もはや私の祈りはそのまま仏の祈りであり、おなじ祈りのうちに仏も私も不二一体となり、自心も仏も一如になっておなじ祈りのうちに生かされることとなる。その実際をたとえば「我等の浄心に仏日の影を宿どし、感応加持の境に入れば、如来の慈光に照らされて、自心仏を開顕するに至る」といい、それゆえに「密教は、有相無相、世間出世、内外、浅深の悉地を並べ得する道を明かし世間有相の加持祈禱の法門に即して無上真実の解脱を得せらるる道を示すものである」とか「世間有相の信仰より、万機を引いて高き霊的生活に導くを教の本旨とする」[102]（金山穆韶師）と教学上では説明したものではなかろうか。ただその場合、世間有相の信仰からさらに一段と高い霊的生活に導くというのか、それとも世俗の信仰の当相を離れず、端的にそのところに霊的生活の消息がありのまま歴然と開顕されていると説くのか、その辺は議論の分かれるところでもあり、教学上、本有・修生のごとき問題の存するところであろう。

ともあれ慈雲はすすんで「此ノ深重至誠を初として、一印一明を受持するに、一印一明、皆法界を尽して其の功徳成満する、是れ成仏の正因なり」[103]と書いている。一意専心ただひたすらに祈るところの祈願の一心を、こんどは深重至誠、すなわち至誠心といったのであろうが、至誠の心とはもとより浄菩提心の謂いにほかなるまい。単なる病気とか貧乏が機縁となって初入の門を開いた、仏への一途な祈願も、その祈ること自体のうちに雑念を払い、私意、私情の一切をおのずと霧散消失せしめるとき、直下に本来清浄なる本有の菩提心が現前し開顕するというのであろう。ほかならぬ私の祈りが「私の」というあり方をまったく超え「仏の」祈りと不二一体となるとき、なお私のうちに顕わになるものがあるとすれば、それはもはや私の心というべき性格のものでない。「私心」をこえた私ならぬ心、いわば本来私のうちにあって私をこえ仏と相応せる菩提心すなわち「仏心」でなくてはならないからである。このもはや「私なき者」の祈願の一念が深重とか至誠と名づけられた所以のものであろう。さすれば密教が祈禱とか祈願をあくまで重視する理由も、元来かかる菩提心の覚醒ないし発得、つまりは「自心仏の開顕」というところに力点がおかれていたためではなかろうか。それをもし有相とか無相、世間悉地や出世間悉地といった字義に拘泥するときには、世間有相の信仰と、ほんとうの内面的な霊的生活とがややもするとまるで別物扱いされたり、高下、浅深といった判定をうけかねないのであるが、本をただせば菩提心の当体にもともと高下とか浅深の別があるべき道理はなかろう。世間の信仰があくまで直きに「仏心」の顕われ、霊的生活がそのまま「仏心」の直証ということでなければならない。いわゆる即俗而真の真意もここにあったとみるべきであろう。もし密教が祈りの宗教といわれるとすれば、それは本来かかる意味においてでなければならない。

もとより慈雲も「此ノ深重至誠を初とし(104)」と断わっているごとく、菩提心の覚醒とか現前ということが祈願のすべてではない。それが密教の祈りである以上、一印一明をも授かって受持することがなくてはならぬというのである。注意すべきことにかれは仏の真言をうけることを、あたかも祈願の一心に印可をうけ、心決定の証可を授かるごとく考えていたようである。たとえば「菩提心の真言をうけて、先の菩提心を印可決定し(105)」と『三昧耶戒和釈』には記していた。本来たれしも具有せるはずの菩提心も、一念発起するところがなければ開顕せず、もし開顕したとしても護持の念が篤くないと所詮もとの木阿弥である。この菩提心を「退転し廃忘すまじき」ために、かつは信心堅固なること金剛不壊のごとくならしめるべく真言を授かり菩提心を印可決定するというのもたしかに卓見ではある。しかし「出世の真言、仏菩薩の真言を誦して、世間悉地、出世間悉地を成就するは、信ずべき事じや、なぜぞ、元来言句が法性等流じや、十善相応して人中の舌根を得る、（中略）此ノ舌根を以て自性加持の真言を受誦する、身印相応する、憶念相応する、身業は意業口業の如く、意業は口業身業の如く、口業は身業意業の如く、三密相応して、其ノ理速疾に顕ハるるじや[106]」とするところに慈雲の密教的な見解があった。まさしくそのゆえに、祈願の一心を離れずして三密相応し、「一印一明、皆法界を尽して其の功徳成満する[107]」と説くこともできたのである。

いいかえるならば真言の観誦と、本尊の印契と、本尊の憶念とが祈願のうちに総合されるとき、初めて我の功徳力と如来加持力、法界力のいわゆる「三力」をとり聚めてこの一心に功徳が成就し、悉地も円満するにいたる。これを措いてほかに仏の加持感応のあるべきなく、また別に「成仏の正因」を求めることもないと説くのが、密教本来のたてまえなのである。即身成仏ということも、本来かかる祈願の一心を離れず現成する底のものであり、万善具足の教えとてかかる祈願の実際に即して体現されるのほかはない。なぜなら一尊一仏の功徳といえどもじきに一門即普門、やがて曼荼羅海会の諸仏諸菩薩がひとしく累劫をかさねて聚集せる無量の福聚海に導き入らしめ、かつは如来無限の大慈悲の加被を蒙ることと畢竟別のことではない。かかる曼荼羅観を背景におけば「既に是れ万善具足の法なれば、他方の往生も妨げなし、西方（弥陀の浄土）も東方（阿閦の浄土）も我郷里方域の内なり、又是れ神通乗なれば十万億土も発意に即ち到るべし[108]」と説かれた理由もおのずから明瞭となるであろうが、さらに詳しくは密教の阿闍梨に問え、といった慈雲にならうべき領域にもはや属しているようである。

以上でいちおう密教的な祈りの構造を展望したものとして、たれしも疑問を感ずるのは、すでに至心に祈願するところに仏心の開顕があるならば、なぜそのうえに「一印一明」をも授かり、真言を誦し印契を結ばねばならないかという点であろう。少なくとも真言とは何かという問題をここで省略することはできない。さきほど慈雲は菩提心を印可決定するものが菩提心の真言であるとし、また法性等流、自性加持の真言とも語っていた。さらに『十善法語』（第四）では一般に呪術と称されるものの中にさえ世間を利益することがありうるとして、「総て世間にも出世間にも、名号と云フものは容易ならぬことじや[109]」と説いている。ことに「出世間の中は、仏菩薩の称号みな其ノ徳を表す。法性より等流し来て衆生の福縁となる。此ノ名有て衆庶その恥を知る、此ノ名有て庸人も其ノ行を勤ムる[110]」と仏名のもたらす心理的効果をあげたうえで「理を推して看よ、法爾加持の真言陀羅尼に其ノ徳の有ルべく、万徳円満の仏名、一乗微妙の経目に其ノ徳の有ルべく、音声言句に其ノ徳の備ハるべきことじや[111]」と畳みかけている。もとよりその徳を具える根本の理由はすべて「現今此ノ世間も、仏世尊の無漏大定の中に安住して在ルものじや、現今此ノ言音も諸仏の妙法蔵じや[112]」というところに求めるべきかもしれないが、それだけではむろん真言の説明にはなってこない。

そこで『教王経釈』をみると、真言とは国王が国土人民を安慰せんとして出す勅語のようなものだとある。さしずめ現代の憲法とでもいうところであろうか、「此ノ勅語一たび出ツれば上下貴賤みな違越することなし、万世におし通じて世をすくひ民を利益するなり[113]」と。そして「諸仏の真言も此ノおもむきなり、万国を利益し一切衆生を救ヒたまふのおもひ有て、一の真実言を示し給ふ[114]」と解説している。真言がかかる諸仏の本誓なればこそ「受持の者、近くは災をまぬかれ福聚をあつめ、遠くは妄執を断じて真実智を得る[115]」こともできたわけであるが、もっと大切な見解は「此ノ真言を明と云フは、諸仏の智慧光明の中より現ずる故に明と云フなり[116]」とするところに求めうるであろう。「真言不思議観誦除無明[117]」あるいは「妄執を断じて真実智を得る」と説く根拠はまさにこの「諸仏の智慧光明」でなくてはならない。この点をより的確に把握するには、かれの別の法語を参照すべきかもしれない。たとえば「三世諸仏は自身の異名なり、色声香味触法は自心の異名なり[118]」といわれ、それゆえに「毘盧遮那仏は自心に於て無上正覚を成ずる。阿弥陀仏は自心に於て極楽世界を建立する。観音勢至は自心に於て衆生を度する。自心とは何のことぞ。目前の山河大地ぞ、目前の山河大地は何の所にあるぞ、三世諸仏の身相の中にある。元来身心と一切諸法と平等々々にして、一異の相もなく、自他の相もなく優劣の相もない[119]」と説かれていたのである。諸仏の智慧光明とはもともとかかる意味における自心の源底から点ぜられた光明智慧にほかならなかったわけであり、そのゆえに真言観誦ということの重要な意義も明瞭になってくるというものである。慈雲もまた「肝要は、密教を奉持する者は観誦功を累ヌるに在る[120]」と語らざるをえなかった所以であろう。

ともあれ「此の如く病患貧苦も法門となれば、其ノ余一切の事業みな仏道に入るの門ならざることなし[121]」と説くにいたって、かれは「今日世間」の一切の相を包摂し尽くすのであった。たとえば家を建築するにあたり土地を択び、時日をえらぶなど、一般に迷信のごとく扱われるこれらの行為もいったん「此処に信を生ずれば、大地是レ法門なり、時日是レ法門なり[122]」という。また「密教事相の中には、種々の本尊、種々の壇法、世間所有の事、悉く此ノ法の中に説くじや[123]」とも記す。観点をかえていえば「人に生れて人たるの道に万徳具足の門を知る、谷の深きに不生不滅の仏身を見る、我カ耳鼻舌身の中に法の実相に達す[124]」ということでもあったが、もしこれら一切を要約するときは「二六時中生より死に至ルまで、法を得る時節じや、天文地理、一切人事、禽獣草木に至ルまで、みな全く法の当相じや、縁ノある処は此ノ法のある処、法のある処は我カ得道のある処じや[125]」というように極まる。密教の法門はかくのごとく一切の事象、すべての行為のうちに開かれ、あらゆる存在を機縁として余すところがない。がしかし、ただ信ずるもの、そして真に密教眼の開いたものにのみ、このことは当てはまる。もはやいうまでもなく自己本具の浄菩提心にめざめるときは、現実世界の諸相がそのままに本来清浄なる如実の相として現成し、事事物物の一一のうちにまったき真実が開顕して尽きることがない、これを称して当相即道、即事而真と説くところに真言の教えが成立していたのである。別の法語の中には、このところを指して「日月天にかかれども盲者は見ず。水鳥樹林皆法音を演フれども迷人は聞かず。心外に仏を求め、色外に道を修して重関より冥関に入る。大道は足下にあり、三摩地は鼻端より現ず[126]」ともあった。

かかる教えを真に奉持できる人あらば、まさに宿福善根の開発というべく、ただただ「宿福の人、此ノ宗に入るべし[127]」と歎じて、慈雲はこの法語を結んでいる。味わうべき一句は、この宿福の人のみあって真言の教えに出逢い、この法をほんとうに聴聞し信受できるというところにある。あらためてかれは説いていう「正法に逢ふことは甚だ難い、正法は優曇華の時に一度現ずるが如くじゃ、兎角、法に於て難遭難遇の心を生ぜねばならぬことじゃ、随分慇重の心がなければならぬことじゃ[128]」と。正法の端的、密教の本意またかくのごとく容易に出逢うことのできないものではなかったろうか。

顧みてこの法語は、文章も短く簡潔をきわめているが、慈雲の全人格をあげ、全思想を注ぎ尽くして初めて説きえたものであった。それゆえに煩をいとわず冗長な引用をかさねてしまったが、なお不十分の誹りは免がれえないであろう。ましてかれ独自の見解と密教の真義を判別するようなことは筆者の荷にすぎている。がしかし、この法語の中にかれのいう「密教の本意」が集約的なかたちで説かれていたことを疑うことはできない。密教の本意とか根本義ということもむろん相承の次第によって趣の変わるものであろうが、かかる相承問題を抜きにして考えたときにも、なおかれのこの透徹した密教理解から学ぶところは少なくないように思われる。たとえば密教がおおくの場合、秘教的（esoteric）とか神秘的（mystical）と呼ばれ、また不可思議な秘密の教え（Geheimlehre）と称されているようであるが、慈雲の密教観からは、かかる秘教的とか秘密教といった暗くて不透明な性格がまるで感じられなかった。かれの理解によると、密教とは本質的に開かれた宗教としてあくまで秘教的ではありえず、また不可思議なものといえば、それは結局「現今衆生の一念心」以外の何ものでもなかった。したがってもし密教をことさら神秘化し秘密の宗教たらしめるものがあるとすれば、それはむしろ密教に対する本質的な無理解によるというべきではなかろうか。あらためてかれの意見を徴するまでもなく、右にあげた訳語が不適切なことは注意深い研究者はもとより、密教者じしんのあいだで早くから気づかれていたものと思われる。にもかかわらず、いまなおこうした密教理解、いな無理解が一般にひろく行われている、というところにまこと現代の問題がある。まえに指摘した現世利益や加持祈禱という問題にしても、いくら教理的な説明を与えてみても、一般の誤解をとくことは不可能ではあるまいか。なぜなら真言家はひたすら教学の圏内にこもるのみだし、これに反してたとえば歴史家のごときは、まずその教学を否定してかかろうとする以上、両者の見解ははじめから対立するのがとうぜんだったわけである。しかしそれにしても教理的な説明とか解釈というのは、ただただ一義的で窮屈なものでしかありえなかったのか、また教学の枠をこえてもっと普遍的なものによって媒介されることはできなかったのであるか。もとより慈雲の説明もまだ一般の誤解をとくほどに説得的ではなかったかもしれないが、ここには少なくともわれわれ初心者を説得させるだけの配慮が払われていたことは確認できる。それはおそらく教学的にいえば顕教的であって密教的でないということになるのであろうが、まさにその顕教的で通仏教的な性格がかえってかれの理解を密教の本質まで透徹させる有力な武器になったともいえる。まして顕密の差配そのものがあくまで教学の解釈するごときものであるのか、慈雲においてはきわめて疑問視されたところであった。このようにみてくると、かれの密教理解の問題性は、現代われわれの当面する問題についても重要な示唆を与えるものということができるのではあるまいか。そしてそこにかれの近代的思惟を認めることも、もはやそれほど困難ではなさそうである。

それでは簡単にいって、かれが密教の特色としてあげたものは何であったのか、つまり密教の本意をどこに求めればよいか、この問題を最後に調べておこう。さきにわれわれは「即身成仏の宗」と「万善具足の法門」を二つの主題とみなして考察をすすめてきたが、両者の関係は本来いかなるものであったか、これこそ密教の特色をもっとも鮮明に表わす問題ではないかと思われる。すでに検討したとおり「今日世間の相みな真言宗の法門となり来る」とあったのは、要するに下化衆生ないし「利物の方便」に即して密教の基本的性格を説いたものとみてよかろう。たとえば病気や貧乏がそのまま密教へ引入するところの機縁となり、一般に祈りの宗教といわれるのも、密教には一一の衆生の具体的な願いに応じて抜苦与楽のいわば救済方便ともいうべきものが具わっているということであった。その根底には、むろん衆生の苦しみが無限であるために諸仏諸菩薩の慈悲も際限なく無数の救いの手がさしのべられずにはおかないとする慈悲、利他の教えがある。真言や陀羅尼の功徳がまずもって除災招福にあると説かれる理由もそこにあったが、慈雲はかかる現世利益の教えをそのまま密教本来のものとはみなさず、ただその一面として捉えるとともに、呪術化した加持祈禱をさらにそれの頽落した姿と解していたのである。逆にいうと、平素の心懸けのわるいものはいくら祈禱しても駄目だとして、祈りの前段階にまず日常人倫の道あるいは道徳心という問題をもちだし、宗教と道徳の一貫性を強調することによって、なによりもまず呪術的な祈禱の無意味さを教える。それはまた宗教というものがもともと日常茶飯事を離れてどこか別の彼岸にあるのではなく、現実生活の真っ只中に歴然として顕われているということでもあったが、それを人倫道徳の問題とみるところに、いかにもかれらしい倫理宗教的な性格が指摘されよう。そのうえ真言の功徳が「近くは災をまぬかれ福聚をあつめ、遠くは妄執を断じて真実智を得る」[129]ところにあることを信じて疑わず、祈りのうちに沈潜してゆくところ直きに即身成仏の開顕を説くのであった。それは救済の方便がもともと上求菩提ないしは進修、向上の方便と別のものではなかったということでなくてはならない。

この法語のはじめに「別に大日如来を礼し釈迦如来を礼するも、外に向て求むるに非ず、其ノ意は、此ノ身此ノまま直に仏となるべし」とあり、この「肉血のかたまりに、功徳具足無上尊の仏身を顕す[130]」というのもそのためであろう。仏を礼拝し仏に祈るということも、単に仏の慈悲にすがって救済にあずかるというだけのことでなく、もともと即身即仏を体認せしめる修行だというのである。この自身に仏身を開顕させるといっても、なにか自分が別のものになるのではなく、どこまでも自心の源底に立ちかえることであった。そして自心といい自身というとも、ひとしく山河大地、いわば宇宙と一体になった自己、すなわち法身にほかならない。まさにこのところから修証一如、すべての自己の働きは仏作仏業ならぬはなく、天地自然ないし宇宙の生命、活動また自己ならぬものはない。かくては自利、利他も異なることなく、「自己明了なれば、徧法界の利益其の中にあり」とも「利他は一念の中にあり[131]」ともいわれてくるのであった。かくして慈雲が冒頭の「向上の宗旨」なる一語のうちに畳みこんでいた密教の特色とは、所詮かかる本来の自己を開顕せしめるごとき仏道修行の方便というところにあったのではあるまいか。もとより「密教には方便為究竟なり」のごとく、ここではすべて方便ならぬものはなかったのであるが。

三　『十善法語』の問題

さきに「密教の理解」のなかでも、慈雲が『十善法語』を説かざるをえなかった理由の一端には触れていた。それは密教の立場から「一切善事みな仏事ならずと云フことなし[132]」という見解が必然的に帰結し、そしてこの善事即仏事の主張を展開させれば、おのずと『十善法語』の成立にいたるというものであった。いいかえると、かれの十善思想はきわめて密教的な性格がつよく、一般に考えられがちなほどには通仏教的でなかったということである。しかし、それはあくまで密教側の所見にすぎず、『十善法語』そのものの もつ汎仏教的性格は依然として変わらないということもできるであろう。否むしろこの法語のもつ魅力は真言宗とか、その他一宗一派の教義に偏することなく仏教の根本思想を開陳したところに原因するとも考えられる。そして慈雲じしんの意図も、正法律を唱えて根本仏教の精神を復活せしめようと試みたのと同様、仏教の根本思想を「十善戒」という仏教にもっとも基本的な教えに託して披瀝することにあったのではないか。それをなお密教的と解するのは畢竟じて宗派的偏見に組する以外の何ものでもなく、甚だしくかれの超宗派的な精神を誤り曲解するものであると、こうした反駁はとうぜん予想されるところである。にもかかわらず、かれの正法思想とか十善思想の根底には、すでに再三論じたごとくあきらかに密教的なものがあった。ここで、われわれはいま一度かれの真意を見極めることが必要となってくる。いったいかれは密教の人というべきか、あるいは密教の立場そのものを超え出ていたのか、はたしていずれなのか。この問題をかれの主著である『十善法語』の基本的な考え方とその構成に即しつつ、検討することも無意味ではなかろう。

そのための手掛りとして、まずは『慈雲全集』六巻に掲げる『十善之系統』一名を『伝戒列名』という十善思想の系譜を取りあげてみよう。もとよりそれは『十善法語』自序に記されたとおり「十善トは（中略）上は諸仏賢聖よりこのかた、神祇守護し、明哲相承し、展転と受授して下、小子愚ニいたる[133]」ところの十善思想の系譜を別出して認めたものであった。その成立は安永三年（一七七四）三月二日、時あたかも『十善法語』を京都の阿弥陀寺にて開筵中にあたり、とくに開明門院の要請によって『十善戒相』一巻とあわせ献上されたということである。それゆえいかにもよく十善思想の背景を伝える重要な資料であるばかりか、いわゆる「伝戒相承」に対するかれの見識のほどを偲ばせる好材料というべきである。のみならずそこには、あきらかに戒律の伝承経路としては矛盾をはらみ、形式的な相承のもつ権威性は無視され、そして真言律宗を称するには不適当とさえ思われる系譜が提示されるにいたっている。以下この『十善之系統』の問題の所在を確かめるうえで必要な箇所を挙げておく。

招提鑑真大律師
是は　孝謙天皇御宇に来朝在て法を伝へし師也
如宝律師
豊安律師
道静律師
この三師我邦にて法を伝へありし也、時に南都北嶺の争ひ出来て、諸宗に我相ふかく如法をつぐ人なし、
それゆへ　春日大明神に附託也
春日大明神
凡そ四百年斗《バカリ》　折々には如法の僧あれども、法系相続なかりし也
実範律師
この師戒法相続のために　春日社に参籠　神託を受て法を伝へし也
覚盛大悲菩薩
円律証玄律師
凝然示観国師
雪心総融律師
志玉普一国師
本朝明朝両国の国師也、この時又如法の僧なく　春日明神へ附託也
春日大明神

凡百四五十年斗、僧中に如法の人相続なし

明忍俊正律師

この人、其師晋海僧正の指示によりて春日社に参籠　神託を受て法を伝へし也

真空阿律師

慈忍慧猛律師

洪善普摂尊者

忍綱貞紀尊者(134)

この系譜はもともと釈尊をはじめとし、三国伝来してやがて鑑真和上に連なるというものであった。まず印度の五十七聖を出して十誦律の伝に近く、仏陀跋陀羅を伝法者として支那の部に八尊者をあげるも、ほとんど律宗の相承と一致をみず、右に掲げた箇所でも、ただ鑑真から志玉にいたる戒脈のみはほぼ律宗の『本山的伝派』(135)の法系とかさなり、各師とも唐招提寺もしくは東大寺戒壇院の関係者ばかりである。しかし春日大明神の列名はむろん律宗のとらぬところで、おそらくはのちに明忍律師が春日明神の神託をうけて自誓受戒したという経緯と無関係ではなかったろうが、むしろ問題はその明忍以後の法流と、さきの志玉以前の法系とが一般の相承次第では連続するものとは考えられないという点にあるだろう。もっとも慈雲まで降ってくると、弟子の諦濡が『戒学要語』序文に識したように(136)、大悲菩薩の法流を承けたことも確実であろうから、さして意に介するほどのことでないかもしれない。そのうえ不思議なことに志玉、明忍の両師はともに栂尾の高山寺とは因縁浅からぬ関係があって、志玉が栂尾で示寂し、明忍はそこで自誓受戒した史実は周知のとおりである。ところがその明忍について、伝記は西大寺系すなわち興正菩薩叡尊の法系に名を列ね、さらに「自誓血脈の図」をつくって叡尊に讃辞を献じたことを教えてくれる(137)。

とすればとうぜんこの西大寺系真言律の相承は慈雲にも及んでいなければならないこととなる。さきの諦濡はまさしく「本師戒学の承くるところ遠くしては鑑真和上、近くしては興正、大悲の二大士なり、二大士の正統終に本師に帰した[138]」と書いており、慈雲もまた伝戒と相表裏して授受されたところの『悉曇相承』では西大寺系に従っているし、さらに肝心な真言付法の血脈も西大寺の法流を汲んだことを明白に物語っている。しかるにこの『十善之系統』だけは西大寺系を称えないというところに厄介な問題があるともいえそうである。

それも中野博士のごとく、十善思想の伝承を弘法大師にまで遡らせるときには、この問題はいっそう複雑な様相を呈してくることとなる。もっともこの問題も、明忍と慈雲の中間に介在した野中寺一派の真言律が、例によって西大寺と不和であった事情、それに寺伝としていまも残っている四祖観、すなわち鑑真・俊芿・大悲・明忍の四祖師をたてたとする野中寺一派の伝承などから考えてみると、いちおう諒解できないこともない。この野中寺一派において、すでに西大寺系の相承をうけながらも公式にはこれを表明しないという態度が確立されていたと推定することはさほど難しくもないからである。たとえば『人となる道』の跋文に「此ノ中の文々句々は、先師大和上の授くるところなり、先師また云はく、上は賢聖よりこれを受けて、敢へて片言隻辞をも増減せず[139]」と記してあるが、すでに先師忍綱貞紀尊者の相承がかかるものであったとするならば、先師の属した野中寺一派の所伝もこれと違うことはありえぬからである。しかし事情はどうであれ、慈雲の認めた『十善之系統』は西大寺の叡尊系をとらず唐招提寺の覚盛系に従っているのである。このことは、なによりもまず伝統的な真言律宗に対する暗黙裡の批判を意味するものでなくてはならないであろう。その理由としては、さきに引用した「伝戒列名」の行間にも記された「僧中に如法の人相続なし」という状況が真言律の場合にも妥当するところにあったろう。すでに元政上人の『明忍律師行業記』の中にも「西大寺は謂ゆる興正菩薩弘法の地なり、ひとたび廃して後ひさしく振はず、軌則ありといへども随行まつたく欠けたり」と指摘されていたが、この随行のまったく欠けた軌則、つまりは形式的相承のもつ権威は、『十善之系統』に名を列ねた如法に生きた祖師たちの伝承のまえに、まるで弊衣のごとく捨て去られるほかはなかった。いわば伝戒相承とはただ如法護持の人をまってのみ生きた相承となりえても、形骸だけをとどめる伝承は真に相承という名に値せず、単なる空証文というにすぎないとする判断がここに働いている。その意味で形式化せる相承よりも生きた相承、そして伝承を真に生かす人の方にかれの重点がかかっていたことが知られうるのであるが、それと同時に、かかる見地にたって初めて、かれの正法律が中世以来の真言律の伝統とはかかわりをもたぬ、あらたな立場として超宗派性をも克ちとることができたのであった。

ところが、この系統説はたしかに先師の伝承に忠実に従ったものであろうが、その実際にわたるときは厳密な考証を許さぬところの問題でもあった。なぜなら、あきらかに「予これを故大和尚に聞ケり」[140]と断わり書のある『律法中興縁由記』(以下『縁由記』とする)や『慈雲大和上伝戒記』によると、どちらも明忍律師の律法中興の縁由とその次第相伝に触れるのみであって、明忍以前に溯及しては一言も語ろうとはしない。のみならず、そこには明忍がその師、高雄の晋海僧正の教えのままに奈良の春日社に参籠祈願すること五十日、やがてはるかに「聖武帝の勅願、普照等の求請、鑑真の来朝、実範・興正の中興、通別二受の差排、古を慕ひ今を嘆[141]」ずる友尊、さらには慧雲との奇跡的な出逢い、そしてこれら莫逆の同志と相語らって西大寺に入り戒学を承けたのち栂尾山にて自誓受戒したという律法中興の詳細な記録と併せて、いま一つの重要な証言がなされているのである。すなわち「伝戒列名」のうちにもあったごとく、明忍が春日社に参籠して満願の夜「夢か現か一老翁来り告ぐ、戒は是レ十善、神道は是レ句々の教と、告ケをはりて第三殿に入リたまふ[142]」、つまり神託が下ったというのである。そこで「自ら思惟したまふ、戒はこれ十善とは、十善全ければ七衆の性を成ずべきの教ならん、我十善を破らざればかならず大願を成就すべし、神道は句々の教とは、我をして神道を明にならしめ給ふ神慮にやあらん、すでに神慮にかなひなば、おもはざるの幸ありて大道を明かにしるの時節ありなん、決定如法出家となりて、成仏もうたがひなき地位にも到るべし[143]」と歓喜勇躍したことを『縁由記』は伝えている。そしてここに感得された神託「戒は是れ十善云々」の伝承経路が、ほかならぬ『十善之系統』の原型であったわけである。たとえば明忍が慶長十一年（一六〇六）中国に渡ろうとして対馬に向けて出発するにあたり「真空阿公に十善を授与し、因に春日の神託護法の綱要をいひのこし給ふ[144]」たとし、これより師資相承して慈雲にいたったと説かれている。こうした明忍以降の相伝が母胎となり、あくまでその相伝をうけながら「印度よりシテ支那、支那よりシテ本朝、師資授受シテ以テ大和上（慈雲）ニ至ル、人ニ権実の差ありといへども、時ニ顕晦の縁ありといへども　聖則爽《タカハ》ざルコト、斯ニ二千七百有余年[145]」という規模にわたる『十善之系統』を編み出したのは、どうやら慈雲その人を措いてほかに求めることができないようである。それはまた『十善之系統』草稿の末尾に「付法蔵経、梁高僧伝云々[146]」と、いわば参考資料が附記されていたことからもほぼ明確である。

　このように『十善之系統』所収の「伝戒列名」が慈雲の手で編纂されたということは、いったい何を意味するのであろうか。あるいはかれ自身の所伝を権威づけようとする意図に出たものなのか、もしそうであれば相承の形式的な権威性にかれもまた屈したこととなろう。いやそれ以上に、旧来の伝承を無視しあらたな権威を荷ぎ出すだけにそれは非法ともいうべき許しがたい行為である。もしそうでないとすれば、この行為はどういうことなのか、かれの意見を徴したいところであるが、ほとんど手掛りはつかめない。しかも、高貴寺一派ではいまにいたるまで三時勤行にこの「伝戒列名」が唱誦されているというのであるから、この系統、列名はまさしく正法律の精神的支柱ともなるべき性質のものでなくてはならないのである。あえていうならば、おなじ『三時勤行法則』によると「上座呪願文」の中で「(上略)諸民ことごとく十善戒ヲ護もり、緇素ともに正法正儀ニ帰投シ、相似ノ法ヲ漸次ニ正しきニ復セしめ、諸々ノ悪行邪習ヲシテ速やかニ殄滅セしめ、如来ノ正法ヲ光り顕ニシテ弥勒ノ下生ニ至らンコトヲ」[147]至心に祈願せざるをえなかった。かれの精神とまったく軌を一にして、この『十善之系統』が生まれたものと解すべきかもしれない。それを相承の権威性というなればそれもよし、ただかれの、如来の正法を光り顕わならしめんとする悲願が、とりも直さず三国伝来し如法護持しきたった祖師たちの悲願と一つであること、またかれ自身が正法に遇いえた宿縁をそのまま師資相承しきたった系統として写しとらずにはおかなかったということでもあろうか。さきに生きた相承と述べたのも別のことでなく、それに値遇しえた宿縁を、かれは機会あるごとに讃歎してやまなかったのであった。さきの『慈雲大和上伝戒記』の中では「恭しク惟レハ十善ハ有仏無仏、性相常爾の法ニシテ、古先聖皇、宇内ヲ御スルの明制なり、もとより余小子カごとき生得の福縁ヲもつて詳悉スルニはあらず、幸いニ所承ありて斯ノ戒善ニ潤ふコトヲ得タリ[148]」として良師に逢うことのできた感慨と所承の縁由を尊重すべきことを叙している。もちろん、ここでも相承の形式性が問題なのではなく、あくまで宿福の人あってこの法が伝わり、宿縁の熟するときこの法に出逢うことができるという、信仰伝達の実存的な性格が重視されていたのである。たとえば『人となる道』跋文に「此ノ中の文々句々は、先師大和上の授くるところ[149]」といわれたとき、この「授くるところ」はもはや文字とか言葉による伝承というべきものでなく、慈雲のいわば全生命と一如になった伝承、すなわちかれの修行と学問、体験と思索の一切を貫き、まさにかれをして慈雲たらしめているごとき端的なものを指していたのであり、かれの実存と一体になったところで先師の所授が捉えられている。そこでは一字一句がそのまま相伝であり、一言半句といえども、すべて慈雲の実存的な解釈を通さないものはない。かかる徹底して実存的な境位にまでさし戻されたところから、かれの十善思想は直きに先師忍綱大和上の教えといわれ、それがそのまま列名の祖師の教えと根底的に連なっていたとするのが、慈雲の見解ではなかったろうか。このように解するとき、『十善之系統』とはおそらくかれの目から見られた正法の系譜であり、正純仏教の伝承史ということであったと思われる。そしてそのかぎりでは、十善思想のいわゆる通仏教的性格を指摘することもできるのであった。

それとともに『十善法語』の成立事情そのものが、いわゆる伝承の問題についてのかれの決断と覚悟を示す事件であったことも想起されてよかろう。それは従来ただ口授、口伝として瀉瓶のごとく授受されてきた「伝戒相承」の義を、大胆にもかれが紙墨にのせて公開し、それによって一流一派の伝承という私事的性格を否定してしまったということである。これはまさに破格とでもいうほかはない未曾有の事件で、さきの形式的な相承の棄捨とあわせて、戒律関係では所詮許しがたい不法行為と酷評されまじき大問題であった。かかる非法を犯してまでも、かれを口授から法語へ、一派相承からその公開に踏みきらせた英断は、さのみ容易なものではなかったものと思われる。それも『十善法語』はすでに講筵をひらき、その筆録に加筆したものであったが、同様にのち刊行されるにいたった『戒学要語』の方は、こうした「伝戒相承」をかれみずから公開する意図で記述されたようである。その序文に「本師、世邈《はるか》ニ人うす（漓）くシテその伝ヲ失はンコトヲ懼レテ、始めテ諸ヲ翰墨ニ載ス、けだし已ムコトヲ得ざルニ出ずル、即チ篇中に伝戒相承ノ義ト表スルもの是レなり[150]」と弟子諦濡が誌したのもやはりこの間の事情を物語ったものであろう。もっともこの時代にかかる秘伝的な相承がどの程度まで公開されていたのか、またこうした破格の態度を一般的にはどう評価すべきものであるかも筆者にはよく解らない。ただ「我ヲ知リ、我ヲ罪スルものは、それ十善法語か[151]」といって慈雲が『十善法語』にすべてを賭けていたと聞くとき、右にみてきたような「已むをえざる」というか、どこか背水の陣を想わすような決断が、実際にその成立事情と絡みあって存在したとも響いてくるから妙である。しかもそれは、げんにこの法語の跋文からも知られるところであった。すなわち「先哲ノ口授スルところ、しかるに今これを紙墨ニ寄ス、神祇ノ冥護スルところ、しかるに今これを方冊ニ顕はス、はた罪愆の託スルことあつて宥《ユル》スところなしとするか、はた　国紀の永ク昌エ僧網《(ママ)》の正しきヲ得ルニおいて、その小輔あらんとするか、もとより至愚ノ量リ知ルところにあらざるなり[152]」と、これは弟子の文章ではあるが、慈雲の真意をもっともよく伝えたものといえないであろうか。

ともあれ、かれの十善思想をもっとも端的に示す文章はつぎの一節にあるといわれよう。すなわち「十善と説けども唯一仏性じゃ、一法性じゃ、此ノ法性に順じて心を起すを善と云ヒ、此に背くを悪と云フ、悪は必ず法性にそむく。法性と云へば、また名目に落てむつかしきか、手近く云はば、悪は人間生れままの心に背く[153]」として「人間生れままの心」に注目すべきことを説いたうえで「看よ、子共でもむごきと云フことは知る。盗人と云へば腹を立る、婬事は恥る、詐ると云へば赤面する。かる口はいやしむることを知る。麁言もよくなきことを知る。他のなかごとも、云フまじきことを知る。物をほしがることも、気の短きことも、自ら羞る。善事と云へば悦ぶ。悪事と云へば怖るる。なに故なれば、此ノ十善は生れままに具ツて有ルじゃ[154]」と記してある。かかる見解は古くから、理想論や抽象論を嫌った伊藤仁斎の所説に近いとされてきたが[155]、他方また盤珪禅師の「不生の仏心[156]」という提綱ともはなはだ似通ったところが感じられておもしろい。慈雲も指摘するとおり、これは儒者のいう「赤子の心」ないしは性善説に通ずるもので、もともと人間の本性は善であり、この普遍的な本性の善を展開したものが十善道にほかならないというのであった。しかしまた、十善が「道」として説かれうるのは、人をしてかかる自己の本性に還らしめる道、すなわち「人の人となる道」という規範性が十善の教えのうちに厳として具わっているためであろう。つまりこの「生れままに具」わった本性善なるものと、そこにいたらしめる具体的な道とが、もと十善の「教え」のうちに如実に説き示されているとする認識が、かれの『十善法語』の構造を知るうえでまずもって重要なのである。あるいはこれを手近なところで仁斎の『童子問』における「性・道・教」の説に対応させて考えることもできるが、一般に宗教倫理の問題としてもごく基本的な契機であることに変わりはない。

もし性善に着目すれば「看よ殺生するは、よほどむつかしきぞ。人を殺すは勿論のこと、仮令禽獣魚虫を殺害するにも、身をも動し心をも労す。それ相応の殺具網羅刃物などを用ふ。不殺生戒を持ツは、此ノ造作にわたらず、泰然として護持のなることじや。偸盗を犯ずるは、よほどむつかしきことぞ。盗賊の部類に入て、家焼劫盗をなすは勿論のこと、穿窬私竊も、身も心も働かさねばならぬ、人の目をも忍ばねばならぬ、不偸盗戒を持つは、この造作はいらぬ、行住坐臥泰然として護持のなることじや[157]」以下いずれの戒についても自己の本性に逆って悪をなすことの造作が「よほどむつかしきことぞ」と語られることになる。そして結局かれは「人に邪智なければ、自ら道にかなふじや[158]」という。この人間の本性を晦まし、それをあるがままに見る目を瞎却し、ひいては黒暗路に導くものこそ、邪智邪見に随順して我相をたくましくする「私意」なのだというのである。「此ノ人有て此ノ道有る。外に向て求ることではない。此ノ大人有て此ノ十善の道を全くする。今新に構造することではない。人々具足、物々自爾、法として如レク是ノじや。唯迷ふ者が迷ふ。知らぬ者が知らぬばかりじや[159]」とも説かれてあった。くり返していえば、善とは『本業瓔珞経』に基づいて「理に順じて心を起す」すなわち「自ら本性の通り少シも増減なきこと[160]」であり、これに「乖背」して「私意を以て本性を増減するが謂ゆる悪じや[161]」とするのが、かれの善悪に関する定義であった。そしてこの善が「常に仏性に順ずる、悪は常に仏性に背く[162]」というとき初めて善悪の問題が、いわゆる人間本性の問題であるとともに、究極的には人間性の限界をも突破するところの宗教の次元にまで届くものとなりえたのである。しかして善はどこまでも「人間生れままの心」に即してこれを離れないこと、仏性とか法性が直きに

「生れままに具」わっていることと同然であると慈雲は捉えたのであった。

　すると今度は人間本性と仏性との関係はいったいどういうことになるのであろうか。いうまでもなく、儒教をはじめ東洋思想のおおくは、人間本性の自覚とか人倫という問題を天地自然の道と即応するものとして把握するのを特色としてきた。たとえばさきの仁斎にしても「陰陽往来して天道成る。剛柔相済して地道成る。仁義相須ひて人道成る。天の道は陰陽に尽き、地の道は剛柔に尽き、人の道は仁義に尽く」（『童子問』中）といった認識のうえにたって「自づから天道に合ひ、人倫に宜しく、人為る所以を失ふに至[163]」らしめないところの人倫の道を説いて、それが儒教の正しい教えだという。これに対して慈雲は「人事が全ければ自ら天道あることを知る。天道が全ければ自ら本性に達する。生死相続縁起の趣に通達する時節あるべきじや[164]」と誡し、また「人となる道、この人と共に云フべし、このみちを全クして天命にも達すべく、仏道にも入ルべきなり[165]」とは『人となる道　初編』冒頭の有名な一節であった。かれこれ対照して酷似するようにもみえるが、対立点もむろんはっきりしている。ごく一般的にいうと、世俗倫理はなによりもまず人たる所以のもの、真に人間的な生き方を人間性のうちで追求し、後者では「世間出世間にをし通[166]」ずるところの宗教倫理が説かれ、あくまで世俗性をこえた次元から人間の真のあり方が照明されてくることになるであろう。しかもそれでいて後者では宗教倫理のうちに世俗倫理の問題領域をも包摂しうると主張することになると、それはいかにして可能なのか。

　この問題をいま不殺生戒の中で説かれた実際についてすこし具体的に検討してみよう。かれは、たとえ同一の戒を護持するといっても、そこには三様の態度があるとして、まず生きとし生けるものを殺すことが「人道に背き、天命に背き、正道理に違ふことを知て、憶念し護持して、妄りに殺さず妄りに悩マさぬ」ところに「世間相応の持戒者[167]」の姿があるとする。つぎに「此ノ殺生の業果空しからぬを信じ、自他共に繋累し、生々の処に沈淪するを恐れて、殺さず悩マさず、憎み恚まぬ」のが「出世間少分相応の浄持戒者」の態度である[168]。最後には「衆生の当相全く法性の在る処なることを信じ、法性の当相全く衆生の差別なることを知れば、自己法性の衆生、我カ戒相となり来る、我カ慈悲心となり来る[169]」。それゆえに「我カ戒体この衆生有て倍増する。我カ慈悲この衆生有て増上する。此ノ濁世に忍び難きを能ク忍ぶ、此ノ難事、此ノ恚悩の事有て、我カ忍力を成就[170]」し、そしてさらには「一衆生の有る処に一切衆生の慈悲心を生ずる。爰許に至て真正持戒者と云フべし[171]」と説くのが、つまり『十善法語』における持戒の相であった。

ここでは世俗、出家、および菩薩修行者の三段階に分けて不殺生戒の実践態度が示されるとともに、おなじ慈悲行に対しても護持のしかたにおのずから質的相違や浅深のあることが明らかにされた。そして究極的には、あくまで自心即衆生、自己の法性が一切衆生と相即相入するものであるから、いわば無限大の、一切衆生大の慈悲心がこの一戒護持のうちにも湧出せずにはおかないというのであった。しかし『人となる道』の説き方はかなり違っていて、むしろこの方がいまのところより重要であるともいえる。すなわち、はじめに「人趣の尊き」を信じて、これに危害を加えるなどの悪業をすべて遠離するところ、ついでかかる人間愛を一切の生きとし生けるものにまで拡充して慈悲の心を失わないもの、そして最後に、その慈悲心を有情・非情の別なく一切草木国土にあまねく及ぼして尽きることがないときは、仏菩薩の境涯に達するというものである。ここでは人間尊重の精神がなによりも強調されるとともに、これを軸として無限に拡がってゆく同心円のごとく、慈悲心のいわば外延的な拡がりの方向で問題が処理され、あたかもさきに指摘された内包的な深まりの方向で成立した諸段階と対応し、たがいに相補的な関連を示すものなることは論ずるまでもない。とはいえ、ここには人間尊重あるいは慈悲、慈愛に関説するところの教説すべてが本来ひとしく法性の等流せるものとして、世俗・宗教とか、人道・天道ないし仏道といった区別とは一切かかわりなく、本質的にはまったく同意で、無差別なものであるとする見解を、あえて許容せしめるごとき論理が支配していたことも見逃がすわけにはゆかない。

このようにみてくるとき、不殺生戒のうちにやがて儒教の説く仁の教えが摂められるという見解、仏説の慈悲が、もともと人間尊重の精神を軸として、これを宇宙の一切の存在にまで拡大する教えであり、かつは人天の道と相応しながら、しかもそれを超えて宇宙の一切存在は即自身なりとして、自心の源底にまで透脱せしめる実践行を離れぬとする見解もほぼ明らかになった。すなわち慈雲の『人となる道』とは、こうしてあくまでも世俗倫理の問題に即しつつ宗教倫理を語り、さらに宗教倫理の精神内容とその成立根拠にまで溯及することによって人間の根源的なあり方を究明するものにほかならなかったのである。もとよりそこには「戒法は唯是レ僧徒忍辱の行なり、此を世間権門に用ゆべきならず[172]」とか「仏法は心を以て心を修するばかりで、世を助け民に長たる用に立タぬ[173]」あるいは「異端の虚無寂滅の教は、其ノ高き大学に過クれども実なし[174]」といった儒者たちのさまざまな仏教批判を受けて立つ意気込みがつよく表われている。かれがこの十善をあえて「治国平天下の道[175]」と称したり、ことさら「万国に推通じ、古今に推通じ、智愚賢不肖貴賤男女に推通じて、道とすべき道[176]」とたえずくり返して強調した理由もとうぜんそこにあったとみてよかろう。とにかく慈雲とすれば近世「教相を建立する者は、仏法と云へば向上に広大に説キ[177]」出すにいたって、たとえ「教相判断が精クても、高くても、身の修りにも、国家の治りにも用に立タぬ。勿論生死解脱の要路に違ひ、仏意にも背くこと[178]」に成り下がるとともに必然的に儒者の嘲笑を招き、仏教をいわゆる「人倫日用に近からざる者[179]」と称してはばからぬ一般常識に抗して、ひたすら世俗の立場に即しつつ真の仏法すなわち正法を顕揚せざるをえなかった。まさしくそのゆえに『十善法語』の立場もこれら仏者、儒者の双方を批判し、仏教の真理性を弁証しようとする姿勢を終始一貫して崩そうとはしなかったのである。

しかし翻って考えると、出家修行者ならぬ「世間相応」のものはことさらなにも十善道によらずとも、もっぱら人倫日用の道を説くことを主眼とするところの儒教その他の教えに随順して一向差し支えがなかったのではなかろうか。さきにも指摘されたごとく、おなじく人間「生れままに具」わった本性善なるものが、儒教においてたとえば「仁義」とか五常の教えのうちに説き示されているというのであれば、これら世俗の教説に基づいて「人となる道」をまっとうすることが可能なはずである。世俗倫理と宗教倫理の成立根拠や本質上の違いはともあれ、もっと具体的に世俗倫理、ここでは儒教の問題性がはたしてどこにあると、慈雲はいうのであろうか。

たとえば不殺生慈悲を仁の教えに配する説があるが、これに対してかれは「的当ではない(180)」と考える、それは何故か。まず「仁と云フは、支那国上代の教へで、今千載の後は其ノ字義すら解し難い(181)」というのが第一の難点であった。「或者は愛の理、心の徳と、むつかしく説キ出す。或者は唯愛なりと心易く説キ示す。又或者は王者の人民を治ムるに名を得と云フ(182)」ごとく、伊藤仁斎や荻生徂徠など当代の名だたる儒者のあいだでも諸説入りみだれて定説をみず、さらに遡って中国においても韓愈、荘子、韓非子の説はそれぞれに異なっている。それもこれも「所詮只書生の類が、唯書物の上にて、我カ好む所に随て色々に判断して見るまでのことじや(183)」と、慈雲は手きびしく批判するのである。そしてこの字義の難解さは、むろん不殺生の一義的な明快さとは比較にならず、そのことがおのおの道としての性格の普遍性を示すものだという。すなわち「人間は大切なるものぞ、貴むべきものぞ、殺しては大罪になる。みだりに打ツな、たたくな、きづつけるなと云へば、上は王公大人より、（中略）下は傭夫船頭馬子、奴婢小児に至るまで(184)」つまりは学問の有無をとわず、古今東西、万民のひとしく実践できる教えだと主張するわけである。

さらには「盗戒を古より義に配する、是レも的当ではない(185)」といって仁と同様、義についても「其ノ字のこころすらむつかしきじや[186]」と、抽象性と多義性を指摘するのであった。しかも義という文字の意味がさまざまに講釈されるのみでなく、また「義の取リ用ひ様は、古の君子にても人々違ふ、古今一定せぬことじや[187]」。したがって「王公大人でも、学才なければ、其ノ字義すら解し難きじや、万国古今に推通じ智愚に推通じて教へ導く道ではない[188]」といわざるをえなくなる。ましてこれら「仁義はよく取リ用フれば聖人の道なれども、取リそこなへば乱の端となる[189]」。これをいま「盗戒と云フは、其ノ法性縁起に至ては上徳の聖者も尽されぬ所なれども、盗はせぬものぞ、他の物は妄リに用ふるな、借リた物は速に反弁せよ[190]」という具体的、即物的な教え方と対比してみよ。しかも「是れを初メとして節操を教へ導かば、聖賢の地位にも到るまじきものでない[191]」といわれるのであるが、要するに道とは「誠に万国古今に推通じ、上下貴賤に推通じて道とすべき道[192]」でなくてはならず、その意味ではこの十善の教えこそ「誠に道とすべき道」であるという、慈雲の信念には確固として抜きがたいものがあった。

しかしかかる「内道外教の対弁[193]」ということ自体がもともとおかしな試みであって、「本来道は内外ない、唯内外を見る者の内外[194]」でしかありえず、「仁義を説クも可なり、仏戒を説クも可なり[195]」とするところに、疑いなくかれの真意があった。ただ上述せるかれの仁義観を補うとともに、ここで十善道と五常の関係をいちおう展望しておくと、「仁と云フは、此ノ不殺生戒の中より分付して、王者聖人の人民を救抜する条例じや。義と云フは、此ノ不偸盗戒の中より分付して、賢人君子の身を守り行を立るの趣じや。礼と云フは、此ノ不邪婬戒の中より分付して、上下貴賤害を避け名を全くするの由緒じや。信と云フは、此ノ不妄語戒の中より分付して、事を成し道を助クるの法じや。智と云フは、此ノ不邪見戒の中より分付して、大人有志の自ら明にし事理に達するの道じや[196]」ということになる。こうしたかれの儒学の素養はむろん堀川古義塾での勉学に基づくとして、いまの仁義等の解釈を仁斎・東涯門の学説と対照するのもすこぶる興趣にとむ問題ではあるがここでは立ち入ることができない。とまれ、かれ慈雲のいう「誠の道」とはかくのごとくして「一多元来不二なれば、一戒の中に諸戒を具す。人道立て万事みな調ふ。本末元来不二なれば、心を用ふれば何レの処にも誠の道は顕ハるるじや[197]」とするものであって、真実に「心を用ふれば」もはや世俗・宗教いずれの倫理も選ぶところでなかったことを知りうるが、それをまた『涅槃経』に「所有《アラユル》種々ノ異論、呪術文字、皆是仏説とある[198]」のを引証として、かれは「一切道として仏法ならざるなし[199]」と説くのであった。

ところで、かれは周知のごとく「天地の天地たる所、大人の大人たる所は、生とし生る者に悉く其ノ所を得せしむるにある、万物を各々生育して止まぬ処にある、仏出世にもあれ、仏不出世にもあれ、此ノ道常に存在して世間に住する[200]」といい「世間の中に、此ノ真正法有て常に世間を利益する、仰で日月を視ルが如く、目ある者は悉く視る。仏出世にもあれ、仏不出世にもあれ、此ノ世界あり此ノ人間あれば、此ノ十善有て常に随逐する[201]」と、十善道の永遠性を説いてやまなかった。さきに人間本性の普遍性をもって十善が一仏性に摂まるとし、ここでまた十善の不滅常恒性が挙げられるとなると、人間本性はまさしくこの十善道に随順するところでのみ真に「自己の」本性となるべきものである、といわざるをえない。たとえば「但業障深重の者が、世途に奔走して自ら此ノ道有ルことを知らぬ、世智弁聡の者が、非理に巣窟を構へて自ら其ノ中に入ルじや[202]」というのをみても、「人間生れままの心」とは「本然具足の仏心」ということであり、かかる仏心はただ仏道修行をまって初めて自己のうちに見られるものとなる。おなじことを「珠玉の琢磨を待て光彩を発する如く、性戒十善は謹慎護持の中に、人天の楽果乃至無漏勝妙の果を顕す[203]」とも説く。すなわち人間本性も「本然具足の仏心」も、ただただ琢磨をまってのみ光彩現前するが、かかる彫琢の道がここではあくまで十善道護持の中にあるというのである。

このことをまた「総じて戒法は人々具足の徳にして、今新たに生ずるにあらず、ただ世人の我にある宝蔵をみづからしらぬ故に、大聖世尊の説き示し給ふなり[204]」と記すのであるが、ここに「人々具足の徳」とか「我にある宝蔵」とは、もとより菩薩の戒徳ないしは菩提心の謂いであり、これすなわち「仏戒の体」であるというところに、慈雲の十善思想があった。それゆえかれの受戒の心得書にもつぎのとおり説示されてくる。すなわち「菩提心とは今新たに発起する事にあらず、本来の自心なり。此の心一切衆生に同じければ、いきとし生けるものを見ること一子の如し。此の心本来清浄なれば一切の煩悩無明、その跡をとどめず、此の心本来微妙なれば一切法門我家の宝蔵なり、此心すなはち諸仏の無上菩提なれば自身に凡夫地をはなるべし。法の邪正を察して心にその私なければ、一切時一切処に万善をのづからそなはる[205]」と。かくてはこの菩提心即戒体の発得こそ、十善の道にいたるいわば無門関にほかならなかったことが、いまや明白である。

すなわち「菩提心の三相（厭離有為心・欣求勝法心・深念衆生心）、是を菩薩大戒の能発とす[206]」とあり、「此ノ菩提心法性に順じて発す、函蓋相かなうて量法世界にひとし[207]」とするのは、まえにも触れておいた『戒学要語』にみえる説示であって、いわゆる伝戒相承の義を開顕したものといえるであろう。なによりもまず、この十善道がもともと相承の教えであって、あくまでそれを離れたものではありえなかったのであるが、それを『人登奈留道随行記』では「仏法みな師承あるべし、仏在世文殊弥勒迦葉阿難等より師資相うけ来り、今に至るまで此ノ十善をつたふるなり[208]」と解説してあった。かくして再度われわれは『十善之系統』に出逢うこととなったが、ここに想起さるべきはやはり「律法中興」の祖、明忍律師の存在である。既述のとおり、鑑真和上を祖とあおぐ律宗の次第相承と、この明忍以降のいわば真言律のそれとを総括して、一連の『十善之系統』を成立せしめた直接の原因、つまり可能的にはともかく現実の拠りどころは、あくまでも例の神託「戒は是レ十善、神道は是レ句々の教[209]」というところにあった。このことは、なにも明忍の存在がただ右の系譜論のうちで決定的な役割を演じているというだけでなく、もともと当面の問題たる十善思想の内容に関して、とりわけ重要な示唆を与えていたということなのである。

たとえば慈雲の『戒学要語』から相承をあかす文章を引用すると、こうである。「伝戒相承は、十善を以て菩薩所受の律儀を成立し、所学の戒相を成立す、初五戒の鄔婆塞、鄔婆夷より、乃至大比丘菩薩の深行に通ずるなり、威儀は諸部みな取用す、義浄三蔵の所承の如くにはあらず[210]」。あるいは「今家の相承、初心より後心に至るまで、同く十支なり、具に云ハば殺生も三業にわたり、偸盗も三業にわたり、婬犯も身口意の業にわたり、妄語も身心の妄語あり、此ノ浄法界（戒体）、身となり口となり意となる、麁細を云フべからず久近を云フべからず[211]」と。このように委曲を尽くして「戒はこれ十善」とする「相承の義」が記述されていたわけである。もとより『十善法語』巻頭に示されたごとく、十善道はどこまでも「諸の大小乗経論の通説[212]」であり、「要を取て言はば、世間戒も出世間戒も、声聞戒も菩薩戒も、此ノ十善戒を根本とする[213]」といった見解も別に目新しいものではありえなかった。しかし、それと同時に「人たる道と云フは、諸の三蔵学者、文字の輩は、浅きことに思ふべけれども、さうでない[214]」として、ことさら「華厳十地品中離垢地の法門には、此ノ十善が直に菩薩の戒波羅蜜の行じや。大日経方便学処品には、此ノ十善が直に真言行菩薩の学処じや[215]」と『華厳経』『大日経』の十善説を挙げてくるのは、もとより両経を所依とするという相承が存在したからにほかならない。このように、ひとしく通仏教的な十善を説くにしても、慈雲の場合その十善観の骨子となり基本をなすものは、どこまでもかかる相承の義であって別のものではなかったのである。まえに『十善之系統』で認められた鑑真系と明忍系とのいわば二重関係も、内容的にいえば、かかる相承を基本とする十善観として後者に即しつつ、しかもそれを仏教の根本精神のおのずからなる顕現と捉えることによって初めて釈尊以来の伝統が根源的に蘇るとする確信に基づくものではなかったろうか。

しかし、ここで明忍以来の伝戒相承の全貌に触れる余裕もなく、またその必要もなかろう。いまはただ戒律修行、つまりは「本然具足の仏心」の開顕する過程に関する意見だけは、これを徴しておかねばならないかと思う。すでに明らかなごとく、十善道はそのまま本来の自心たる菩提心を現成せしめる修行の階梯である以上、「此ノ法本より具足して闕失無れども、授受の規則有て戒体を発得する。喩へば輪王の長子、生得尊貴なれども、即位の規則有て天位に登る如くじや」[216]。すなわちまず受戒がとうぜん重大な意味をもつ。また「此ノ十善法性平等なれども、人々受得する所に適ふて、分に其ノ功徳を得る」[217]。つまりは十善護持の修行のうちにも、おのずと浅深あり段階も分かたれてくること、まえに不殺生戒についてみたとおりであった。しかし、かかる段階をも含め、総じて仏戒に縷説された修行の「次第階級と云ふことを梯《ハシコ》の子を数へる様に覚えては違ふ」[218]と慈雲はつよく戒めたのである。すなわち「若し受戒し了て漸々菩提の行願を起すと云へば、更に何レの時をか待ん。即今の一念心に菩提の行願は満足して、欠ることもなく余ることもない。若し三大僧祇修行して始めて無上正覚を成ずと云へば、更に何レの時をか待ん、無上正覚は即今の一念心に有て、欠ることもなく余ることもない。過去と説き未来と説き、遠近を論じ遅速を論ずるも、唯現今の一念にだまされて居る者の為に説く仮立の名目のみ」[219]と。このように説くことによって、かれは形式的ないわゆる戒律主義者の修行戒律観を一挙に超過するのであったが、同時にまたここに、「菩薩の一戒光明金剛宝」[220]の面目躍如たるものが表われていたということもできるであろう。

すなわち「今家は七衆の階級みだれずといへども、ひとしく菩薩の一戒光明金剛宝なり、毫も相違すれば、みな結縁に堕す」[221]とするところに、かれの説く十善道の根本的性格を認めて誤りなしとしない。とするならば、われわれは菩提心の開顕のうちにあたかも「万善具足の法門」の集約的な表現をみるにいたった慈雲の密教観と、この戒律観とのあいだに緊密不可分の関係があったことを確認できるのではなかろうか。如法に菩提心を開発し顕現せしめるところの「菩薩の一戒光明」とは、かれにおいてはそのまま「如来内証智」に通ずるとともに、密教の根源的な同一性にまで帰着せずにはおかなかったからである。いわゆる「法身如来内証智の法門を密教と云フ。生身の如来内証智の法門を戒律と云フ。その在世五十年機に随ふ法門を大小権実の教と云フ[222]」の一節は、かれの戒律観の本領を露わにするばかりでなく、やがて密教理解の到達点をも示すものであった。もとより如来内証智とは衆生の機根に随わず法爾自然、あくまで法性常爾の端的なる開顕というべく、ここに密教の密教たる所以もあったわけであるが、慈雲によれば「諸法の法位に住する時は常に是レ密教なり、衆生の機見に従ふ時は常に是レ顕教なり。既に機見に従ふ、然る時は華厳法華と云へども皆顕なり。既に法位に住す、然る時は数論声論と云へども皆密なり。而るに彼は我相を執するが故に外道たり。此は法位に住するが故に密教たり。大師の所レ謂顕密ハ在レリ人ニ、声字ハ非なりとは此の謂ヒなり[223]」。まさにこの法位に住するか否かが顕密差配の根拠であるというものであった。まして如上の戒律観によれば、戒律とは本来、我相を執し、機見に随順するがごとき教えではありえなかったがゆえに「生身の如来内証智の法門」と説かれ、そこにとうぜん密教的戒律観とも称すべき性格が顕われずにはおかなかったのである。そしてかく解するときに初めてわれわれは十善道の根底において「人間生れままの心」とか「人々具足の徳」が首尾一貫してすこぶる重要な意味を荷っていた事情も、さらには三世十方にわたり森羅万象すべて「十善の粧い」ならぬはないとする、かれ独自の自然観や世界観をも一緒に了解できるように思うのである。

ここでいま一度まとめてみよう。性戒十善を尽くして一法性とし、かかる法性を開顕せしめる道はまた十支にきわまり、「一多元来不二なれば、一戒の中に諸戒を具す[224]」という。しかしてこの十善は「人となる道」を離れずして天地生育の道にも順ずべく、仏法にも順ずるものとして説かれたわけである。そしてこれを指して「仏出世不出世性相常爾の法」と呼び、かつは「菩薩の一戒光明金剛宝」といったものであろう。ところが、これをもってはたして「禅者此を見て禅と云フ、（中略）教者は此を見て此を教と云フ、（中略）律者ハ此を見て此を律と云フ、万国の法度此を外にすれば一日も不レ治ラ[225]」と称することができるであろうか。たしかにこの『十善法語』には最初に迷うもの知らぬもののための「仏の説示」がまず掲げてあって、仏教とは何かという根本的理解なしにこの門に入ることは許されていなかった。そしてこの問題を、かれは『法華経』の「今此三界皆是我有、其中衆生悉是吾子」という一偈[226]を引いて解説していたのである。すなわちこの欲界・色界・無色界の三界はじきに十善まったき処にして、「大人たる者の己心中所領の地ぞ、其ノ中の衆生は実に吾子ぞ[227]」というのであった。いいかえると、我相をかまえ妄想に随順することなく「此ノ色心の巣窟を脱却して迥然として独脱する[228]」ところがなくてはならぬ、そこでは見聞覚知の境界もみな大道と相応して生滅去来の相を絶しており、色声香味などの諸塵すべて妙理と相応して、身心適悦する。かくては山河大地も草木叢林もそのまま自己の身体にほかならないが、この場所を指して経典には「今此三界皆是我有」と説かれたものだし、一切衆生の心念思慮をもって、もろもろの安心得解、断惑証理をもってじきに自己の心相とするごとき場所を「其中衆生悉是吾子」と説示されたというのである。そしてかれは語気をつよめて「仏在世には、在家も出家も、天龍八部人非人まで、此ノ場処を心に得て身に行ふたと云フことじゃ[229]」ともいっている。いわゆる諸法実相の理法をただしく憶念し、邪見をまじえず正道理を体認することが、十善道の首尾一貫した教えであり、その眼目であったといわねばならない。

もしこの真実相が認得されないときは、ただの一戒たりともほんとうに護持されることがない、その意味では十戒を総べるものはただ不邪見の一戒にきわまるともいえるのであった。後年かれの講義録が若干残されている中にも不邪見戒に関するものが圧倒的におおいことは、かれの関心の所在を知るうえにも役立つのではあるまいか、のみならず在家も出家も、おしなべて仏法の真実に触れしめずには措かないという悲願がありありと感得されるまでに、その説示は懇切丁寧をきわめたものであった。したがって、もしこの『十善法語』のうちにただ戒律の問題のみを求めるときはかれの真意に達することもないであろう。その一例として「不殺生戒」の説明を挙げてみよう。「一切衆生は我子なるに由て、一切有命の者に対すれば不殺生戒と名くる、此に我子と云フは、世間に親子の間は睦まじきものなるに由て、これに比べて説イた言じや。実は一切衆生の心念思慮を以て自己の心とすることじや。自心と一切衆生と平等平等にして、元来へだてなきじや、一切有命の者が、眼に遮らねば止ね、眼にさへぎれば必ず慈悲心生ずる、是を菩薩と云フ、此ノ菩薩の心を戒と名づくる。この菩薩の心は、一切衆生に本来具足したものなれども、煩悩業障深厚なるに由て、暫く現ぜぬのみじや、現ぜぬと云フとも、本来かけめはない、今日正法に遇て一分も護戒の心生ずるは、本来仏性の明了ならんとする前標と云フものじや(230)」と。

くり返していえば、さきに不殺生について無限の慈悲心が説かれたのも、本来かかる仏法の会得がその根底にあったればこそ、それが真に「菩薩の心」という意味をもちえたのであり、「人間生れままの心」も根源的にはかかる「菩薩の心」と不二一体のものなるがゆえに、仏性とも法性とも解しえたのであった。いうまでもなく十善の道をまっとうしたものを菩薩と名づけ、菩薩のうちに体現せる心が性戒、つまりは本来の自心であり、本然具足の仏心なのである。十善をとりまとめて「菩薩の一戒光明金剛宝」と称し、また「人々具足の徳」とか「我にある宝蔵」と呼びうる理由もここにあったといわねばならない。こうした十善道の根本構造そのものが、やがてこの『十善法語』をして、ただに十善戒あるいは戒律という問題領域のみにとどめず、いわば教・律・禅の全域におよぶ規模をもち、かつは戒・定・慧三学を根源的に総括するごとき性格のものたらしめたことはおのずから明らかであろう。そのうえ、かれの説戒の手法はじつによく洗練されており、蘊蓄をかたむけて条理を乱さず、平易に説いて法を曲げるものではなかった。

かかる特色をもつ『十善法語』が、既述のようにもしかれの密教観に支えられたものと解しうるならば、それはまた逆にかれの密教理解のもつ独自な性格を示すものでなくてはならないであろう。すなわち、きわめて透徹したかれの密教理解のうちで、とりわけ倫理宗教的な色彩が濃厚になるとともに、本来的に密教が包蔵したと思われるところの、どこかデモーニッシュな性格は影をひそめ、一種の知的洗礼をへて鋭く磨ぎすまされることによって、低俗な民間信仰の基盤からも遠ざかっているともいわれよう。総じて慈雲の密教観は、古来の民間信仰と結びついた日本密教の諸性質を捨て去り、密教本来のあり方に還ろうとするものではあったが、まさにそこで切り捨てられた諸問題が、いまなお密教のみならず日本仏教の温床となって存続していることも見落とせない。それはともかく、かれの志向した密教本来のあり方が、この『十善法語』の示すごとく、仏教の根本精神を貫きとおす極みにおいてのみ顕現するという指導理念は、密教のうちに一切の仏教思想がいわば流れ込んでいるとする見解とともに、とくにかれの近代的性格を表わすものといえるが、それはただちに密教そのものの変質を意味するものであろうか。その辺のところはよく解らないのであるが、たとえば『大日経』に十善道を「真言行菩薩の学処[231]」と説くとき、密教には慈雲のような理解をどこか許すところがあったと考えられなくもない。というより、むしろそのように端的に開かれたる密教の本質をかれが把握していたと、ここでは考えてみたかったのである。

註

(1) 中村元『日本宗教の近代性』(『中村元選集』第八巻、一〇六頁、春秋社、一九六四年)。
(2) 中村元　前掲註(1)書、一四四頁。
(3) 『慈雲尊者伝私見』(『慈雲全集』首、二三八頁)には「一旦退衆。後還衆」と記す。

（4）『雑々記文集』「高貴寺古義新義の御尋に対する回答案文」（『慈雲全集』一七、五三頁）。
（5）『高貴寺規定』（『慈雲全集』六、八九頁）。
（6）『諸宗之意得』（『慈雲全集』一四、三五頁）。
（7）『諸宗之意得』（『慈雲全集』一四、三四～三五頁）。
（8）『諸宗之意得』（『慈雲全集』一四、三一頁）。
（9）註（8）に同じ。
（10）中野義照「慈雲尊者の正法精神」（『慈雲全集』補遺、附録一五頁）。
（11）『慈雲尊者伝私見』所収「尊者法流伝受の事」に引用する慈雲尊者記「」による（『慈雲全集』首、二四四頁）。
（12）『高貴寺規定』（『慈雲全集』六、八三頁）。
（13）『方服図儀講解玄談』（『慈雲全集』二、一七頁）。
（14）中村元　前掲註（1）書、一一三頁。
（15）註（14）に同じ。
（16）中村元　前掲註（1）書、一三六頁。
（17）註（16）に同じ。
（18）中村元　前掲註（1）書、一二四頁。
（19）『方服図儀講解玄談』（『慈雲全集』二、一六頁）。
（20）註（12）に同じ。
（21）圭室諦成『日本仏教史概説』、理想社出版部、一九四〇年。
（22）『千師伝』（『慈雲全集』一七、三一頁）。
（23）『慈雲尊者法語集』「六十六　今後は法を説くまい」（『慈雲全集』一四、七五〇頁）。
（24）『慈雲尊者文集』所収「信州正安寺大梅禅師手書裱装記」（『慈雲全集』一五、三九頁）の取意。
（25）拙稿「慈雲の生涯と思想」（本書二一三頁）。

(26)『十善法語巻第四　不妄語戒』（『慈雲全集』一一、一〇七頁）。
(27)『十善法語巻第七　不両舌戒』（『慈雲全集』一一、二六二頁）。
(28) 註（23）に同じ。
(29)『諸宗之意得』（『慈雲全集』一四、三九～四〇頁）。
(30)『正法律興復大和上光尊者伝』（『慈雲全集』首、四四頁）。
(31)『麤細問答』（『慈雲全集』補遺、九六頁）。
(32)『十善法語巻第二　不偸盗戒』（『慈雲全集』一一、六六頁）。
(33)『両部曼荼羅随聞記』巻一（『慈雲全集』八、一一四頁）。
(34) 註（33）に同じ。
(35)『両部曼荼羅随聞記』巻一（『慈雲全集』八、八五頁）。
(36)『方服図儀講解玄談』（『慈雲全集』二、一七頁）。
(37)『慈雲尊者法語集』所収「二　真言宗安心」（『慈雲全集』一四、三二八頁）。
(38) 長谷宝秀編『増補真言宗安心全書』巻上〈再版〉、二二七～二二九頁、六大新報社等、一九七三年。
(39)『両部曼荼羅随聞記』巻五（『慈雲全集』八、二七九頁）。
(40)『慈雲尊者法語集』所収「二　真言宗安心」（『慈雲全集』一四、三二九～三三〇頁）。
(41)『両部曼荼羅随聞記』巻一（『慈雲全集』八、一〇六頁）。『両部曼荼羅随聞記　略本』巻上（『慈雲全集』八、三九三頁）。
(42) 註（41）に同じ。
(43)『両部曼荼羅随聞記』巻四（『慈雲全集』八、二二四頁）。
(44) 註（43）に同じ。
(45)『諸宗之意得』（『慈雲全集』一四、三二一頁）。
(46)『両部曼荼羅随聞記』巻四（『慈雲全集』八、二五三頁）。
(47) 註（13）に同じ。

(48) 註(13)に同じ。
(49)『諸宗之意得』(『慈雲全集』一四、三三三頁)。
(50) 註(19)に同じ。
(51)『十善戒法語の縁起』(『慈雲全集』一二、四七八頁)。
(52)『枝末規縄』(『慈雲全集』六、七八頁)。
(53)『慈雲尊者文集』所収「愚黙禅師肖像賛」(『慈雲全集』一五、四二頁)。
(54)『慈雲尊者法語集』所収「二　真言宗安心」(『慈雲全集』一四、三二九頁)。
(55) 註(54)に同じ。
(56) 註(54)に同じ。
(57) 註(54)に同じ。
(58)『十善法語巻第五　不綺語戒』(『慈雲全集』一一、一八九頁)。
(59)『両部曼荼羅随聞記』巻二(『慈雲全集』八、一五九頁)。
(60) 註(59)に同じ。
(61) 註(59)に同じ。
(62) 註(59)に同じ。
(63)『三昧耶戒和釈』(『慈雲全集』八、六一頁)。
(64)『三昧耶戒和釈』(『慈雲全集』八、六一～六二頁)。
(65)『麤細問答』『慈雲全集』補遺、九二頁)。
(66)『麤細問答』『慈雲全集』補遺、一〇五頁)。
(67)『麤細問答』『慈雲全集』補遺、一〇六頁)。
(68)『慈雲尊者法語集』所収「三十四　教者禅者」(『慈雲全集』一四、五〇二～五〇三頁)。
(69) 註(67)に同じ。
(70)『慈雲尊者法語集』所収「八　応無所住而生其心開示」(『慈雲全集』一四、三五九頁)。

(71)『十善法語巻第四　不妄語戒』（『慈雲全集』一一、一〇七頁）。
(72)『慈雲尊者法語集』所収「三十八　現今の一念心」（『慈雲全集』一四、五一七～五一八頁）。
(73)『慈雲尊者法語集』所収「三十八　現今の一念心」（『慈雲全集』一四、五一八頁）。
(74)註（73）に同じ。
(75)『慈雲尊者法語集』所収「五十二　心如巧画師」（『慈雲全集』一四、六四四頁）。
(76)『人となる道　略語』（『慈雲全集』一三、四一二頁）。本文は「直心これ菩薩の道場。十善是レ菩薩の道場なりと」。
(77)『大日経』「入真言門住心品」（『大正蔵経』一八、一頁下）。
(78)『秘密曼荼羅十住心論』巻第十（『定本全集』二、三〇七頁）。
(79)『慈雲尊者法語集』所収「二　真言宗安心」（『慈雲全集』一四、三三〇頁）。
(80)『慈雲尊者法語集』所収「二　真言宗安心」（『慈雲全集』一四、三二九頁）。
(81)註（80）に同じ。
(82)『慈雲尊者法語集』所収「廿二　孝道」（『慈雲全集』一四、四一六頁）。
(83)『人となる道　略語』（『慈雲全集』一三、四一二頁）。
(84)註（83）に同じ。
(85)『慈雲尊者法語集』所収「廿二　孝道」（『慈雲全集』一四、四一八頁）。
(86)『慈雲尊者法語集』所収「廿二　孝道」（『慈雲全集』一四、四一七頁）。
(87)註（82）に同じ。
(88)註（86）に同じ。
(89)『麤細問答』（『慈雲全集』補遺、八八頁）。
(90)『麤細問答』（『慈雲全集』補遺、七五頁）。
(91)註（90）に同じ。
(92)註（90）に同じ。
(93)註（89）に同じ。

(94)『麤細問答』（『慈雲全集』補遺、七七頁）。
(95)『麤細問答』（『慈雲全集』補遺、七八頁）。
(96)註（80）に同じ。
(97)『十善法語第二　不偸盗戒』（『慈雲全集』一一、五一頁）。
(98)『十善法語第二　不偸盗戒』（『慈雲全集』一一、五二頁）。
(99)『人となる道』（『慈雲全集』一三、三七～三八頁）。
(100)『慈雲尊者法語集』所収「二　真言宗安心」（『慈雲全集』一四、三二九～三三〇頁）。
(101)『十善法語巻第十二　不邪見戒之下』（『慈雲全集』）一一、四四四頁）。
(102)金山穆韶師「密教の正意」（同著『真言密教の教学』一六八頁、高野山大学出版部、一九四四年）。
(103)註（79）に同じ。
(104)註（79）に同じ。
(105)『三昧耶戒和釈』（『慈雲全集』八、六四頁）。
(106)『十善法語巻第四　不妄語戒』（『慈雲全集』一一、一一二～一一三頁）。
(107)註（79）に同じ。
(108)註（79）に同じ。
(109)『十善法語巻第四　不妄語戒』（『慈雲全集』一一、一一四頁）。
(110)註（109）に同じ。
(111)註（109）に同じ。
(112)『十善法語巻第四　不妄語戒』（『慈雲全集』一一、一一四～一一五頁）。
(113)『教王経釈』（『慈雲全集』八、五九頁）。
(114)註（113）に同じ。
(115)註（113）に同じ。
(116)註（113）に同じ。

(117)『般若心経秘鍵』(『定本全集』三、一一頁)。
(118)『慈雲尊者法語集』所収「八　応無所住而生其心開示」(『慈雲全集』一四、三六〇頁)。
(119)註(118)に同じ。
(120)『十善法語巻第五　不綺語戒』(『慈雲全集』一一、一九〇頁)。
(121)註(79)に同じ。
(122)註(79)に同じ。
(123)『十善法語巻第三　不邪婬戒』(『慈雲全集』一一、一〇一頁)。
(124)註(79)に同じ。
(125)『十善法語巻第七　不両舌戒』(『慈雲全集』一一、二六二頁)。
(126)『慈雲尊者短篇法語集』(『慈雲全集』一四、二二四頁)。
(127)註(79)に同じ。
(128)『慈雲尊者法語集』所収「六十五　正法難遇」(『慈雲全集』一四、七四七頁)。
(129)『教王経釈』(『慈雲全集』八、五九頁)。
(130)註(80)に同じ。
(131)『慈雲尊者法語集』所収「十三　中峰尼行脚開示」(『慈雲全集』一四、三七三頁)。
(132)註(80)に同じ。
(133)『十善法語』自序(『慈雲全集』一一、二頁)。
(134)『十善之系統』(『慈雲全集』六、二一〇〜二一二頁)。
(135)『招提千歳伝記』巻下之三所収「本山的伝派」(『大日本仏教全書』〈以下『仏教全書』とする〉一〇五、四一一〜四一二頁〉。
(136)『戒学要語』序(『慈雲全集』六、三六〜三七頁)。
(137)『岬山集』所収「槙尾平等心王院興律始祖明忍律師行業記」(冨士川英郎・松下忠・佐野正己編『詩集　日本漢詩』第一三巻、九五頁、汲古書院、一九八八年)。

(138)『戒学要語』序（『慈雲全集』六、三六頁）。
(139)『人となる道』跋文（『慈雲全集』一三、四六頁）。
(140)『律法中興縁由記』（『慈雲全集』六、三四四頁）。
(141)『律法中興縁由記』（『慈雲全集』六、三四八頁）。
(142)『律法中興縁由記』（『慈雲全集』六、三四六頁）。
(143)『律法中興縁由記』（『慈雲全集』六、三四六〜三四七頁）。
(144)『律法中興縁由記』（『慈雲全集』六、三四九頁）。
(145)『十善法語』跋文（『慈雲全集』一一、四七〇頁）。
(146)『十善之系統』（草稿）（『慈雲全集』六、二一三頁）。
(147)『三時勤行法則』「上座呪願文」（『慈雲全集』六、三〇一頁）。
(148)『慈雲大和上伝戒記』（『慈雲全集』六、三五二頁）。
(149)註（139）に同じ。
(150)註（138）に同じ。
(151)『正法律興復大和上光尊者伝』（『慈雲全集』首、四四頁）。
(152)『十善法語巻第十二　不邪見戒之下』跋文（『慈雲全集』一一、四五二頁）。
(153)『十善法語巻第一　不殺生戒』（『慈雲全集』一一、一五〜一六頁）。
(154)『十善法語巻第一　不殺生戒』（『慈雲全集』一一、一六頁）。
(155)辻善之助『日本仏教史』第九巻　近世篇之三、四三四頁、岩波書店、一九五四年。
(156)「盤珪仏智弘済禅師御示聞書上」（鈴木大拙編校『盤珪禅師語録』一二頁、ワイド版岩波文庫）。
(157)『十善法語巻第十二　不邪見戒之下』（『慈雲全集』一一、四四五〜四四六頁）。
(158)『十善法語巻第十二　不邪見戒之下』（『慈雲全集』一一、四四七〜四四八頁）。
(159)『十善法語巻第一　不殺生戒』（『慈雲全集』一一、五頁）。
(160)『十善法語巻第一　不殺生戒』（『慈雲全集』一一、四頁）。

(161) 註(160)に同じ。
(162) 註(160)に同じ。
(163) 伊藤仁斎『童子問』上(清水茂校注『童子問』二六頁、岩波文庫、一九七〇年)。
(164) 『十善法語巻第一 不殺生戒』(『慈雲全集』一一、二五頁)。
(165) 『人となる道 初編』(『慈雲全集』一三、二一頁)。
(166) 註(165)に同じ。
(167) 『十善法語巻第一 不殺生戒』(『慈雲全集』一一、二四頁)。
(168) 註(167)に同じ。
(169) 註(167)に同じ。
(170) 『十善法語巻第一 不殺生戒』(『慈雲全集』一一、二四〜二五頁)。
(171) 註(164)に同じ。
(172) 『十善法語巻第二 不偸盗戒』(『慈雲全集』一一、四六頁)。
(173) 『十善法語巻第二 不偸盗戒』(『慈雲全集』一一、四九頁)。
(174) 『十善法語巻第二 不偸盗戒』(『慈雲全集』一一、五一頁)。
(175) 『神儒偶談』巻上(『慈雲全集』一〇、六一頁)。
(176) 『十善法語巻第二 不偸盗戒』(『慈雲全集』一一、五六頁)。
(177) 『十善法語巻第二 不偸盗戒』(『慈雲全集』一一、六七頁)。
(178) 『十善法語巻第二 不偸盗戒』(『慈雲全集』一一、六八頁)。
(179) 伊藤仁斎『童子問』上(清水茂校注『童子問』二二頁)。
(180) 『十善法語巻第二 不偸盗戒』(『慈雲全集』一一、五七頁)。
(181) 註(180)に同じ。
(182) 註(180)に同じ。
(183) 註(180)に同じ。

(184)『十善法語巻第二　不偸盗戒』(『慈雲全集』一一、五七～五八頁)。
(185)『十善法語巻第二　不偸盗戒』(『慈雲全集』一一、五八頁)。
(186)註(185)に同じ。
(187)『十善法語巻第二　不偸盗戒』(『慈雲全集』一一、五九頁)。
(188)註(187)に同じ。
(189)註(187)に同じ。
(190)註(187)に同じ。
(191)『十善法語巻第二　不偸盗戒』(『慈雲全集』一一、五九～六〇頁)。
(192)『十善法語巻第二　不偸盗戒』(『慈雲全集』一一、六三頁)。
(193)註(177)に同じ。
(194)註(177)に同じ。
(195)註(177)に同じ。
(196)『十善法語巻第二　不偸盗戒』(『慈雲全集』一一、六六～六七頁)。
(197)註(177)に同じ。
(198)『十善法語巻第二　不偸盗戒』(『慈雲全集』一一、六六頁)。
(199)註(198)に同じ。
(200)註(164)に同じ。
(201)註(172)に同じ。
(202)註(172)に同じ。
(203)『十善法語巻第一　不殺生戒』(『慈雲全集』一一、六頁)。
(204)『十善戒相』(『慈雲全集』一三、五頁。補遺、五五頁)。
(205)「受戒の時発菩提心の心得」(『慈雲全集』補遺、二三頁)。
(206)『戒学要記』(『慈雲全集』六、四〇頁)。

(207) 註(206)に同じ。
(208) 『人登奈留道随行記』(『慈雲全集』一三、五七頁)。
(209) 註(142)に同じ。
(210) 『戒学要記』(『慈雲全集』六、四七頁)。
(211) 『戒学要記』(『慈雲全集』六、四一頁)
(212) 『十善法語巻第一　不殺生戒』(『慈雲全集』一一、三頁)。
(213) 『十善法語巻第一　不殺生戒』(『慈雲全集』一一、三～四頁)。
(214) 註(212)に同じ。
(215) 註(212)に同じ。
(216) 『十善法語巻第一　不殺生戒』(『慈雲全集』一一、七～八頁)。
(217) 註(203)に同じ。
(218) 『慈雲尊者法語集』所収「十九　実修実行」(『慈雲全集』一四、四〇二頁)。
(219) 註(218)に同じ。
(220) 註(206)に同じ。
(221) 註(206)に同じ。
(222) 『人となる道　第二編不邪見戒(十)』(『慈雲全集』一三、三三七頁)。
(223) 『両部曼荼羅随聞記』巻一「顕密大意」(『慈雲全集』八、一〇五頁)。
(224) 註(177)に同じ。
(225) 『不殺生戒記』(『慈雲全集』一一、四五七頁)。
(226) 『十善法語巻第一　不殺生戒』(『慈雲全集』一一、五頁)。
(227) 註(203)に同じ。
(228) 『十善法語巻第一　不殺生戒』(『慈雲全集』一一、九頁)。
(229) 『十善法語巻第一　不殺生戒』(『慈雲全集』一一、一〇頁)。

(230)『十善法語巻第一　不殺生戒』(『慈雲全集』一一、一一〜一二頁)。
(231) 註(212)に同じ。

七　慈雲の生涯と思想

はじめに

慈雲尊者の書は、じつにすばらしく魅力的である。それだけに、尊者に魅せられたおおくの先学たちによって、その書とか人格とか生涯については、もはや縦横に語り尽くされた感がないでもない。そこで、その生涯と思想という観点から、いささかなりとも、尊者の遺徳を偲ぼうとして試みられたのが、この小論である。ところで、思想というものは、あらゆる方法を用いて自己を表現しようとする。ことに宗教的な思想は、もともときわめて主体的なものであるだけに、そうした傾向がつよい。したがって、たとえば尊者の芸術観のうちにもすでにその宗教や思想からの投影がみられるはずである。そこで、まずその芸術観を調べてみると、ある法語の中で二ヵ所、比喩としてそれが使われているところがあった。引用してみよう。

〈その一〉喩へば今の画師が、山を書いたり川を書いたり、鳥獣草木を書いたり、人物を書いたり、器財を書いたり、其の形容彩色各々別異な、高下が分るゝ、尊卑が分れる。同じ人物の中に、勇怯があり好醜がある。それじやが、一草の中にも、其の画工の幼年より工夫を用ひた分斉、平生得力の筆意が、厳然として具つてある。其の画工の平生の心だての雅俗、一生の行履まで、皆其の画く所の一草に具はつてある。一草が妙手、一木が妙手、一鳥が妙手じや。
〈その二〉譬へば画工が、王公を画けば尊貴に、庶人を画けば卑賤なれども、其の筆意は唯一じや。鳥を画けば艶美に、波浪岩窟を画けば俊傑なれども、その筆意は唯一じや。一点の妙一画の巧は、画師も己れを忘れて名くべからざる所がなければ巧画師ではない(1)。

作品の見どころは、一木一草にこもっている作者のすべてにあり、作者の心得べきことは、一点一画の筆意のみである、こうした見解が中世的な芸道観から出ていることは明らかである。そこでは、芸術作品の鑑賞といっても、創作にしても「道」を離れたものであることは許されない。それらは、根源的な意味で人間形成のいとなみとされる。いわゆる「己れを忘れて名くべからざる」の妙処、つまり芸道の極位にまで朝宗する一切の修行が、とりも直さず根源的な主体性を現成せしめる道なのである。もっとも、ここで問題にしたいのは、かかる伝統的な芸道観が、慈雲の場合、すべてを規定しているといえるかどうか。また、彼においては、伝統と批判というものがどう関係していたのか。こういった問題を、すこしく考えてみようというのである。

一般に慈雲の正法律は復古主義といわれるが、ここにもやはり、伝統と批判の問題が顔をだしている。たしかに彼は、槙尾の明忍律師をはじめとして真言、天台、浄土、日蓮の各宗にわたってくりひろげられた戒律運動の最後をかざる、もっとも徹底した復古主義者である。そのかぎり、彼はあくまで伝統の人であった。ところが、いわゆる伝統主義というには、あまりにも彼は批判的すぎた。その批判的精神は、なるほど禅によって培われたが、いまひとつ、彼には学問があった。そして、その学問は「江戸時代に於けるもっとも独創的な学者である」といわれる、伊藤仁斎や本居宣長にも匹敵するだけの本格的なものである。彼らはすべて近代理性の洗礼をうけ、実証性と合理性を重んずる批判的精神の持ち主だったわけである。

かかる精神が、仏教においていかなる発言をし、いかなる業績をおさめえたかというひとつの実験を、慈雲においてわれわれは見ることができる。それは、もはや伝統への盲従でなく、あらたな伝統樹立の道をひらくものでなければならないであろう。かかる観点から、しばらく彼の生涯をたどり、その思想形成と展開のプロセスを跡づけてみたい。

一　修行の時代

享保三年（一七一八）の七月、慈雲は大坂中之島、高松藩の蔵屋敷に生まれた。それはちょうど如法律を唱えた浄厳の歿後十六年目にあたり、また白隠よりも三十一年の後輩である。それに、おなじ大坂の生んだ仏教学者、富永仲基（一七一五〜四六）は彼より三歳の年長だったこととなる。彼の父は播州赤松氏の子孫で、上月安範（一六六五〜一七三〇）といい「性《ひと》となり磊落にして古人の風あり(2)」と伝えられる。彼自身、幼年を省みて「性《うま》れつき肉を嗜なみ酒を好む、親眷のうち一人の我を愛するものなし、悉く他日無頼の年少ならんと云ふ(3)」と記すとき、かの父が産業を事とせず、壮にして浪華にあそび、門をひらいて侠客を聚めたという気性と、一脈あい通ずるものを認めうるが、あるいは彼が、八人兄妹のうち末の七番目の男子であったことと関係があるのかもしれない。

十三歳のとき、父の死にあって田辺の法楽寺で出家し、かねて高逸の風を慕っていた忍綱貞紀和上（一六七一〜一七五〇）に預けられた。やむをえず父の遺命に随ったものの「十年依学して（中略）俗に帰って仏法を破斥せん(4)」とひそかに考えていたという。ところが十五歳、真言の四度加行を修するにいたって、はなはだ感ずるところあり、断見の非をさとった。のち、三年ばかり京都に遊学して堀川塾、伊藤東涯について日夜懈たることなく儒学や詩文を学ぶ。また十九歳にして、しばらく大和に遊学した後、そのころ京都の槇尾山や堺大鳥の神鳳寺と並んで、真言律の中心であった河内野中寺に掛錫、沙弥戒をうけたその冬、「蔵に入って律を看、五百結集の文にいたって忽然と自省するに、多聞は生死を度せず仏意とはるかに隔つ」(5)。これより、彼の関心はつよく修禅ということに結びついた。元文三年（一七三八）二十一歳にして野中寺で具足戒をうけ、そして翌四年、師の貞紀から真言の法を伝受し、さらに五年には、法楽寺を託されるにいたったのである。この間にも、はげしい内的要求にかられて禅観に専念した彼は、ついに二十四歳のとき、法弟の松林閑節に寺をゆずり、信州の正安寺、大梅法撰《てん》禅師（一六八二～一七五七）のもとに走った。その会裏でしたしく教導をうけること三年たらず、「二十五の時に初めて穏当になつた」(6)という。かくして、世間にはとても同道唱和の人もあるまいと、空閑独処、山林に蹈晦する決意をかためていた折から、老母の病気のしらせに接してふたたび河内にかえった。慈雲二十六歳、寛保三年（一七四三）五月のことである。

この時代は、のちに「正法律」の復興を標榜して、さまざまな活動を展開するための、必要にして十分な準備期、すなわち彼の修行時代にあたる。しからば、彼の生涯を貫く、いわゆる正法精神の確立ないし自覚が、とうぜんこの時代の眼目とならざるをえない。では、はたしてかかる自覚がいかにして獲られたか、いまいちど振りかえって考察してみよう。

何よりもまず、本師とあおぐ貞紀和上の影響が、彼の生涯を通じてもっとも顕著である。和上は持律はなはだ堅固、しかもよく密教や梵学に精通した学僧でもあり、まさしく「濁世の光明幢」(7)と呼ぶにふさわしい。のみならず、このすぐれた律僧はまたすぐれた教育者でもあった。この貞紀との恵まれた出会いによって、初めて彼は正法あることを信じ、正しい僧侶のあり方を学んだのである。そしてさらに、この機縁によって西大寺系の密教および梵学が、槙尾の明忍俊正律師（一五七六〜一六一〇）からの法脈と併せて、慈雲のものとなることができた。これらの中には、「仏学は梵文にあり」(8)という梵学研究への貴重な指針のほかに、正法律あるいは十善思想、神道の関係など、のちにきわめて重要な意味をもつ、思想や学問の骨子となる部分が含まれている。そればかりか、京都とか野中寺を中心とする遊学にしても、もともとは師の指導方針から出たものらしい。こうして前後十年ばかり、ほぼ仏教や儒教についての基礎学問、ないし僧侶としての基本的な実修のなったことを見越して、法楽寺が彼にゆずられたと解していいようである。

ところが、やむにやまれず、ついに師の機嫌までそこねて、おそらく生涯にたった一度だけの反抗を試みる破目に陥ったのが、それこそ、まさしく信州への出奔ということであった。つまり大梅に参禅したことの意味は、彼の内面的要求のつよさを示すのみならず、それがむしろ彼の人生航路を一変するような決定的な転機となったことにある、と考えておきたい。このことを理解するためには、どうしても十五および十九歳のときの体験について、あらかじめ検討する必要がおこってくる。要するに、両者はともにコンバージョンの体験であったが、とりわけ十五歳のそれは、朱子学による排仏思想からの脱却、そして正法への帰投という仕方で行われた、改宗ないし入信という性格のものである。そこで彼は、初めて正法のあることを信じ「法の深重なること」(9)を確証することができた。ところが京や大和の遊学をへて、学問への関心がたかまった、その極みにおいて、とうぜん仏法と学問という対立、すなわち仏教に対する学問の底に潜んでいる根本的な欠陥が、あらためて露呈せざるをえなくなってくる。そしてそこに、多聞つまり学問と、禅定つまり仏法の実修とが、いわばその位置を逆倒するという、第二の転換がおこる。これがつまり十九歳の体験であり、それとともに「禅定を修して生死を決択する、沙門の本命・元辰なり」(10)という修行態度が、彼のうちで決定的なものとなった。そしてこの態度が、いっそう徹底されて「更に余事なし[11]」ということになり、生死の問題が第一義とされるにいたったとき、これまでの師の教導や自己の修行を含めて、教者および律者の立場の一切もまた、いまや全面的に問題と化するほかはない。つまり、真正の修行という観点にたてば、教・律いずれの立場からも「生死を度する[12]」ということは、まるで不可能である。とすると、大梅への参禅は、かかる教者と律者の立場の一切に対する、いわば袂別という意味をもたざるをえない、と解してよかろう。ともあれ、かくすることによって、彼は「仏在世の正儀正法、聖弟子の大志大行[13]」を味わいえて、初めて隠当になることができたし、そのかぎり、大梅はまた彼にとって「法に力を得たる因縁[14]」となりえた、ということができる。

このようにして、慈雲の正法精神の自覚というものは、たしかに師の貞紀により開発されたが、けっきょく最後には禅の修行をとおして、初めて現実のものとなりえたわけである。にもかかわらず、彼はまた「大梅和尚とは見処が大に齟齬した[15]」ともいっているし、まして「同道唱和の人もあるまい[16]」という言葉から察するとき、さきの教者・律者に加えて、ここでは禅者に対してもまた絶縁状が申し渡された、とでも解さざるをえない。こうした事情を闡明するためにも、つぎには、はたして正法の自覚とは何を指すのか、ということが検討されねばならないであろう。

二　正法護持への道

それでは、この二度におよぶ袂別を通じて獲得され、慈雲のうちに自覚的となった正法精神とは、いったい何であろうか。それは、つまり「唯夕仏の行はせられた通りに行ひ、仏の思惟しあらせられた通りに思惟する[17]」ことであり、「要はすべて仏在世を本とすべし[18]」の一言に尽きる。おなじことが「正しく私意を雑へず、末世の弊儀によらず、人師の料簡をからず、直に金口所説を信受し、如説修行する[19]」ともいわれている。いまの言葉でいえば、それは原始仏教の精神にかえれ、ということであろう。ところが、彼の理想とする釈尊および僧伽、すなわち原始仏教教団に対して、仏法の現実はなんと悲しむべく、また憐むべき状態にあることか。そこには、歴史的にも地理的にも、すでに越えることのできない、はるかな距離があるばかりでなく、言語も風俗・習慣も、まるで異なっているがゆえに「規矩同じからず[20]」、それだけにまた、禅定にせよ戒律にせよ、もはや「面受口決するも亦通じがたい[21]」。いわんや金口所説の仏法は、まったく「その真を失ひ、その源に違ふ[22]」にいたって、久しく「相似ノ仏法[23]」に堕しており、あまつさえ「群魔横行シテ仏法の祟りをなす[24]」といった有様である。かつて明恵上人が「今の諸宗の者の云フ通りが仏法ならば、諸道の中に仏法よりわろきことはなき[25]」といわれた心境は、そのまま慈雲のものでもあったかと思う。こうした末世・法滅のときにあたって、像末・相似の仏法に対し、いまいちど仏法の真のあり方、すなわち「正法」を宣揚することこそ、彼の根本信条にほかならない。しかるに、このような復古主義運動は、いうまでもなく日本仏教史上しばしば散見するところであって、少なくとも彼独自の見解とすることはできない。彼もまた、さきに述べたように、いわゆる明忍以来の戒律復古運動を受け継いだまでである。にもかかわらず、慈雲の信条は、これら同時代あるいはそれ以前のいかなる復古主義に比べてみても、たぶんもっともラジカルである、といいうるのではあるまいか。加うるに、この理想実現のために彼の払った努力は、じつに驚くべきものであった。以後、彼の生涯はまったくかかる理想を現実にするために捧げ尽くされた、といっても過言ではあるまい。

こうした彼の主張を、いま「根本僧制」その他から抜きだしてみると、だいたいつぎのようなことであろう。まず「一切の事須く律によって判ずべし[26]」という徹底した戒律主義が、その基調をなしている。仏在世を本とした教団の規律および生活の規則が、なによりも修行の先決条件だからである。つまり、戒律とは本来「正法之命脈[27]」にして「沙門の通式[28]」なのである。ところが、生活の規則とはけっきょく、あくまでも形式にかたむき、正法への指針たるにすぎないからして、問題はむしろ修行の内容ということにかかってこざるをえない。すなわち、禅定こそ「真智之大源[29]」であって、これを抜きにした「真正の修行」ということは考えられず、これまた「沙門の通式」でなくてはならない。しかし、これらの戒・定に対していえば、いわゆる慧にあたるべき「八万四千の法門[30]」ことごとく「解脱ノ要路[31]」を説かないものとてないはずである。かくのごとく、戒・定・慧の三学を兼ね修するにあたっては、ただ仏説に随順し、一毫の私意もまじえず、如法如律に修行するということがなければならないが、これこそ「正法律之護持[32]」というものである。したがって、正法律は「一切諸宗如法如律之徒[33]」には、もちろん「悉クこれ一派同袍なり[34]」として門をひらくが、相似の修行者、つまり末世の弊儀とか人師の料簡にしたがうものは「法及び席を共にすることを得ず[35]」として、一切斥けられてしまう。いいかえるならば、正法と正律を基準とすることによって、初めて宗派を超えた地平がひらけてくるとともに、逆にまた、一切諸宗を批判することも、そこで初めて可能になってくるわけである。

いまや、このような主張に虚心に耳を傾けるとき、かの「真正求道の人ハ闔国には聞かず、沙門ノ性ヲ具スルの僧ハ、千載ニモ遇ふコト希ナリ[36]」とか、「眼ニ見ルところ悉クこれ法滅の相、耳ニ聞クところ法滅の声ニあらざるなし、声ヲ呑ミ血ニ泣クコト日トシテ之なきはなし[37]」といった彼の悲痛な叫びも、はっきり理解できる。それに、彼が同道唱和の人もあるまいと考えたことも、さきに教者・律者ないし禅者に対する抉別といったことも、たやすく肯けるであろう。それらは、いずれも「宗旨がたまり、祖師びいき[38]」という宗我をどこかのこしていて、宗派を超えた地平にたつ、というものではなかった。まして、彼のいうような三学兼修とか、宗我のよってきたる教相判釈の抜本的な止揚といった理想からすれば、およそ縁のとおい存在にすぎない。このことを逆にいうと、彼の求めたのは、あくまで仏教者であるかぎり、誰しも学びかつ修行すべき純粋の仏法そのものであった、ということになるかと思う。

しかしながら、もはや真偽正邪の弁じがたくなった末世的相似の仏法のうちにあっては、この純粋にして「真正の大道を得んと欲する」[39]彼に、のこされている唯一の方法は、まさしく「兎にも角にも千鍛百練すべし」[40]ということであったにちがいない。そしておそらく、この千鍛百練という絶対否定のはたらきがあって初めて、慈雲はみずからの理想を体得することができ、すすんで理想の実現、もしくは正法護持ということも可能になった、と考えてよいのではあるまいか。

三　正法律の時代

ところで、さきに法楽寺を松林にゆずった慈雲のために、こんどは師の兼住する高井田西之坊、長栄寺が付嘱される（延享元年〈一七四四〉）。かくてここに、彼の本志に反してではあったが、僧坊の開創が実現することとなった。いうまでもなく、愚黙親證（一七二八〜五二）あるいは即成、寂門などの弟子たちによる、拒みがたい懇請があったからであり、彼の『自筆略履歴』には、ただ延享二年（一七四五）「十月廿五日、三周界を高井田寺ニ結び、もちひて僧房トす」[41]とあるにすぎない。長栄寺に住した翌年、つまり信州から帰って三年目に、正法律の最初の僧坊ができたわけであるが、翌三年、ここに経蔵を建て、『大乗起信論』を講じ、そして七月には愚黙に具足戒を授けて「当山戒壇受戒ノ始めなり」[42]と記すにいたった。しかし、さきの理想の実現にあたっては、諸事おもうに任せず「甚だ艱難なことで(43)」あったが、それでも「事の成敗は知るべからず、唯タ力ヲ致スのみ(44)」というかたい決意をもって、「仏在世の軌則を違へぬ様(45)」一切の努力が払われたのであった。そして寛延二年（一七四九）『根本僧制』が掲げられるとともに、正法律の基礎はほぼ確立したもののようである。そのことは、あくる年に有馬の桂林寺を兼ねて一派の律院に加えているばかりでなく、さらにその翌宝暦元年（一七五一）、堺の長慶寺および金光寺におもむき、『臨済録』や『方服図儀』を講じたことからも知られる。そのうえ、すでにはやく大和の郡山とか小泉に、かなりの篤信の士をえていた慈雲が、その縁によって大徳寺派の義梵剎巌、順翁紹応の兄弟と親交を結んだことは、おなじ長慶寺で高野山の学頭真源本然（一六九〇〜一七五八）にめぐり会ったことと併せて、とりわけ大きな収穫であったといわねばなるまい。これより諸方に法縁もでき、それらの縁に随って各地に法筵をはり、もっぱら正法律の宣揚に力を尽くしたのであった。宝暦三年（一七五三）の『枝末規縄』の制定と、同五年の長栄寺の本堂、吉祥殿の造営とは、そのころの僧坊の充実および法縁の拡張を、如実に物語るものとみてよかろう。ところが、こうした僧坊の整備につれて、彼はふたたび山居の想いに心を寄せ、ついに四十一歳、宝暦八年（一七五八）には自分の設計でできた雙龍庵に籠ってしまった。

しかも、このように多忙な活動期にあたって、『修行道地経和訳』（延享三年〈一七四六〉）、『仏門衣服正儀編評釈』上下（寛延三年〈一七五〇〉）、『方服図儀』広本十巻、同略本二巻（宝暦二年〈一七五二〉）、『根本説一切有部衣相略要』一巻および『南海寄帰伝解纜鈔』七巻（宝暦八年〈一七五八〉）などが著わされたことは注意してよい。

この時期は、正法律時代ともいわれ、愚黙との奇しき出会いと僧坊の開設ないし充実、それに伴って行われた戒律の大改革、あるいは袈裟の研究、つまり、彼の理想実現の第一段階とみることができる。ところが愚黙は、彼をして正法律樹立へと方向転換させ、期せずして多方面にわたる慈雲の創業をたすけた功労者であり、みずからは法幢の隆盛をまたずに亡くなったが、慈雲の生涯を通じて、もっとも信頼し、もっとも尊敬できた唯一の弟子でもあった。そのかぎり愚黙は、ただ正法律に尽力するためにだけ生きてきた人ともいうべく、その因縁たるや、まったく不可思議とでもいうほかはない。ところが、こうした因縁をもつ僧坊開創の事業が、必ずしも慈雲の本志でなかったことは、さきにも述べた。それよりも、彼の本志は、むしろ「山居」ということにあったらしい。すなわち、世縁をたち「只没蹤跡に山居し、自分丈の法を憶念して居ようと思ふばかり[46]」であったという。もとより、これは直接には、信州滞在のころの心境を伝えるものにすぎないが、かかる山居の要求は、長く彼の生涯を貫いたもののようである。そのうえ、空閑独処「山中にて木石とともにくちはて」ようとする決意が、ただに自分だけの法を憶念するのみでなく、いわゆる「摂意斂身、一分も仏在世の正儀を学ばんとする[47]」姿勢によるものであったことは、とりわけ注目されてよかろう。彼は、のちにも「正法に逢ふことは甚だ難い[48]」と説きつつ、併せて、正法とは「我に執着し、法に執着する[49]」ことのないものでなければならぬ、それゆえ、ただ「縁来れば」法を説くが「縁去れば[50]」説かないまでである、という。これを裏返すならば、あるいは護法者の本来あるべき姿は「山居」においてのみ見出される、ということにでもなろうか。たしかに「若シ賢聖ならば、たとひ深山幽谷の中に在て、一人の知人なきも、其ノ国の福縁広大なると云フことじや[51]」という言葉もみえている。すると、正法律の宣揚という活動のうちにも、じつはその根底に、いわば否定の論理の端的なはたらきがあった、といわなくてはなるまい。

しかしここでは、よりおおく戒律の改革について触れるべきかもしれない。彼にしたがえば、末世の弊儀は僧坊にもおよび当時の戒律運動においてすら「諸師、見処各々別々、行事各異なる[52]」という有様であったから、かかる人師の料簡をも斥け、もっぱら仏在世を範とする僧伽の復活を試みなくてはならない。そのために是非必要なことは、僧坊の行事や生活、作法から資具にいたるまでの一切を、いちいち律蔵に基づいて改革することである。そこで、まず戒律の改革が着手され、それにつれて戒律の研究もすすめられた。さきの『解纜鈔』にしても真源の勧めでものされ、それがわずか二ヵ月あまりの短期間にできたというエピソードを特筆するより、この際、多年にわたって彼がいかに戒律研究に傾注したかを示す一里塚とみておきたい。しかして、この倦むことを知らぬ、おなじ研究意欲が『方服図儀』以下の袈裟に関する、きわめて実証的な研究に及んでいることは、もはや説明するまでもあるまい。おそらく「今日は末法、唯今は三衣が間違てある。御経も末法、今時仏在世の残たは坊主の頭を丸めたばかりじや[53]」という彼の批判をきけば、かかる研究の狙いがどこにあったかは、ほぼ推測できるであろうからである。ただ、宝暦六年（一七五六）に聖徳太子の袈裟を検証し、そして間もなく、これを模して法衣を裁製し、一は四天王寺の宝庫に納め、他を彼みずから護持したことは、のちの千衣裁製の発願と考えあわせてきわめて重要である。

四　雙龍庵の時代

宝暦八年（一七五八）、つまり生駒山長尾の滝のほとりに雙龍庵を結び、これに引き移ってから明和八年（一七七一）京都の阿弥陀寺に住するまでのあいだは、一般には梵学研究に没頭した時代といわれている。

この梵字および梵学への彼の関心は、かつて十四歳のとき、師から悉曇を授かり「仏学は梵文にあり[54]」との教誨に端を発して以来、ずっと続いている。京都遊学の際にも、いわゆる七旦《しつたん》者の門を叩いて意にみたず「西邁の志」を発したといわれているし、三十四歳、洛東泉涌寺において、高祖大師真跡の悉曇文字をうつしてもいる。そして四十のころには、真源からは『普賢行願讃』の梵本を、また宇治田原の巌松寺より貝多羅葉を、それぞれえたものらしい。このようにして、梵学の研究態勢はほぼ整ってきたとみられるので、雙龍庵隠棲の動機についても、あるいは、これと関連があったのではないか、と考えられる。もとより、その主因は、やはり「法のため」正法護持の信念にあったとすべきであるが、彼の山住みの生活の、おそらく大半は、まず梵学の研究に費やされた、といっても間違いなかろう。そうした事情は、諦濡の『正法律興復大和上光尊者伝』に「禅観の暇にたえず梵本を見られた」[55]と伝えるところからも、裏づけられる。とにかく、前人未踏のサンスクリット語研究という学問の道がここに拓かれ、たゆみなき研鑽の日が続いたのは事実である。

しかるに『慈雲尊者年譜』からは、ただ『普賢行願讃』梵本の講義（明和二～四年〈一七六五～六七〉）、同梵本のテクストクリティーク（明和四年〈一七六七〉）、『七九鈔』九巻、『七九略鈔』五巻、『七九又略』一巻（明和五年〈一七六八〉）、すこしおくれて『悉曇章相承口説』二巻（明和八年〈一七七一〉）など成果の一端が、ほんのわずかに窺えるだけである。[56]たぶん、明和年間に『梵学津梁』一千巻がおよそ成立した、という通説は正しいかと思う。ただし、この梵学研究の大事業が、彼の最晩年まで及んだということを条件にしたうえのことである。

ところで、この梵学研究の意義について、おおくのことを語る資格は筆者にはないが、いまの梵語学の先駆的意義のほかに彼の理想実現の第二の階梯をそこに認める、ということもできるであろう。ちょうど、儒学における荻生徂徠の古文辞学の主張と対比できるものを仏教に求めるならば、「仏学は梵文にあり」[57]とする立場が、これにあたるかと思う。いうまでもなく、じかに梵文をよみ、じかに仏説をしること、つまりどこまでも原典に忠実なことが、慈雲の根本的な主張である。それがさらにすすんで、のちに『理趣経』を梵語に翻訳し、原典の復原をはかるという仕事にまで徹底されてゆくとき、さきの古文辞の説との距離はますます近くなる。もっとも、これは単なる対比として挙げたまでであって、彼の主張は、もともと堀川塾の影響下にあり、ことに伊藤仁斎のいわゆる「古義学」と深い関係にある、といった方が正しいであろう。いずれにせよ、さきの戒律、袈裟の研究、いまの文献学の仕事、そのどれもが慈雲の身についた近代精神の所産であったことに、まず間違いはない。おそらく儒教的な合理主義、その意味で近代理性の洗礼が、彼の復古主義の主張に大きく貢献したのであろう。もしそれが、儒学や蘭学からの学問的な影響が仏教にまで波及したことを意味する、とするならば、おなじ大坂に縁のある契沖阿闍梨や富永仲基などと、学問のうえでは、きわめて接近していたということになる。とりわけ仲基とは、まったく同時代に生存したというだけでなく、視野の広さ、学問の厳密さ、そして新分野の開拓といった業績のうえでも共通しており、仏教学の双璧とも称しうるのではあるまいか。それでいて慈雲は、いわゆる実証的な仏教学者にとどまってはいない。みずから仏法に生きた人として、その思想は、より主体的であり、ある意味では哲学的とさえいえる。しかし、いま問題なのは、かかる思想が近代的、実証的な学問を媒介として出てきたものである、という点でなくてはならない。ないしは、こうした学問が、時期的にいって、戒律の改革と正法思想の結晶たる『十善法語』との中間に位置している、ということの意味である。すでに前者は宗派に偏しない立場をひらき、後者はその主張を「道」として具体化するものとすれば、この両者を支えるものは、まさにこうした原典中心の学問的態度である、といっても過言ではなかろう。

そして、こうした学問的態度はまた、彼の法語のうちにも形をかえて現われている。いま『慈雲尊者全集』十四巻の新編『慈雲尊者法語集』をみると、宝暦十一年（一七六一）から五、六年間のものが、そのほとんどを占め、場所的には長栄寺、雙龍庵をはじめ郡山、京都岡崎の寓居（東籬軒）および大徳寺、と各地にまたがっている。それらは、主に戒律とか、修行のあり方について大衆に示した教誡であるためか、磨ぎすまされた境涯の端的に顕われたものが比較的おおい。もとより、その基調はあくまで禅であり、正知見を説いて倦むところがない。なお、別に需めによって書かれた仮名法語類、『生死海法語』(58)（宝暦十一年〈一七六一〉）、『骨相大意』(59)（宝暦十二年〈一七六二〉）、『出家功徳』(60)（明和元年〈一七六四〉）などについても、おなじことがいえるかもしれない。そうした背後には、はやくから「大丈夫児出家入道せば、すべからく仏知見ヲ具シ、仏戒ヲ持し、仏服ヲ服シ、仏行ヲ行じて仏位ニのぼるべし、切ニ末世人師ノ行フところに倣《なら》フコトなかれ、すべからく淳粋ノ醍醐ヲ飲ムべし、雑水ノ腐乳ヲすすること莫レ」(61)といった教導の方針が、厳然として確立されていたことが窺われる。そしてそこに、まさしく彼の学問の態度と軌を一にする、原本的な正法信受のきびしい要求および主張があった、と思うのである。

はたして「正法難遇」(62)と「今後は法を説くまい」(63)（明和三年〈一七六六〉）の法語をもって、さきの『法語集』は編をとざし、あとは若干それに附加しているにすぎない。つまり、その後しばらく彼は沈黙を守ったものと思われる。この最後の法語において、彼がいうには「正法を説く時節」(64)というものがあるが、いまはそうではない、まして、本来正法とは得がたく遇いがたい、それも時節があって遇いうる、かかる真相を「仏世尊と仏弟子」(65)たちをみて如実に知るがよい。かくて、どこまでも仏在世、賢聖在世の遺風に随順することのうちに、正法護持のきびしい要求がある、と彼は考えていたようである。だからこそ、正法を説く時節もまた、つぎの機会をまたねばならなかったのであろう。

五　今後は法を説くまい

すでに触れたとおり、明和三年（一七六六）七月晦日、定例の布薩が行われた後、長栄寺の吉祥殿に大衆をあつめて、慈雲はとつぜん「自今以後、如来の真正法を以て護明比丘に付属する程に、又七衆の進退威儀等迄、悉く護明比丘に付属する」[66]と宣告するにいたった。このとき彼は四十九歳、初めて高井田に住してより二十三年目のことである。ところで、この思いもかけない隠退の声明が、なぜこのときになされたのであろうか、それには十分な理由がなくてはならない。彼は至極単純な二、三の事実を挙げて、その理由としているが、要するに、それは正法律の危機が到来した、ということかと思う。すなわち、一派の外部からは「有縁の人」たるべき篤信の士さえ、些細なことで近寄ろうとしなくなったこと、またこれに呼応して、僧坊のうちでも、「此方の教に背いて（中略）法の相似に随順せらるる」[67]人が現われ、あるいは「此方が云ふことも、尼衆迄が推量憶度して聞く時節」[68]になったこと、こうした内外の事情に照らして、もはや「此方が法を説て利益のない時節」[69]と判断した、という。おそらく、これは正法律運動の破綻もしくは挫折を意味するのではあるまいか。事実、おなじ日の法語において、かかる正法の危機に対処すべく大衆をいましめ、あらためて正法とは何であるか、を懇切に説き、そのうえで、彼自身は長栄寺から去っていったのである。

ところが一方では、当時の『年譜』からも知られるごとく、貞紀および愚黙の二十回忌の法要がいとなまれ、『法楽寺貞紀和上略伝』[70]（明和六年〈一七六九〉）や「愚黙禅師肖像賛」[71]（明和七年〈一七七〇〉）がものされたし、またおなじ禅師に「大禅号を追贈する告文」[72]（同上）、すこし後には、万愚覚賢の法要と、これに「禅師号を追贈する告文」[73]（安永三年〈一七七四〉）が続く。しかも、これら一連の文章には、ただに追憶とか、遺徳を偲ぶというような感傷には尽きない、何か積極的な、いわば前向きの姿勢といったものが、窺えるような気がしてならない。のみならず、さきの隠退のころとおぼしき歌のうちにもやはりおなじ姿勢を読みとることができる。つまり、

長尾の岡雙龍庵に閉関し侍りし比、弟子なるものみな打寄なげきかなしむと聞て、しめし侍りし

冬枯はたのみこそあれおく霜の、したに春まつのべのわか草

法の水きよくすずしき心もて、うき世のちりににごらずもがな[74]

冬枯れや、おく霜に感慨をよせた彼の身辺には、いままさに萌えいでんとする若草のはつらつたる生命力、それを包む春の息吹が、ひたひたと打ちよせていたのではあるまいか。たしかに、春をまちわびる、わかき弟子たちがそこにはいた。彼の膝下には、『梵学津梁』の大成をたすけて献身的な努力をおしまず、やがてつぎの正法律運動の推進力たるべき鋭才たち、畳峰法護（一七三六〜一八〇二）、明堂諦濡（一七五一〜一八三〇）などが、ひたむきに精進していた。諦濡の『血書普賢行願讃梵本』[75]（明和七年〈一七七〇〉）をはじめ、当時いくつかの梵本が血書されたことも、ほんの一例たるにすぎない。相似の仏法をいたむ師の言葉もまた、「我が同行」をえてか精彩を取りもどしている。こうした新気運が、慈雲にいまいちど僧坊開創のころを想いおこさせたとみて、ほぼ誤りはなかろう。「長く東海扶桑の木となって、高く西天覚樹の栄を作さん[76]」という護法の信念が、一再ならず披瀝されたことも、おそらくこれと関係があるのではなかろうか。

六　正法律運動の意味

ここで、ひとまず正法律運動について回顧しておこう。とりわけ、この運動がいったいどういう意味をもつものであったか、という点について、考えておく必要がある。まず、徳川時代の戒律復古運動の公約数を求むるならば、おそらくつぎのようなことであろう。いわゆる「出家人の本懐[77]」をまっとうする立場を復興することが、その主要目標である。そして、そこから「僧家は皆持戒清浄、禅定明徹なるべし[78]」という主張が、その基本的条件として取

りだされてくる。いわゆる「持戒禅定」という修行第一主義の立場であり、堕落せる仏教の改革を志向するものにほかならない。そして、その修行は、およそ宗派に拘泥せず、仏在世に近き「僧儀」を学ぶことから出発する。ないしは、如法如律ということが極度に重視されて、いわゆる「小乗戒運動」の異名をもつものとなり、また形式主義的な傾向をおびることにもなってくる。しかし同時に、たとえ小乗的といおうとも、原始仏教へむけられた復古思想の進路は、やがて慈雲のごとく「末世像法末法の中の諸宗に異り、直に仏世の聖教量を以て七衆を済度[79]」するという地点まで、たどりゆかざるをえない。なるほど、浄厳の如法律、元政の法華律、天台の安楽律と「それぞれの宗旨による[80]」ところがはなはだ大きく、「見処各々別々、行事各異な[81]」ってはいたが、いずれも共通して、仏教者の本来的なあり方を究明した。そのかぎり、慈雲の正法律は、かかる路線をゆきつくところまで押しすすめた、という意味では、戒律復古運動の集大成といわざるをえない。ただ、それが真言律の系譜によりながら、あくまで正法律を標榜し、能うかぎり宗派的な偏狭さを脱却せんとつとめたこと、また、密教とか禅に培われつつ、どこまでも「仏在世の聖教量[82]」に基づいて仏法の源底をきわめ、徹底して「正法」の宣揚に力をいたしたこと、こうした点に、彼の努力の跡が偲ばれる。しかも、かかる努力を効果あらしめたものが彼の学問であったことはくり返しいうまでもない。ここでは、いま一歩進んで、その学問が正法律運動にとってむしろ不可欠の成立条件であった、と考えておきたいのである。「真修行事は明師に逢へば学問はいらぬことなれども、末世には明師得難ければ、聖教量ならでは邪正決し難し[83]」という教えは、きっと彼の切実な体験から、初めて割りだされたものであったろう。もとより、それは「護法のために学問する[84]」ことにほかならないが、しかし、修行と学問とは、ここでまったく対立を離れ、交互に媒介し、転入しあうものとなっている。加うるに、彼の場合、きわめて実証的な研究までも、それが護法の信念に支えられ、近代的な合理的精神、また仏法の真理性を闡明するはたらきとして意義あらしめられてくる。しかしこういったことは、つぎの『十善法語』をとおして、より現実的な問題となりえたもののようである。

いまひとつ、かかる運動を、それではなぜ「正法律」と称したか、いいかえると慈雲のうちに、戒律主義を標榜せしめるだけの内的必然性が、はたしてあったのかどうか、という根本的な疑問がのこっている。すでにみてきたごとく、彼の立場では、たしかに戒律に重点をおきつつも、正法ないしは真正の仏法を主体的に把握する態度が、きわめて大きい位置を占めている。そのかぎり、じつは密教でも、あるいは正法禅でもよかったはずなのに、あえて正法律が選びとられたのはなぜか。あるいは、ただ西大寺系の真言律もしくは師の感化と影響を忠実に受け継いだまでのことであろうか。この点はおそらく、彼の最初のコンバージョンに結びつけて考察されねばならず、それはまた、入信前の事情とも関係してくる。十二歳のころ、いわゆる断見をおこした理由が二つあって、その一つが排仏思想によることは前記のとおりであるが、他方は、僧侶の破戒や堕落に対する、道義的な排仏感情ともいうべきものであった。すなわち「公家の猶子」となって大寺に住したり、紫衣を着して要職をほこったり、いわゆる名聞利養にはしる僧侶たちは、所詮「民を誑ふるの徒」たるにすぎない、という。こうした思想と感情からする仏教の排斥は、もとより儒教の通念であって、当時の知識人にとっては一般的な常識でさえあった。そこで、彼の入信は、かかる一般的な通念からの脱出、ないしその突破でなくてはならぬ。しかも、この体験が彼の生涯にとって決定的な意味をもちえたとするならば、彼が「仏弟子たるもの、諸宗末世の風儀によるは非なるべし(85)」との批判的な立場をどこまでも固持したのは、むしろとうぜんであった。たしかに「書籍を読む者、識別有る者の類は信ぜぬやうになるも尤なことじや(86)」と、彼みずから認めざるをえなかった仏教者に対し、あくまで「世間の師となるべく、世間の交りにはよらぬ」ように自粛を要望することが、彼の生涯をかけた悲願である。このようにみてくるとき、彼の主体的な関心がまずあって、これに真言律の伝統が重ねあわされて、彼の戒律主義が形成されたと考えるべきではなかろうか。ないしは、はやくから彼が身につけた近代理性が、宗教につよく道徳性を要求し、逆にまた、道徳を宗教の次元にまで高めるべく志向せしめたのかもしれない。ともあれ、かかる主体的な関心こそ、彼に正法律を選ばせるとともに、それをきわめて特色あるものとし、やがては十善思想へと開花せしめた、もっとも大きな理由ではなかったか、と思う。

ところで、理性とか学問によって支えられた正法思想は、必然的に、よりひろく一般性を要求し、「世間、出世間に推通じて道とすべき道」、つまり「人の人たる道」[87]を明らかにせねばならない。それは、仏法を教団とか僧坊から解放して、あまねく一切の衆生に施すということでもある。そして、この仕事がじつは慈雲の後半生の課題となり、彼ののこした不朽の業績ともなっている。しかるに、こうした方向をめざす運動は、すでに明和三年正月、浄照尼の発願にかかる「千衣裁製」において始まっていた。これは、たしかに『方服図儀』以来の研究が実を結んだものと解しうるが、より直接的には、さきの聖徳太子所持の袈裟に模してつくった法衣を、この前年、浄照尼および大徳寺の松月庵、真巌宗乗に分かち与えたことに、原因があるらしい。とはいえ、正儀の袈裟をひろく宣布しようとする意図が、はやくから彼にあったことを否定するものではない。むしろ彼の理想が、かかる仕方で、ひとまず一般化と具体化の道をとるにいたった、といいたいのである。

七　『十善法語』の成立

京都西ノ京円町からすこし東北、行衛町のあたりに阿弥陀寺があった。これよりすこしさきに、七本松通下立売の辺にある地福寺が一派の律院になったという関係もあり、これにほど近い阿弥陀寺を、在俗の信者四人ばかりが購いもとめ、ここに慈雲を請じ入れたのである。明和八年（一七七一）のことであって、以後五年たらずのあいだを、阿弥陀寺時代と呼ぶのがふつうである。しかし、のちに述べるような理由から、いちおう、ここでは天明六年（一七八六）ころまでを一括して十善法語の時代と考えておきたい。

この、もっとも円熟せる時代を代表する仕事は、いうまでもなく『十善法語』の成立である。その成立に寄与した義文尼（一七三九〜七三）、慧琳尼（一七一八〜八九）などの大きな功労は、木南卓一氏の著書『慈雲尊者─生涯とその言葉─』（三密堂書店）に詳しい。ところがこの法語の成立経過を探るうえでは、宝暦十二、三年（一七六二、六三）の法語『五常五戒』[88]『菩薩戒』[89]が忘れられてはならない。すでにそこには、その雛型ができかけているからである。また「十善戒」については、ずっとはやく延享五年（一七四八）の『授戒法則』上下の冒頭にその名がみえている。[90]しかし、ともかく『十善法語』の直接の端緒といえば、安永のはじめ、「有縁緇素のために十善戒を授与す、因に略してその趣を記せり」[91]という『十善戒御法語』に求めるほかはない。ついで翌二年（一七七三）には、さきの両尼のはたらきもあって恭礼門院、開明門院のお二方が、十善戒をうけられたのを機縁に、同十一月から翌年四月にかけて、阿弥陀寺で十善戒の戒相を広説するというかたちでもって、いわば正法律の概論とも称すべきものが初めて講義された。そして、この筆記が法護、諦濡などの協力にて加筆整理され、四年（一七七五）の秋にできあがったのが、つまり『十善法語』十二巻である。また、この講義中に「その十善戒の法語は、上に奉るべきなれば、請ヒて参らせよ」[92]との依頼をうけて『十善戒相』（一名『十善仮名法語』）一巻、これに添えて『十善之系統』が記され、さらに、これより七年おくれて天明元年（一七八一）『十善略語』名づけて『人となる道』一巻が再治されて、ひとまず『十善法語』広略二本が完成するにいたった。

しかし、『十善法語』の作成は、その後も引き続いて行われ、おそらくは寛政四、五年（一七九二、九三）と推定される『人となる道略語』に及んでようやく完結したもようである。したがって、前後二十年ほど、彼の関心はこれら一連の法語の作成にむいていた、ということにもなろう。もとより、その間にあって後半十年は、神道への関心がたかまるとともに、十善法語の神道版が著わされた時期である。それゆえ、十善法語の時代といえば、前半の十年ばかりを考えればよいこととなる。加うるに、高貴寺の僧坊認可をえて『高貴寺規定』十三ケ条を制定したのは天明六年（一七八六）であることから[93]、あくまで暫定的にではあるが、さきのような時代区分を採用したのである。それにまた、かくすることにより、初めて『十善法語』といわゆる高貴寺隠棲という、二つの重要な問題を解く手掛りがえられるのではないか、と思う。

では、高貴寺関係については、どんな事情が介在したであろうか。すでに阿弥陀寺に住して間もなく「京都の一日は河内の百日よりは利益おほき方と存じ入る[94]」と法縁の隆盛を伝えた消息の中に「高貴寺之事は宜敷く成就をいのり候[95]」とある。また、十善法語を講じたおなじ年に、河内の観心寺槙本院からの「付属願」が提出されており、たぶんその翌年「先ツ弥いよ首尾成満、今日御入寺との事、法喜千々[96]」と、陰の功労者である法護に書き送っている。もっとも、この消息には「高貴寺成立之後は、此方一派も成立可レ有レ之事、左候へば自今已後は、先ッ雙龍一派と可レ唱事に候[97]」との注目すべき一節も含まれている。ついで、安永四年（一七七五）、義梵にあてて「三十年前、故大禅師が、是地を興法の場と可レ為と存寄候事に候へば、此度は彼此人も不承知の事に候へども、大禅師の遺意難二黙止一候処、首尾能ク成満[98]」した旨を報じ、この問題が愚黙の発願によることを明記した。これらの書簡から推して、高貴寺再興の問題が、慈雲にとって、いかに早くからの、またいかに大きな念願であったかは、至極明瞭である。かくて彼は、『十善法語』十二巻の成立をまって、安永五年（一七七六）正月に阿弥陀寺閉関を申しわたし、二月には、はやくも高貴寺に引き移っており、ここで同寺をもって「梵文修学の道場とする教語文[99]」を発表したもののようである。これより以後を指して、高貴寺隠棲の時代と呼ぶのが通説とされている。

ところで、この後の隠棲については、たしかに「十善法語おぼしめしによりて成就いたし候へば、此うへは世に出候ては、かへつて法のためになり申まじく[100]」と認めており、阿弥陀寺には弟子たちを輪番として置くにとどめ、彼自身は「山住み」の生活に戻ったかにみえる。しかし事実は、そうした希望にもかかわらず、この時期にもやはり、従来どおり積極的な活動が彼に要求されたのであった。それよりもさき、長栄寺を隠居（安永三年〈一七七四〉）した彼には、雙龍庵に近い額田の不動寺が寄附され（同上）、かねて法縁のあつかった大坂北野、万善寺を併管し（安永八年〈一七七九〉）、さらには、恭礼門院の発願と慧琳尼の尽力によって尼僧坊、長福寺が復興され（天明四年〈一七八四〉）、おなじく水薬師寺を、開明門院を中興開山とあおぐ尼僧坊たらしめた（天明七年〈一七八七〉）。もっとも、水薬師寺の認可はかなり遅れて、操山尼を中心とする活動は寛政五年（一七九三）以後に持ちこされている。しかし、このような一派律院の増大は、必ずしも彼を山居に安住させるものではなかった。機に臨み時に応じて、彼は京都にも姿を現わし、宮中や、阿弥陀寺その他の場所で法席が設けられ、講義があり、法語が聞かれたようである。そしておおくの場合、十善法語が説かれたらしく、『慈雲全集』にはいわゆる『人となる道』第二編が、それらの断片的な草稿を、未整理のままであつめている。

要するに、こうして高貴寺隠棲とは、そこを中心ないし拠点として、彼が活動したというにすぎず、これをただちに隠退とか、隠居の意味に解するのは妥当でない。しかし、護法のために世間に住しないとする精神が、すでにはっきりと打ちだされている以上、そのような意味で隠棲と呼ぶことは、たしかにこの時期にふさわしい。それだけに、こんどはこの隠棲期をも含めて、十善法語の時代とするのは、すこしゆきすぎではないか、との疑問もおこってくる。ところが、愚黙の遺志に基づいて高貴寺が再興されたごとく、『十善法語』には先師の教説を敷衍するところから成立した、という事情がある。『人となる道』の跋文には「此ノ中の文々句々、先師大和上の授くるところなり（中略）愚小子、丱髫にて俗ヲ出テ幸ひニ浄持戒ノ師ニ遇ヒ、つねに膝下ニ侍シテ親しク誡勗ヲうく。滅後三十年、慈顔目ニ存シ、法言耳ニあり(101)」と書かれている。もとより十善の思想は、伝戒相承に基づき、その系譜は『十善之系統』にあるとおりのものであるが、いまの場所は、かかる伝承をうけた先師に対する法恩感謝の念が問題となってくる。正法思想を展開する理論的根拠として、あえて十善がえらばれた理由の一端は、この点にあると思われるからである。このようにして、高貴寺再興とあわせて十善法語が、いずれも報恩行としておなじ意図に導かれ、同時に精神的にも、たぶんおなじ姿勢から出たものと考えることができる。しかも、両者がほとんど時期をひとしくして着手されたという事実は、この考えを裏づけるに十分である。そのかぎり、高貴寺隠棲による時代区分は、さほど固執すべきものとも思えない。のみならず、あくまで正確に高貴寺時代と呼びうるのは、やはり『高貴寺規定』の制定以後のことであるまいか。ことに、思想という観点にたつ場合には、のちに触れるように後者を境として、初めて新局面がひらけたとみるべきであろう。

八　「人となる道」の提唱

それでは、正法律の概論書たる『十善法語』の特色とは、いったい何であろうか。簡単にいって、おそらく、つぎの三点に尽きるかと思う。すなわち、まず仮名がきの法語であること、つぎにいわゆる「有仏無仏、性相常爾の法(102)」と「治国平天下の道(103)」を二本の柱としていること、そして最後には、倫理的・宗教的な仏教改革の指南書ということである。

たしかに、この法語は仮名で書かれ、一般に読みやすいことが配慮されている。しかし、この読者への配慮から、こうした仮名法語の様式がとられた、とばかりはいい切れない。考えてみると、この様式が「十善戒」の性格からもきていることが分かる。つまり、十善戒とはふつう「世間の善法と相応する」もの、すなわち「世間戒と云フて、生死海中の戒法[104]」とされている。もっとも、彼は「要を取て言はゞ、世間戒も出世間戒も、声聞戒も菩薩戒も、此ノ十善戒を根本とする[105]」という立場にたつから、十善をもって直ちに世間法とすることもできないが、たしかに世間性への傾斜は考えられる。あるいは、世間法をとおして仏法を説くといった姿勢が、その底に潜んでいる。この点で、仮名がきの様式は十善を説くにふさわしい。ところがまた、仏法はもともと、一般の教相や教義のごとく「むつかしかるべきではない[106]」と、彼は述べている。むしろ、釈尊の説法のように「其ノ至れる場処は甚深なるべきなれども、其ノ文句は人々聞得て利益を得[107]」るのでなくてはならない、というのである。そして、これこそ、彼の思想開陳における範例以外のなにものでもない。すなわち、慈雲にとって仮名法語とは「仏在世を本とする[108]」根本主張を実行するための必須条件だったわけである。それゆえ、たとえば「人たる道と云フは、諸の三蔵学者、文字の輩は、浅きことに思ふべけれども、さうではない[109]」、かえって「甚深なること、広大なることじや[110]」と断言することもでき、難解をほこる「近世の教相」こそ、むしろ「生死解脱の要路に違ひ、仏意にも背く[111]」と批判しうるのであった。要するに、正法とはあくまで平易に、分かりやすく説かれねばならないものである。しかし、分かりやすく説くことは、いわゆる易説易行とも違う。「仏在世、賢聖在世には[112]」すべて聞法するものが「倶に分に随て持戒修禅も有ツたじや、人に良心あれば、善根の勧メられぬと云フことは有ルまじきぞ[113]」ともいう。彼にすれば「世俗に順じ人情に就キて、（中略）遂に賢聖の正規則を取リ失ふ[114]」ことは、あまりにも安易すぎる末世的現象でしかなかった。

ところで「人の人たる道は、此ノ十善に在ルじゃ[115]」とか「人となる道、この人と共に云フべし、このみちを全クして、天命にも達すべく、仏道にも入ルべきなり[116]」といった主張が、彼のすべてであった。つまり、「十善」とか、「人となる道」は、もともと「人々具足の徳にして、今新に生ずるにあらず、ただ世人の我にある宝蔵をみづからしらぬ[117]」ばかりだ、といわれる。なぜなら「十善と説けども、唯一仏性じゃ、一法性じゃ[118]」、法性といえば難しいが「手近く云はゞ、悪は人間生れまゝの心に背く[119]」、逆にまた「十善は生れまゝに具ツて有ルじゃ[120]」。そのかぎり「仏出世にもあれ、仏不出世にもあれ、此ノ道常に存在して世間に住する[121]」、ということは、天地自然を貫いて万物を生育せしめ、万国古今に通じて人倫をまっとうせしめる理法が、つまり十善の道である。かかる道はしかし、私意によって覆いかくされているからこれを除いて、みずからの本性を顕わにせねばならない、というのである。

これは、まったくといっていいほど儒教的な倫理思想に近く、ことに伊藤仁斎の主張に似ている。慈雲もまた「一切の所作、諸の官位俸禄、衣服飲食等、及び諸の資具に至る迄[122]」つまり現実の日常茶飯事すべて「十善戒ならぬものはない[123]」、したがって「この十善を全くせば、其ノ身を修め、其ノ家を斉へ、其ノ国を平治するに余りあるべきじゃ[124]」とか「十善、全くこれ治国平天下の道なり[125]」とさえ説いている。

真正法への入門は、まずこの「人倫の道」にあるというのであろう。たしかに「世法ありて仏法を云フべし、若し世法を壊して別に仏法をあらわさば、此ノ仏法、幻化空花に属す」という見解は、これを示している。もとより衆生界、生死界をほかにして別に解脱を求めることは不可能である。そこで「仏身を知ラんと欲せば、衆生業相のなかに看よ、解脱法をしらんと欲せば、此ノ生死海の中にもとめよ[126]」とも説かれるのである。天地自然のたたずまい、人倫の道のうちには正道理あるとともに、解脱の門がひらかれている。たとえば「有情」には命根あり、内外の資縁あり、能所の愛あり、迷謬あり、そのおのおのの境に対して解脱の道がある。おなじく「自他」のあいだに戯諍あり、罵言あり、悖戻あり、また「世間」に順境あり、違境あり、起滅あり、そのいずれも解脱の門とならぬものはない。逆にまた、翻って考えるとき、一切衆生は我子にして、三界は我所有にほかならぬ、それに三界の当相とりも直さず法性の姿であってみれば、十善とは説けども、もともと唯一仏性、一法性でしかない。つまり十戒とは、本来かかる一法性の自然なはたらきを差別の相から捉えたものにすぎない。とするならば、畢竟「十善は邪見ノ一戒を能く持てば、十戒悉く成就す」[127]とか「邪見は知なり、十戒を貫くなり」[128]といわれざるをえなくなってくる。のちの『人となる道　略語』から引用しておくと「物外の理なく理外の物なし、理をそなへて物位に居す、一々塵中に法界を見る、物に託して其理全ければ、諸仏の内証智は今日凡愚の起行に遠からず」[129]と。まさしくここに、十善法語の核心があったとみてよかろう。

もっとも、彼自身の言葉にも「禅者此を見て禅と云フ、（中略）教者は此を見て此を教と云フ、（中略）律者ハ此を見て此を律と云フ」[130]とあるとおり、真正法の主張は、こうした教律禅を超えたところにあった。しかし、ここで注意すべきことは、十善思想の倫理性、宗教性という点であろう。すでに気づかれたように、この法語では、戒律の宗教化という傾化が、とりわけ顕著であるが、かかる思想の背景には、やはり真言律の法灯があったらしい。中野義照教授の御示教によれば、仏戒の一切を包摂して「十善を根本とする」という説は、戒律の宗教化とおなじく、弘法大師の見解にきわめて近い、とのことである。[131]たしかに、身口意の三業を重視する密教においては、十善戒は、もはや単なる形式的な戒律にはとどまりえず、やがて修行の内容とも結びつかざるをえない必然性をもつ、と考えることはできる。それが、いわゆる不転肉身の即身成仏という問題と、きわめて密接な繋がりのあることは断わるまでもない。しかし、慈雲の十善思想は、より直接的には、明忍における春日の神託、「戒は是レ十善」[132]に基づいており、これが、じつは彼の正法思想の源泉ともなっていたのである。ともあれ、かかる背景を認めたうえでも、なお慈雲の十善思想は、当時の儒教がいわば独占していた人倫の問題に、仏教側からの力づよい発言をもたらし、五常思想の抽象性を指摘して、むしろ中華意識の蒙をひらこうとさえするものであった。そうした批判の拠りどころは、まさしく「万国に推通じ、古今に推通じ、智愚賢不肖、貴賤男女に推通じて、道とすべき道[133]」にある。いいかえるならば、儒教的人文主義のもつ限界をあばきえたのは、じつに実践的な仏法の普遍性にほかならなかった。それだけに、彼の十善思想、人となる道の提唱は、深く歴史的な現実を洞察するのみならず、ただしくこれに対処する道をひらいた。その意味で仏教改革運動の金字塔とも称すべきものであるまいか。

九　高貴寺の時代

天明六年（一七八六）五月、高貴寺の僧坊認可があり、その秋に「一派真言律宗総本山神下山高貴寺規定[134]」が制定されるとともに、慈雲のかねての宿願は、ここに達せられたわけである。これより文化元年（一八〇四）八十七の長寿をまっとうするまで、ほぼ二十年間は、文字どおり高貴寺時代とすることができる。そしてこの時期には、かつて見られなかった新傾向として、神道および密教についての仕事が、矢つぎばやに現われたのであった。

まず神道に関しては、天明八年（一七八八）の『無題抄』が最初にできあがったこと、その序文にみられるとおりである。[135]しかし、それまでに成立したと思われる『人となる道第二編』（『慈雲全集』一三）の中には、すでに、かなりの神道思想がまじっている。それは、おそらくこの第二編が、多年にわたる法語を漸次あつめていって、けっきょく整理できないままに終わった、という成立事情とも関連があるのであろう。ともかく彼の手になる神道書は右の『無題抄』に始まる。というのも『神儒偶談』が巷間には三十七歳の作とする伝説があって、神道への関心が年来のものである証拠とされているからである。なるほど彼の関心は、たしかにはやく貞紀の膝下にあったときからのものであったことは、『無題抄』にその記事がある。すなわち、『日本書紀』の神代巻について「幼年の時も見ざるにもあらず、中年の比にも手にふれたる事なれども」[136]、ただし「その時は（中略）神書はその家たる吉田白川、伊勢内外宮の神官などの極め言にまかせぬ」[137]と明記している以上、三十代で『神儒偶談』が書かれるべき理由も存在しえない。のみならず、『神儒偶談』のうちに引証されている『泰西輿地図説』の刊行は寛政元年（一七八九）とされている。そこで、この書の成立はまず寛政のはじめ、はやくて二年おそくとも四、五年までと推定しておきたい。この下限は『雙龍大和上垂示』にその名がでている時期によって決めたまでである。もしも、これが正しいとすると、『神儒偶談』と『人となる道』第三編（神道）、『人となる道　略語』、および『慈雲大和上伝戒記』（寛政四年〈一七九二〉）は、ほとんど同時期に成立したことになる。なかでも大切なのは、あとの二巻であって、『人となる道　略語』は、のちに「表向は仏法で書イたけれども、一句一句に神道を諂で書た」[138]といわれたものであり、「其趣これ十善なれば仏法たること勿論なり、その発語に蒼々たる長天と云、これ正く高天原に神集ますの事なれば、神道の奥旨なり」[139]と注記されている。また、『伝戒記』は「此ノ十善ノ法、神明と相ヒ表裏スルコト、由テ来ル所有ル」[140]つまり明忍が春日大社でうけた神託と、その伝承を明示する。いずれも、十善思想と神道との関連を知るうえで、年代未詳の『律法中興縁由記』とともに注意すべきものである。その後は『神道灌頂教授式抄』と『入門十二通聞書』（寛政八年〈一七九六〉）、『神致要頌』（寛政十年〈一七九八〉）、『神道三昧耶式』（寛政十一年〈一七九九〉）、『比登農古乃世』（寛政十二年〈一八〇〇〉）あるいは『日本紀神代巻折紙記』などが続く。さらにこのころ、神道灌頂とか神道三昧耶式が授けられたり、また神道関係の講義が行われたことは『長福寺日記』その他から確かめうる。

ところが、かかる「雲伝神道」が、なぜ晩年の彼にとって関心事となったかという点は、あまり判然としていない。おそらく、十善法語の場合とおなじく、「時二一、二子ありて斯ノ法の在ルことあるを信スルヤ、至心ニ懇請シテ従受ヲ求ム[141]」といった事情が介在したのか、ないしは、彼のいうとおり「衰老時いたりぬれば、世の為メ人の為になるべきおもひもなく、唯夕自己心地のやしなひを思ふより他なければ、をのづから余念にもわたらぬ[142]」というものかもしれない。とにかく、かつて貞紀より伝授せる神道折紙、あるいは父安範の『大祓祝詞解』などを軸にして、彼のユニークな神道思想は展開されていったのである。しかし、『高貴寺規定』の第二条には「国家の御祈願精誠を尽すべき事[143]」とあり、また『無題抄』の冒頭に「予齢七旬にあまり、僧臘四十九なり、（中略）我カ国に在て此ノ福縁にあふ、皇恩しらざるべからず[144]」ともある。そのうえ、『十善法語』の成立を報じて「此度は国家の報恩とも存上る事におはしまし候[145]」とも記している。すると、こうした国家の報恩とか皇恩という精神が、あるいは彼の神道思想のうちで、重要な一角を占めていたのではあるまいか。皇恩をはじめ、いわゆる四恩が、大師の精神を受け継いだ真言律において、伝統的に重視されていた、と考えることも可能である。たしかに、この神道思想また、かつての十善法語や高貴寺再興におけるごとく、報恩行という性格のものであったろう。かく解してのみ、この神道やつぎの密教の問題についても、それが正法律からの後退ではなくして、むしろ正法護持の信念と内面的にかたく連繫していたことが窺えるのではあるまいか。

ともあれ、神道の思想的基盤は、彼の場合、まったく十善と共通せるものであった。「唯一箇の赤心これ我神道の教なり、此ノ赤心天地の道なり、神明の教なり[146]」とか「神道は一箇の赤心、君臣の大義のみなり[147]」といわれるとき、これをそのまま治国平天下の道、ないし人となる道とおき換えることもできる。つまり、神道と仏法とは有為、無為の関係において、まさに表裏一体とされている。このこと自体、すでに密教的な考え方を示しているかとも思うが、いずれにせよ、かかる観点から、きわめて合理的な神道解釈の実験が試みられたのであった。

十　最晩年の慈雲

つぎに密教についていては、天明五年（一七八五）、法護に相承之大法秘法、あわせて秘法道具などを付嘱した前後に成立している、事相に関する秘伝書『秘密甚深』をもって、おそらく初見とする。あるいは、『法語集』にある異色の短篇『真言宗安心』ないしは『麤細問答』にのせる「信州松代城主問ふ」[148]の一節などが、これより以前のものであるかもしれない。しかし、高貴寺時代から遡って、密教に関するまとまった著作を求めることは、ほとんど不可能に近い。しかも、それがなぜであるかも、じつのところ、よくは分からない。たぶん、彼の主たる関心が、密教以外の方向にむいていた、というだけのことであったろう。しかし、その間まったく密教が問題にならなかったのではない。事相面についていえば、「二十一歳先師大和上に従て西大寺流を受」[149]けたのをはじめとして、報恩院流、勧修寺流、中院流、三輪流、松橋流、安祥寺流をうけ、五十余歳で地蔵院房玄方の一流を、そして六十八で「沙弥智空及び観心寺槙本院玄雅に従て西院を受く」[150]といった次第である。すなわち「野沢両流の正嫡、両部の玄旨は、今我家の珍蔵たるなり」[151]といいうるまでに、五十年に近い求法と研鑽が必要であったということである。そして、これよりのちも、両部曼荼羅の講義による『両部曼荼羅随聞記』（寛政八年〈一七九六〉）、『金剛薩埵修行儀軌私記』（享和二年〈一八〇二〉）、『理趣経講義』三巻（享和三年〈一八〇三〉）などが散見するばかりである。

そこで、とりあえず『高貴寺規定』『真言宗安心』などから、彼の密教に関する意見を拾ってみよう。「本宗の事相、野沢共に修学し、大師の根本を究むべし、教相は強て古義新義に泥まず、唯密教の本意を求むべし[152]」。ところで「古義新義と申事は、中古已来学者之料簡にて、弘法大師之時には其沙汰無ㇾ之事に候[153]」、したがって古義新義をとわず「各長処に可ㇾ依志願に御座候、然者、真言律宗と称し申候[154]」。いうまでもなく、大師の根本をきわめ、密教の本意を求めるという態度が、彼の密教観の基調をなしている。そして、こうした徹底して密教の源底を体得することに主眼をおくという点が、正法の精神にとって、なにより重要なことであった。しかも、その彼にして「予智解暗味なり、又未タ明師に逢はず、智者宜く省察すべし[155]」との弁明がみられたことは、「予が言は不ㇾル足ㇾラ取ルニなり、但聖教量のみなり[156]」の一句とともに、再考を要するかと思う。ともあれ、彼にしたがえば「即身成仏と云フは、此ノ膿血の出る肉身、飯食を与へて養ふ肉血のかたまりに、功徳具足無上尊の仏身を顕すなり[157]」、つまり「此ノ身此ノまゝ直に仏となるべし[158]」ということであり、かかる意味において、真言宗は、まさに「万善具足の法なり、即身成仏の宗なり[159]」といわれる。もし、かかるものとすれば「一切善事みな仏事ならずと云フこと[160]」もない、いな病患貧苦すべて「法に入るべき法門[161]」であり、いわんや「其ノ余一切の事業みな仏道に入るの門ならざることなし[162]」。このようにして「今日世間の相みな真言宗の法門となり来ルなり[163]」という。ここには、たしかに十善思想における世間法と仏法との関係と、ほとんどまったく同一の関係構造が、一切の事業と仏道とのあいだで成立しているかにみえる。それというのも、やはり彼の正法とか十善の思想が、本来万善具足の法門をその成立基盤としてもっていたからかもしれない。しかし、この正法律と密教との関係については、あらためて他の角度から検討する必要があると思われる。

いまひとつ、これまで、彼の生涯とか思想のうちで、密教と真言律との関係をつとめて切りすててきたが、しかし、それはとうてい無理であった。彼は、ある意味では、本質的に密教の人であった。ある意味と断わるのは、一般に密教的と考えられる思想とか人間のタイプとは、いささか違っている点がある、と思えるからである。ところが、その違いが、はたして正法律に基づくものか、ないしあくまで聖教量に徹するという学問的態度からきているのか、あるいは、かつて近代理性の洗礼と名づけたもの、または他の要素によるものか、じつはこのもっとも肝心な点が、どうしても分からない。しかし、それにしても彼が、どこまでも密教的であったことだけは、十善思想や正法の精神の基盤からおして、疑う余地がないというより、むしろ彼をまって、近代の密教は、ふるき伝統をやぶって蘇生し、その真理と精神をあらたに開顕する道を見出したというべきかもしれない。教学のうえでは、さしたる業績をとどめなかったとされる慈雲ではあるが、それだけにかえって、密教の核心をなす実践的性格を端的に表明しえたのも彼であった、とすることができるのではあるまいか。

しかし、文化元年(一八〇四)九月、病気をおして最後に講じたのが、『金剛経』であったことは、なにか象徴的である。そして、この時代にも禅や戒律、つまり真正の修行事に関する講釈とか述作が続けられる。すこし遡ると天明三年(一七八三)四月より八月にかけて大徳寺の芳春和尚の請をいれて『臨済録』を講じたことがあり、同六年(一七八六)護明忌にちなんで六祖壇経をとりあげ、また寛政十二年の『金剛経』の講義は筆受されて『金剛般若経講解』一巻となっている。そのほかにも、『戒本大要』(寛政七年〈一七九五〉)とか『数息観大要』(寛政十二年〈一八〇〇〉)などは成立年代が明らかである。しかし、この時代の御講釈が、主として「人となる道」を中心として、十善あるいは神道を説くものであったことは、寛政五年(一七九三)から十一年(一七九九)にわたる『雙龍大和上垂示』によっても、ほぼ推定できると思う。

かくて晩年の慈雲は、もはや「正法を説く時節」(164)を論ずることなく、世間、出世間の境をこえ、老の身をかって東奔西走することもいとわず、ただ、ひたすらに報恩と護法のためにする活動を止めようとはしなかった。その足跡が江州安養寺から、はては美濃の加野西光寺にまで及んだことも附記しておいてよかろう。ともかく、このようにして正法律運動のかつての挫折は、いまやその影をとどめていないかにみえる。しかしまた、神道や密教によせて、彼の精神は伝承に、したがってまた伝統主義に復帰するものではなかったのか。正法律ではなく「真言律宗」がとられたことは、ただに歴史的な制約からのみ説明できるものか。もしや、真正法を宣揚せんとした初期の理想主義的傾向が、伝統への回帰によって現実主義のそれに塗りかえられたのではないのか。つまりは、正法精神の後退ということではなかったか。こうした疑惑は、必ずしも無意味だとは思えない。原始仏教の精神にかえるという理想と、神道や密教への現実的な関心とが、はたしてどう切れあっているのか、ことに神道思想と仏法との結びつきは、伝統その他による歴史的なものか、はたまた本質的な問題なのか、あるいは正法律をもって仏教改革の運動と規定しても、その歴史的な意義のほかに、仏教本来の問題として、とりわけ日本仏教の問題として、どこまで本質的な意義をになうものであるか。とはいってみても、こうした問い自身が、つまるところ閑葛藤でしかないのだろうか。ともあれ、慈雲の提起した問題は、いまいちど根本的に検討し直してみる必要がある、ということだけは確かである。

最後に彼の誓願としたところを引用しておこう。

上聰明睿智の君あり、下に賢能忠良の臣あり、山林に禅寂高逸の僧あり、僧坊に清潔有識の僧あり、仏在世にちかきなり、此ノ日本、此ノ時節あるべし。

諸民ことごとく十善戒を行じ、諸ノ出家の人持戒得定にして、飢饉災なく疾疫災なく、刀兵災なく、乃至弥勒の出世まで正法久住すべし。(165)

註

（1）『慈雲尊者法語集』所収「五十二　心如巧画師」（『慈雲全集』一四、六五二・六五三頁）。

（2）『森川氏過去帳』（『慈雲全集』一七、七六頁）。本文は「為レ性《ヒト》、磊落。有二リ古人之風一」。

（3）『不偸盗戒記』（『慈雲全集』一一、四八〇頁）。

（4）『不偸盗戒記』（『慈雲全集』一一、四八一頁）。

（5）『慈雲尊者年譜』元文元年の条（『慈雲全集』首、一九一頁）。

（6）『慈雲尊者法語集』所収「六十六　今後は法を説くまい」（『慈雲全集』一四、七五〇頁）。

（7）『慈雲尊者文集』所収「法楽寺貞紀和上略伝」（『慈雲全集』一五、三八頁）。

（8）『悉曇章相承口説』巻上（『慈雲全集』九上、一頁）。

（9）『不偸盗戒記』（『慈雲全集』一一、四八一頁）。本文は「日日知二ル法之深重一コトヲ」。

（10）『諸宗之意得』（『慈雲全集』一四、三三頁）。

（11）註（10）に同じ。

（12）註（5）に同じ。

（13）『修行道地経和訳』（『慈雲全集』一六、四五八頁）。

（14）『慈雲尊者文集』所収「信州正安寺大梅禅師手書裱装記」（『慈雲全集』一五、三九頁）の取意。

（15）註（6）に同じ。

（16）註（6）に同じ。

（17）『慈雲尊者法語集』所収「三　正見」（『慈雲全集』一四、三三三頁）。

（18）『慈雲尊者法語集』所収「六十六　今後は法を説くまい」（『慈雲全集』一四、七五三頁）。「仏在世の軌則を違へぬ様に」とある。『慈雲尊者短篇法語集』には「唯だ仏在世を本とすべし」とある（『慈雲全集』一四、二二三頁）。

（19）『根本僧制幷高貴寺規定』所収「一派真言律宗総本山神下山高貴寺規定」（『慈雲全集』六、八三頁）。

(20)『慈雲尊者文集』所収「修行道地経疏序」（『慈雲全集』一五、八頁）。
(21) 註（20）に同じ。
(22)『慈雲尊者文集』所収「修行道地経疏序」（『慈雲全集』一五、五頁）。本文は「則愈々遠シテ而愈々失二ヒ其ノ真一ヲ。愈々隔リテ而愈々違二フ其ノ源一ニ」。
(23)『法服図儀広本』巻上序（『慈雲全集』一、八七頁）。
(24)『慈雲尊者文集』所収「復二スル覚法比丘一ニ書」（『慈雲全集』一五、四三頁）。
(25)『十善法語巻第二　不偸盗戒』（『慈雲全集』一一、六八～六九頁）。
(26)『根本僧制幷高貴寺規定』所収「根本僧制」（『慈雲全集』六、七〇頁）。
(27)『根本僧制幷高貴寺規定』所収「根本僧制」（『慈雲全集』六、七三頁）。
(28)『根本僧制幷高貴寺規定』所収「一派真言律宗総本山神下山高貴寺規定」（『慈雲全集』六、八五頁）。『諸宗之意得』（『慈雲全集』一四、三〇頁）。
(29) 註（27）に同じ。
(30) 註（27）に同じ。
(31) 註（27）に同じ。
(32)『根本僧制幷高貴寺規定』所収「一派真言律宗総本山神下山高貴寺規定」（『慈雲全集』六、八三頁）。
(33)『根本僧制幷高貴寺規定』所収「根本僧制」（『慈雲全集』六、七二頁）。
(34) 註（33）に同じ。
(35)『根本僧制幷高貴寺規定』所収「枝末規縄」（『慈雲全集』六、七七頁）。
(36)『慈雲尊者文集』所収「高井田寺造堂拈香法語」（『慈雲全集』一五、一七頁）。
(37)『慈雲尊者文集』所収「修行道地経疏序」（『慈雲全集』一五、六頁）。
(38)『千師伝』（『慈雲全集』一七、三一頁）。
(39)『慈雲尊者法語集』所収「五　以金出真金滅」（『慈雲全集』一四、三四四頁）。
(40) 註（39）に同じ。

(41)『慈雲大和上御自筆略履歴』(『慈雲全集』一七、二六頁)。
(42)註(41)に同じ。
(43)『慈雲尊者法語集』所収「六十六　今後は法を説くまい」(『慈雲全集』一四、七五三頁)。
(44)『慈雲尊者文集』所収「復《スル》㆓覚法比丘《ニ》㆒書」(『慈雲全集』一五、四三三頁)。
(45)註(43)に同じ。
(46)『慈雲尊者法語集』所収「六十六　今後は法を説くまい」(『慈雲全集』一四、七五一頁)。
(47)『慈雲尊者法語集』所収「六十六　今後は法を説くまい」(『慈雲全集』一四、七五〇頁)の取意。
(48)『慈雲尊者法語集』所収「六十五　正法難遇」(『慈雲全集』一四、七四〇頁)。
(49)註(48)に同じ。
(50)註(48)に同じ。
(51)『十善法語巻第二　不偸盗戒』(『慈雲全集』一一、五〇頁)。
(52)『根本僧制幷高貴寺規定』所収「一派真言律宗総本山神下山高貴寺規定」(『慈雲全集』六、八七頁)。
(53)『雙龍大和上垂示』上(『慈雲全集』一三、五五八頁)。
(54)『悉曇章相承口説』巻上(『慈雲全集』九上、一頁)。
(55)『正法律興復大和上光尊者伝』(『慈雲全集』首、四二頁)の取意。
(56)『慈雲尊者年譜』(『慈雲全集』首、二〇一〜二〇三頁)。
(57)註(54)に同じ。
(58)『生死海法語』(『慈雲全集』一四、一〜三頁)。
(59)『骨相大意』(『慈雲全集』一四、一二〜一六頁)。
(60)『出家功徳』(『慈雲全集』一四、二五〜二七頁)。
(61)『正法律興復大和上光尊者伝』(『慈雲全集』首、四五頁)。
(62)『慈雲尊者法語集』所収「六十五　正法難遇」(『慈雲全集』一四、七四〇〜七四八頁)。
(63)『慈雲尊者法語集』所収「六十六　今後は法を説くまい」(『慈雲全集』一四、七四九〜七五六頁)。

(64)『慈雲尊者法語集』「六十五　正法難遇」(『慈雲全集』一四、七四〇頁) の取意。
(65)『慈雲尊者法語集』「六十五　正法難遇」(『慈雲全集』一四、七四〇頁)。
(66)『慈雲尊者法語集』所収「六十六　今後は法を説くまい」(『慈雲全集』一四、七四九頁)。
(67)『慈雲尊者法語集』所収「六十六　今後は法を説くまい」(『慈雲全集』一四、七五四頁)。
(68)『慈雲尊者法語集』所収「六十六　今後は法を説くまい」(『慈雲全集』一四、七五六頁)。
(69) 註 (68) に同じ。
(70)『法楽寺貞紀和上略伝』(『慈雲全集』首、九一～九二頁)。
(71)「愚黙禅師肖像賛」(『慈雲全集』一五、四二～四三頁)。
(72)「大禅号を追贈する告文」(『慈雲全集』一五、四五～四六頁)。本文は「追贈愚黙親証慧命大禅師号告文」。
(73)「禅師号を追贈する告文」(『慈雲全集』一五、四五頁)。本文は「追贈萬愚覚賢慧命禅師号告文」。
(74)『飲明居士集慈雲大和上御歌』(『慈雲全集』一五、一七〇頁)。
(75)『慈雲尊者文集』所収「明堂諦濡師血書普賢行願讃梵本跋」(『慈雲全集』一五、一二一～一二三頁)。
(76)『慈雲尊者詩集』所収「庚子新年多慶幸」(『慈雲全集』一五、九九～一〇〇頁)。本文は「長《シテ》成二《リ》東海《ノ》扶桑木一《ト》高《シテ》作二《ス》西天覚樹《ノ》栄一《ヲ》」。
(77)『方服図儀広本』巻上 (『慈雲全集』一、八七頁)。本文は「以二《テ》生死出離一《ヲ》為二《ル》本懐一《ト》」。
(78)『諸宗之意得』(『慈雲全集』一四、三二一頁)。
(79)『諸宗之意得』(『慈雲全集』一四、三二一～三二三頁)。
(80)『諸宗之意得』(『慈雲全集』一四、二九頁) の取意。
(81) 註 (52) に同じ。
(82)『諸宗之意得』(『慈雲全集』一四、三三三頁)。本文は「仏世の聖教量」。
(83)『諸宗之意得』(『慈雲全集』一四、三三三頁)。
(84) 註 (83) に同じ。
(85)『諸宗之意得』(『慈雲全集』一四、二一八頁)。

(86)『十善法語巻第二　不偸盗戒』(『慈雲全集』一一、五五頁)。
(87)『人となる道　初編』(『慈雲全集』一三、一二頁)。
(88)『慈雲尊者法語集』所収「五十一　五常五戒」(『慈雲全集』一四、六二七〜六四三頁)。
(89)『慈雲尊者法語集』所収「五十三　菩薩戒」(『慈雲全集』一四、六五五頁)。
(90)『授戒法則』上(『慈雲全集』六、九九頁)。
(91)『人登奈留道随行記』巻上(『慈雲全集』一三、四九頁)。
(92)『十善戒法語の縁起』(『慈雲全集』一一、四八三頁)。
(93)『高貴寺規定』(『慈雲全集』六、八三〜九〇頁)。
(94)『文藻篇』所収「某氏に与ふる書」(『慈雲全集』補遺、一四八頁)。
(95)註(94)に同じ。
(96)『慈雲尊者御消息集』所収「二　法護求寂に与ふる書」(『慈雲全集』一五、四一〇頁)。
(97)『慈雲尊者御消息集』所収「二　法護求寂に与ふる書」(『慈雲全集』一五、四一一頁)。
(98)『慈雲尊者御消息集』所収「三　不退尊者に答ふる書」(『慈雲全集』一五、四一三頁)。
(99)『雑々記文集』所収「高貴寺を以て梵文修学の道場とする教誥文」(『慈雲全集』一七、五三〜五四頁)。
(100)『慈雲尊者御消息集』所収「一一〇　開明門院上臈御方に答ふる書」(『慈雲全集』一五、五七七頁)。
(101)『人となる道　初編』(『慈雲全集』一三、四六頁)。
(102)『慈雲大和上伝戒記』(『慈雲全集』六、三五二頁)。
(103)『神儒偶談』巻上(『慈雲全集』一〇、六一頁)。
(104)『慈雲尊者法語集』所収「五十一　五常五戒」(『慈雲全集』一四、六二七頁)。
(105)『十善法語巻第一　不殺生戒』(『慈雲全集』一一、三〜四頁)。
(106)『十善法語巻第二　不偸盗戒』(『慈雲全集』一一、六七頁)。
(107)註(106)に同じ。
(108)『慈雲尊者法語集』所収「六十六　今後は法を説くまい」(『慈雲全集』一四、七五三頁)。「仏在世の軌則を違へぬ様に」とある。
(109)『十善法語巻第一　不殺生戒』(『慈雲全集』一一、三頁)。
(110)『十善法語集第一　不殺生戒』(『慈雲全集』一一、四頁)。
(111)『十善法語巻第二　不偸盗戒』(『慈雲全集』一一、六八頁)。
(112)註(111)に同じ。
(113)註(111)に同じ。
(114)註(111)に同じ。
(115)註(109)に同じ。
(116)『人となる道　初編』(『慈雲全集』一三、二二頁)。
(117)『十善戒相』(『慈雲全集』一三、五頁)。
(118)『十善法語巻第一　不殺生戒』(『慈雲全集』一一、一五～一六頁)。
(119)『十善法語巻第一　不殺生戒』(『慈雲全集』一一、一六頁)。
(120)註(119)に同じ。
(121)『十善法語巻第一　不殺生戒』(『慈雲全集』一一、二五頁)。
(122)『慈雲尊者法語集』所収「五十三　菩薩戒」(『慈雲全集』一四、六五八頁)。
(123)註(122)に同じ。
(124)『十善法語巻第十　不邪見戒之下』(『慈雲全集』一一、四五一頁)。
(125)『神儒偶談』巻上(『慈雲全集』一〇、六一頁)。本文は「諸経論の十善、全くこれ治国平天下の道なりと」。
(126)『人となる道　初編』(『慈雲全集』一三、二七頁)。
(127)『雙龍大和上垂示』上(『慈雲全集』一三、五三二頁)。
(128)註(127)に同じ。
(129)『人となる道　略語』(『慈雲全集』一三、四一二頁)。
(130)『不殺生戒記』(『慈雲全集』一一、四五七頁)。

(131) 中野義照「慈雲尊者の正法精神」(『慈雲全集』補遺、附録二二頁)。
(132) 『律法中興縁由記』(『慈雲全集』六、三四六頁)。
(133) 『十善法語巻第二　不偸盗戒』(『慈雲全集』一一、五六頁)。
(134) 『根本僧制幷高貴寺規定』(『慈雲全集』六、八三～九〇頁)。
(135) 『無題抄』序文にはつぎのように記されている(『慈雲全集』一〇、五八一頁)。
「天明八年戊申の夏、予齢七旬にあまり、僧臘四十九なり、若シ今年の夏を恙なく満せば五十夏なり。我カ国に在て此ノ福縁にあふ、皇恩しらざるべからず、(以下略)」。
(136) 『無題抄』(『慈雲全集』一〇、五八一～五八二頁)。
(137) 『無題抄』(『慈雲全集』一〇、五八二頁)。
(138) 『雙龍大和上垂示』上(『慈雲全集』一三、五六一頁)。
(139) 『人道略語註記』(『慈雲全集』一三、五二五頁)。
(140) 『慈雲大和上伝戒記』(『慈雲全集』六、三五二頁)。同文が『人登奈留道　第三編　神道』にも収録されている(『慈雲全集』一三、四〇六頁)。
(141) 『十善法語　序』(『慈雲全集』一一、二頁)。
(142) 『無題抄』(『慈雲全集』一〇、五八二頁)。
(143) 『高貴寺規定』(『慈雲全集』六、八三～八四頁)。
(144) 註(135)に同じ。
(145) 註(100)に同じ。
(146) 『神儒偶談』巻下(『慈雲全集』一〇、一六二頁)。
(147) 『神儒偶談』巻上(『慈雲全集』一〇、四五頁)。
(148) 『慈雲尊者法語集』所収「二　真言宗安心」(『慈雲全集』一四、三二九頁)。『麤細問答』「信州松代城主問ふ」(『慈雲全集』補遺、八八～九九頁)。
(149) 『慈雲尊者伝私見』所収「尊者法流伝受の事」に引用する慈雲尊者記「」による(『慈雲全集』首、一二

四四頁）。

(150)『慈雲尊者伝私見』所収「尊者法流伝受の事」に引用する慈雲尊者記「[illegible]」による（『慈雲全集』首、二四五頁）。

(151)『雑編』「二真言」所収「[illegible]」（『慈雲全集』一六、四二四頁）。

(152)『高貴寺規定』（『慈雲全集』六、八九頁）。

(153)『雑々記文集』所収「高貴寺古義新義の御尋に対する回答案文」（『慈雲全集』一七、五三頁）。

(154) 註（153）に同じ。

(155)『諸宗之意得』（『慈雲全集』一四、三二頁）。

(156) 註（155）に同じ。

(157)『慈雲尊者法語集』所収「二　真言宗安心」（『慈雲全集』一四、三二九頁）。

(158) 註（157）に同じ。

(159) 註（157）に同じ。

(160) 註（157）に同じ。

(161) 註（157）に同じ。

(162)『慈雲尊者法語集』所収「二　真言宗安心」（『慈雲全集』一四、三三〇頁）。

(163) 註（157）に同じ。

(164)『慈雲尊者法語集』「六十五　正法難遇」（『慈雲全集』一四、七四〇頁）の取意。

(165) 註（155）に同じ。

八　慈雲尊者と梵学・梵字

はじめに

慈雲尊者飲光（一七一八～一八〇四）の不朽の大偉業といえば、まず『梵学津梁』一千巻を挙げねばならないだろう。たしかに近世に入って、わが国の梵学研究、つまりサンスクリット文字とその語学の研究は、かなりの進展を示しはじめていた。いわゆる古学の復興とか復古主義の風潮とあいまって、真言律の浄厳律師（一六三九～一七〇二）をはじめとして多くの悉曇学者が輩出したわけである。たとえば、思いつくままに名を挙げてみても、曇寂（一六七四～一七四二）と寂厳（一七〇二～一七七一）、賢隆と性善（一六七六～一七六三）、あるいは真源（一六九〇～一七五八）、また等空（一七三五～一八一六）といった学僧たちが、尊者と相前後して現われ、それぞれ一家を成していたことが知られている。さらには浄厳律師に学んだ契沖阿闍梨（一六四〇～一七〇一）、および等空律師に師事した本居宣長の国語学研究は有名な話であるが、梵学と国学との不思議な因縁をよく物語っていると思う。いずれも古学の復興という共通した時代的な気運を離れては考えられない出来事だったわけである。

ところが、尊者は後年になって、浄厳律師などの説を挙げて、「相承なき人の了簡なり」[1]とか、「世に相承なうして七旦《シッタン》を読ム人は、いろいろのひがごと出来るなり」(2)といった、じつに手厳しい批評を加えておられる。あるいは十七、八のころ、「講肆に遊ンで世に謂ゆる七旦（悉曇）者と云フ人を扣クに、多クは臆度なり。大和上（貞紀）は草紙を書し玉ふ、皆暗記なり。他門の有称は多ク旧草紙を看て書す。暗記せる人すくなし。仮令暗記の人も相伝全くなし」(3)とも書いておられる。こうした記述からみると、尊者は、当時の梵学研究に接する以前に、すでに忍綱貞紀和上（一六七一～一七五〇）より悉曇の相承を受けておられたこと、またその相承に依って、爾来、諸師の説をたえず批判しつつ検討されていたこと、そして何よりも、ごく若い時期に早くも梵学研究に深い関心を寄せておられたことが解ってくる。これらの点を、すこしく明らかにしてみたいと思う。

第一に、十四のとき尊者が最初に習われた「悉曇章」について。これは悉曇の伝承が二流あるうち、中天竺の伝で、『悉曇字記』（智広撰）のごとき南天竺の伝とは異なるという。前者は『瑜伽金剛頂経釈字母品』（不空訳）などに基づき、弘法大師の所伝とされてきたもので、その相承次第は、もと醍醐から西大寺に伝わり、やがて西大寺の高喜長老から野中寺の慈忍律師に付嘱されて、洪善―貞紀―尊者と相承したものといわれる（『悉曇相承来由』(4)『中天悉曇相承』(5)など）。この相承は、尊者の『成就吉祥儀』という書名に示されるように、成就吉祥の義を表わす「シダァン・アラソト」なる梵字を冒頭に掲げるところに特色がある。(6)と同時に、とくに発音に関して南天竺相承とは明確な区別が認められる点で、われわれに注目されるものである。いうまでもなく、語学研究のうえで、発音の問題は自学自習ということが困難であり、実地に指導を受けるのが最良の方法である。この点では、尊者の梵学研究がやがて、真言や陀羅尼の発音を修正して、いわば尊者流の読み方をあみ出すにいたるのも当然であろう。(7)

なお、貞紀和上から伝授された模様を伝える『相承口説』は、明和八年（一七七一）尊者五十四歳にして京都の阿弥陀寺に住された年に、跋文を添えて二巻本に仕立てられた。のち安永年間に香山宗悟尼（一七四九～八八）がこれを浄書したものに、さらに尊者自筆の改訂が加えられ、現在『慈雲全集』（第九上）に収録されている。それによると、前後二十五日間にわたり、梵字の形、音韻、字義と切継をいかに的確に、そして懸命に習得されたかが手に取るように解るとともに、悉曇伝授の方法まで逐一記載されていて興味深い資料となっている。さらに、さきにも触れた浄厳説に対する批判が、現在の言葉でいうと、純粋にまず語学として梵学を習得する立場からなされている点は注目に値する。真言の教学的関心からあまりに深い意味をサンスクリット語に与えすぎたり、字義の穿鑿にはしる態度は、尊者のとらなかったところである。この点は、和上の指導方法のうちにも認めうるものであるが、なかなか近代的で合理的な態度ということができる。

ともあれ、尊者はこうして梵学の基礎を身につけ、インドの文物に目を開かれたようである。『十善法語』のノートには、「十四にして悉曇ヲ受ク。自ラ謂うに、聖人に言あり、夷狄に道ありとは信ずべきかな。天竺・外夷、偏祖・跣足ノ国ニ斯ノ文あること、また奇ナリ」[8]と書かれている。また、京都遊学に際しては、その研究熱の昂ずるあまり、「西邁の微志」[9]を発した、つまり、はるかインドに渡って本格的に勉強したいとまで考えたといわれる。

一　尊者の梵学

しかし、それにしても「仏学は梵文にあり」[10]という自覚、つまり仏教学はサンスクリット語の原典研究に基づかねばならない、との覚悟を決められたのがいつかという点は定かでない。むろん、この有名な一句は前記『相承口説』の冒頭に「大和上云く」として記されていて、一見したところ、貞紀和上の言葉とも受けとれる。ところが、この一節はあきらかに後年の加筆部分であって、必ずしも伝授の際の聞き書きということはできない。他方「今日より思へば、大和上徳を積み名を隠し、慇重心を以て法を伝へ玉ふことを知る。予小子宿世何の勝業か有る。明師に遇奉りて親しく指示を受く[11]」とか、あるいは「大和上（中略）先賢ヲ承習して来蒙ニ方軌タリ、秘密仏乗は清滝の源ヲ究メ、経典毘尼は印度の䞐ニ達ス、濁世ノ光明幢ナリ[12]」といった文章が残されている。尊者にとって、真の仏法に対する開眼がまず貞紀和上の膝下においてなされたと同様、そして十善の教えや神道など、のちになって重要な意義を発揮する思想の骨子となる伝授と同様、和上に授かった梵学の基礎教育はやはり決定的な意味をもつものであったのだろうか。現在のところ確かなことはまだ解らないままである。ただ、梵学研究に尊者が本格的に取り組まれたのが、生駒の雙龍庵に籠られる四十代になってからだということだけは事実である。

その間には、一意専心、ひたすら己事究明に打ち込まれたこと、縁あって正法律の僧坊を開き、正法律運動の宣布に縦横に活動されるとともに、袈裟の研究、戒律の研究について長足の進歩を遂げられたこと、などの事績があった。それらの底には一貫して、諸般にわたって「仏在世の軌則[13]」を違えず、何事も「仏在世を本[14]」とするという徹底した正法精神が働いていたことも、多くの人の指摘するとおりである。そして、そのおなじ正法精神のもう一つの発露が、つまり梵学研究であったと考えて誤りはなかろう。あるいは、こうもいえるだろうか。すなわち、貞紀和上によって点火された梵学熱が、尊者自身の修行と自覚の深まりを媒介として、単なる悉曇相承の枠をつき抜けて、まさに前人未踏の語学としてのサンスクリット語研究、そして経典の原典研究という噴火口を発見させるにいたった、と。たしかに、尊者には、何か打ち込むべき対象が決まると、一途にそれに専念して目的を達成するまでは一歩も後へは退かないという態度がみえる。田辺の法楽寺に晋住しながら、一室に籠って観法に専念し、さらにそれでも徹底できないと知ると、師命に逆らって信州へと出奔する、といったたぐいのことはじつに多い。高井田の長栄寺時代に、戒律研究が進めば進むほど、インドの仏教教団や僧儀に関する解明も進み、やがて梵語によって経典を解明、読誦せずには措かないという、抑えがたい情念が湧き起こったことも推測できるわけである。もっとも、『梵学津梁』の目録を見ると、貝葉（梵字の経文断簡）だけでも、法隆寺、海龍王寺、清涼寺、巌松寺、瑞泉寺、来迎寺の所蔵を示したうえ、別に「更にこれを宇内に捜らば、まさに二三十葉を得べし[15]」と書いておられる。このうち、宇治田原の巌松寺の一葉は、やがて高貴寺の所蔵に帰したものらしく、『大正蔵経』（八四巻）所収の総目録などに見当たらない。しかし、こうした貝葉をはじめ、弘法大師請来の梵本四十二巻など、じつに厖大なテキストの書写、蒐集が追々に進められるについては、尊者ひとりの力ではとうていなしえない大事業だったことはとうぜんであるが、尊者みずから書写し蒐集されて、その準備に奔走されるところがなくてはかなわない。われわれは残念ながらその作業が、どのようにして進行したかという実態を知らされていない。ただ、比較的はやい時期に、京都辺りで大師真跡の梵字を書写されたこと、また生駒隠棲のころには、高野山（無量寿院か）にあった『普賢行願讃』の梵本を入手されていたらしいことを知るのみである。この梵本も、のちには四本を手許に所持されるにいたった。とかくして、尊者は『般若心経』『阿弥陀経』、そしてこの『普賢行願讃』の梵本を日夜、たえず見られるあいだに読解力を身につけられたという、その強靭な意志力には、まったく驚嘆のほかはない。

こうして倦むことを知らぬ研鑽の末、五十代の尊者はつぎのように講義されている。

近代儒者荻生総右衛門、（中略）其ノ門人の為に学則を作れり。可憐生なり。彼ノ中に儒学をするもの、先ツ華音にて経史を読み解するを第一とし、若其レ程にいかぬ人は、和読にして訳語のおもむきをしるべき由を云へり。此ノ言可憐生なり。

仏教を学フ者も、翻訳の経のみにて義を取りては、取りそこなひ多し。古徳の一宗に祖たる人も、梵学に疎きは疎失あると云へり。況や其レより下々の人は云フに及ハぬことなり。今日諸宗の取りそこなひあることも、皆梵文を解せぬ故、仏意を失ふ事多きなり。其レ故上根の人は、但ダに梵文を読ンで可なり。中下根は、其レ程に在るまじければ、翻訳の経を読ンで梵文を以て照し見るべきなり。梵文真言などを読むに、必片かなを憑むまじきなり。梵文と対訳字とを照し見て、先ツ読ミ方を正すべきなり(16)。

右の聞き書きは、尊者にとって梵学研究がいったい何であったかということを十分に伝えている。徂徠学との比較は、思想史的には興味のある問題であるが、別の機会に譲りたい。ここでは、ただ尊者の画期的な業績は、西洋においてビュルヌフなどが多数の蒐集写本に基づいて、サンスクリット語典の研究を始めるより半世紀も前のことであった点を指摘するにとどめる(17)。

二　尊者の梵字

ところで、最後に残された問題は、尊者にみられる梵字の筆法が、一般に通用しているものと異なっているという点であろう。幸い、『墨美』一二七号（一九六三年）は若干の比較ができるように編集されているから、直接に対照していただくのが捷径である。そのうえ、筆者は必ずしも多くの梵字を検討していないので、適当な解説を書くことはできない。しかし、墨美子の厳命もだしがたく、一、二気づいた点、というより思いつきを記して責をふさぎたいと思う。

第一に気づく点は、尊者の少年期の書法と四十代以降のそれとのあいだには、かなりな違いが認められる。これは、前者が単に未熟で稚拙だというだけでなく、あきらかに貞紀和上の梵字の筆法を忠実に写しとっているためであると思われる。もっとも、和上と尊者の梵字を比較した場合、似ているという説と、いや似ていないという説とが両立しているようであるが、尊者の稽古された草紙によるかぎり、どうも書法に変わりがないとはいいきれないのではあるまいか。これは、しかし暴論だといわれるかもしれない。というのは、尊者自身の書かれた墨跡が、四十代を境にして大きく変化する。いわゆる尊者らしい文字を書きはじめられる時期は、研究家の木南卓一氏によると四十代半ばと聞いている。すると、こうした筆法の一般的な変化が、梵字の書法にも影響を与えるのが当然ではないか、といった見解も成りたつからである。

ところが、これにはまた異説がある。つまり、梵字の書法からの影響によって尊者独得の深い味わいのある書風が生まれたというものである。たとえば高貴寺の前田弘範和上の説などは、これに属している。ところが、これもあまり強調しすぎると如何なものであろうか。筆者のような門外漢には十分なことは解らないが、元来が相互に関連のあるものを、一方が他方へ影響を与えたといった議論で片づけることは、まず無理な話とせねばなるまい。この点は、むしろ四十四、五歳ころの『生死海法語』、『骨相大意』、『蚊蛇行詩』などの筆跡と、梵字とを直接に照合し判断していただくのが上策かと思う。

そこで、梵字の話に戻るとして、たしかに尊者の書法は独自なものといえる。いくらか対照を試みてみたが、類似のものは見つからなかった。ただたいへんに面白いと感じたのは、尊者は梵字を竪書にも横書にも自在に書ける方だという点である。堀内寛仁先生に拝借した『梵字真言集』によると、横書の梵字はかなり古くから乱れる、というより竪書の梵字を横に並べたものにすぎなくなっている。ところが、尊者の見られた貝葉などの伝来品は、まったくみごとに横に整った梵字が左から右へと連なっている。少なくとも横書にして整然と配列するには、現在の塔婆や墓石に書かれているような種字では不適当である。要は縦軸をとるか横軸をとるかの相違にすぎないが、梵字としては大きく変わってくるから妙である。尊者の場合、この古態ともいうべき横書の要素が大きいことは十分注意してよいであろう。

それから、流麗な筆の運びが見られず、荒々しい筆致であることは、墨跡も梵字も共通である。梵字について、もし真行草の三態が考えられるとすれば、やはり真よりも行、あるいは草といった書き振りが、尊者の場合には顕著なのだし、その方がいかにも尊者の梵字らしい。これは、まさしく前田和上のいわれる「梵字を自己のもの」にされた結果なのであろう。もともと、梵学の習得ということの中に、書法、声法、解法の三者を含んでいたわけで、これらをできるかぎり古代インドの源にかえそうとするところに、尊者の苦心があった。このようにみてくると、久松真一先生のいわれる「破」「朴」「無心」といった契機[18]も、じつは墨跡の場合と同じく、いやそれ以上に、尊者の梵字について妥当する表現の手法だったのである。

註

（1）『悉曇章相承口説』巻下（『慈雲全集』九上、九七頁）。
（2）『悉曇章相承口説』巻上（『慈雲全集』九上、四五頁）。
（3）『悉曇章相承口説』巻下（『慈雲全集』九上、九八頁）。
（4）『慈雲尊者伝資料集』所収「悉曇相承来由」（『慈雲全集』首、一三三～一三四頁）。
（5）『慈雲尊者伝資料集』所収「中天悉曇相承」（『慈雲全集』首、一三七～一四二頁）。
（6）『成就吉祥儀』（『慈雲全集』九上、一三三頁）。
（7）懐円『真言安心小鏡』（長谷宝秀編著『増補真言宗安心全書』巻上、四三三～五二九頁、大学堂書店・三密堂書店・六大新報社、一九七三年〈再版〉）参照。
（8）『不偸盗戒記』（『慈雲全集』一一、四八一頁）。
（9）『慈雲尊者文集』所収「明堂諦濡師血書普賢行願讃梵本跋」（『慈雲全集』一五、一一二頁）。本文は「発二ス西邁ノ微志ヲ一」。

(10) 『悉曇章相承口説』巻上（『慈雲全集』九上、一頁）。

(11) 註（3）に同じ。

(12) 『慈雲尊者文集』所収「法楽寺貞紀和上略伝」（『慈雲全集』一五、三八頁）。秘密仏乗・経典毘尼・印度は悉曇文字で表記す。

(13) 『慈雲尊者法語集』所収「六十六　今後は法を説くまい」（『慈雲全集』一四、七五三頁）。

(14) 『慈雲尊者短篇法語集』（『慈雲全集』一四、二三頁）。本文は「唯だ仏在世を本とすべし」。

(15) 『梵学津梁総目』（『慈雲全集』九下、三九二頁）。

(16) 『普賢行願讃梵本聞書之一』（『慈雲全集』九下、三〜四頁）。

(17) 松長有慶『密教の歴史』二七二頁、平楽寺書店、一九六九年、参照。

(18) 「慈雲尊者の書を語る」（『慈雲全集』補遺、附録四九〜五〇頁）。

「付記」

昭和四十八年二月の『墨美』二二八号に、富岡鉄斎が京都洛北の神光寺に寄贈した慈雲尊者真跡の『梵字帖』を載せるので、尊者と梵字に関する解説が欲しいという相談があった。そこで高野山大学の堀内寛仁教授に梵字の解説を依頼し、筆者が小稿を担当した。『墨美』の森田子龍氏は、尊者研究の発端となる「慈雲の生涯と思想」の執筆を勧めて下さった恩人である。

九　心月輪まんだら考

はじめに

大愚良寛（一七五八〜一八三一）には、なぜか漂泊と仮り住まいがよく似合うという。備中の玉島円通寺にあること、ほぼ十二年、大忍国仙和尚のきびしい薫陶をうけたのち、諸国を放浪して、ひとまず越後の国上山の五合庵に落ちついたとき、よく知られるとおり良寛は四十歳、寛政九年（一七九七）であった。むろん、五合庵に入る前にも、郷里に近い無住の空庵を転々とし、また五合庵に入ってからも、一時は余儀なくここを立ち退いたということはあらためて語るまでもないであろう。しかし、この立ち退いた理由が、国上寺の前住職、義苗僧都の隠居所、というより死を迎える準備の場所にあてることにあったという事情は、おおくの問題を考えさせるに十分である。

もっとも、ここで注意されるのは、ただ五合庵が越後の古刹、雲上山国上寺に属する草庵であったこと、そしてその命名は、貞享の末（一六八八か）に阿弥陀堂（無量寿閣）再建の功をもって中興の祖と称された、国上寺の客僧、万元（一六五九〜一七一六）のため、良長僧都によりこの庵が改修され、毎日米五合が支給されたという故事に基づくこと、そのかぎり塔頭の一寺院というよりも隠棲にふさわしい草庵だったということである。さらに、当時の良寛は、おなじ国上山の本覚院や、寺泊の照明寺にある密厳院にも止住しているが、いずれの寺も国上寺と同様、真言宗豊山派に属する点で符合している。

こうして帰郷後の良寛の住まいをたどってみると、名もなき空庵、神社とか知人宅とかを除けば、どうも真言関係の庵寺がおおいようである（中山の西照庵は未詳）。もとよりその理由はあまり定かではないが、おそらくは良寛の生家・橘屋山本氏の菩提寺が豊山派の円明院であり、さらに実弟の観山房円澄がその円明院の第十一世（十世とも）住職だったということと無関係ではあるまい。俗縁のうえからは、良寛という人はむしろ真言宗と関係の深い家筋だったわけである。そういえば、のちに止住することになった牧ケ花の観照寺の場合も、親交のあつい解良家の菩提寺だったし、これまた真言宗に所属する。

良寛をとりまく環境が、こうして真言系統の寺と因縁浅からぬ関係にあることが解ってみると、ではいったいこのことは禅者としての良寛とどうかかわってくるのか。たしかに興味深く、おおいに食指の動く問題ではあるが、困ったことにいまのところ確答は見つからないようである。それというのも、まず第一に、橘屋はもともと名主であり神官の家筋である。その家を継ぐべき青年良寛は、十八歳で突如、尼瀬の光照寺、玄乗破了のもとに走って薙髪する。このときに、真言でなく禅を良寛は選ぶわけであるが、ではなぜ禅を選んだのかという理由が、諸説ある出家の動機とあわせて、いま一つはっきり見えてこない。

たとえば道元が「本来本法性、天然自性身」[1]の問題を解決するために、叡山を下ったという故事はさておき、盤珪の場合は、明徳とは何か、という問いを抱いて苦しみ、やがて坐禅の門を叩いたという。その盤珪の唱える不生禅は、立脚点が「阿字本不生」という真言宗の根本命題ときわめて親しいという点に、一つの特色があった。またほぼ同時代の慈雲飲光は、真言律の法楽寺を継いだのち、師命に逆らって信州大梅禅師のもとに走り、曹洞宗を究めたのち、あらたに八宗兼学の正法律を提唱した。

これに対して、良寛の場合は、禅に志した理由ばかりか、真言とのかかわりを示すような顕著な特色といったものも見出すことは難しい。むろん、強いて近代の密教者たちとの関連性を拾うとなると、契沖の万葉学や、その背景にある浄厳、さらには慈雲らの悉曇学（サンスクリット語研究）といった関心を挙げることができるかもしれない。なるほど、良寛の『万葉集』への傾注、また文法、音韻学に結びついた悉曇学への関心などのうちに、前記の人たちの関心と相通ずるものを指摘できるかもしれない。しかし、当時の復古主義的な一般的風潮ということを考えると、なにもとりたてて近代密教とのかかわりを問題にするほどのこともないであろう。

一　良寛と密教

こうして、良寛と真言、密教との関係いかんという問いの前には、潔く脱帽するほかはないかにみえるのだが、しかし、じつに意外なところに、その手掛りが露呈していたのである。ただ先入見を排して、虚心にあるがままの事実を認めるだけの誠意が、いまや問題となってくるにすぎないのである。たとえば、有名な五合庵の詩（第四句）に「壁上には偈幾篇」とあるのを、さきに挙げた万元の「五合庵の壁に題す、並びに引」をふまえたものと解するのが、柳田聖山氏の卓見である。(2) これに対し、第七、八句にみえる「ただ隣寺の僧ありて、しきりに敲く月下の門」(3) とある「隣寺の僧」の方を、文字どおり国上寺辺りの僧を指すと読むのは間違いなのであろうか。宗派の外にいる良寛のもとに、宗派とかかわりなく訪ねる僧俗の「隣舎の老翁」がいたことを見落とすことはできない。となると、やはり隣寺の僧に擬せられたのは誰であるか、臆測をたくましくしたくなるのも道理である。

さらには、例の鍋蓋の「心月輪」（しんがちりん）や、また「如実知自心」の一句は、良寛の生きた世界が、意外に密教と深くかかわっていたことの証拠となりうるであろう。あるいは、良寛における禅と密教との接点ともいうべきものが、そこに示されていたといっても過言ではない。のちに触れるように、良寛の書を代表する「心月輪」は、もともと密教の観法、つまりは瞑想による修行の実際をさしおいて、その正しい意味や、良寛じしんの意図を的確に読みとることが困難ではないであろうか。また「如実知自心」の一句にしても、出典なり伝統的な解釈についての予備知識なしに、はたして十分な解釈が可能かどうか、はなはだ心許ない。

ところが、そんなに明白な良寛における密教との関係を、なぜ先人たちが指摘せず、放置してきたのであるか。これまた厄介な問題であって、返答に窮するほかはない。ところが筆者じしんの経験によると、「心月輪」の解説を、久松真一先生の『禅と美術』(4)のなかで拝見して以来「しんがちりん」という読み癖以外に、別の読み方が行われうるなどと考えたことは一度もなかった、というのが実情である。好事家のあいだで通用する解釈は、むろん、それなりに一定の社会的役割を果たすものと考えられるから、それはそれで結構ではあるが、しかし、もし異説の存在を是認しないとするならば、それは偏狭な思い込み、つまりは偏見といわれても仕方があるまい。もとより筆者の方でも、独断と偏見によって、良寛の書を鑑賞するほどの人は、とうぜん「しんがちりん」について、いちおうの理解があるものと決めてかかったところに問題があった、ということであろう。

なおまた、慈雲の書になじんだ方は、別に禅語のおおいことには驚かないだろうし、墨跡と称して禅者の書と区別することもないのが、むしろふつうである。良寛の書のなかに、もし密教のことばがあったとしても、とくに不思議なことではない。ただ、その場合、興味深く、注意すべきことは、ただ禅者というものは密教語を用いて密教にとらわれず、弥陀の名号を書いて他力に執せず、無礙自在な境涯から、これを書くという点にある。たとえば、白隠の書いた梵字（不動明王の種子真言）をみても、どこか密教者とは違う趣があり、ものすごく気魄がこもっている。そこにまた、白隠流の不動明王の捉え方がみごとに集約されているわけである。もしその点を見落としたときには、梵字はしょせん梵字にすぎず、白隠の書いた梵字という意味はなくなってしまう。それと同様、良寛がもし密教語を書いたとすると、換骨奪胎した、まさしく良寛流のなにものかが、そこに現前していなければならない。その意味では、良寛の風光を知るための重要な鍵として、たとえば「心月輪」を読むということが要求されているといえないであろうか。逆に、その典拠を知らず、また知って無視するような態度は、必ずしも良寛の意を汲んだものとはいえないのではなかろうか。禅と密教との接点は、そこで否応なしに双方の異質さが歴然と現われる分岐点でもある。良寛の「心月輪」は、そういう意味において、とりわけ慎重な配慮を要する作品だったといわねばならないであろう。

二　心月輪と月輪観

しかし、まずはなぜ「心月」でなく「心月輪」なのか。心月（しんげつ）というのは「仏教の悟道、また広く心が澄みきっていることを、澄んだ月にたとえて言う語[5]」のごとく、心の本性とか真如法性の理とかを指したもの。これを道元は、「仏祖仏子かならず心月あり、月を心とせるがゆえに[6]」と、心のほかに月なく、月のほかに心なしと読むところから、喩えるものと喩えられるものの区別さえもない。心はすなわち月、月はすなわち心であって一つである。いわゆる思量と非思量、分別と無分別といった差異をこえて、丸ごと月そのものになり切ったところがすなわち心月である。いわば無相の自己がそのまま心月なのである。あたかも、虚空のごとく、すべてを容れて障碍なく、形あるすべてのものをこえて包むもの、それが心月であるとするならば、「心月孤円、光呑万象」という盤山の偈[7]は、よくその消息を伝えて余すところがない。一点の曇りもなく透みわたる空、あまねく行きわたる月の光、そこでは月光は万象を呑み尽くし、万象またおのずと光に包まれて、光のほかに万象なく、万象をはなれて光はない。照らされる境（対象）もなく、境を照らす光もないところを指して、「月は月を呑む」とか「光は月を呑む」ということもできる。そのとき初めて、月も光も万象も、もはや比喩であって、しかも比喩でない、あるがままの悟りの世界を示すことばとなってくる。

これに対して、「心月輪」の語は、すこしニュアンスが異なって、月輪（がちりん、またがつりんとも読む）のイメージとつよく結びついたものとなる。たとえば、岩本裕『日本仏教語辞典』のごとく「月輪」の項に三義を挙げるのが、それにあたる。

①衆生に本来具わっている心を、十方に遍く光明を放つ満月に喩える。
②絶対の真理を満月に喩える。
③「月輪観」の略[8]。

このうち、前の二義はいちおう「心月」と同義とも考えられるが、いうところの「衆生に本来具わっている心」は自性清浄心、仏性、浄菩提心の意味に通ずるものとして注目に値する。なぜなら、この「衆生に本来具わっている心」の象徴として月輪を瞑想の対象とするのが、第三義の月輪観（がちりんかん）にあたるからであろう。「心月」の語がもし禅的表現とするならば「月輪」はまず通仏教的、さらには密教的な表現にあたるといえばよいであろうか。むろん心月も月輪も、本来的には万象をはなれて別に存在するような絶対的なものを意味せず、仏とか悟りの世界を無限のかなたに遠ざけようとするものでもない。しかし、衆生に本来具わる心とか仏性の比喩としての満月は、これを遮る雲や、白光の欠如態である新月と対置されやすく、迷いを破る光明として捉えられることがおおいということもできる。原則的には、迷悟一如という大乗仏教の根本の立場を認めながらも、仏教各派それぞれの実践修道と結びついた基本的なテーゼの違いは、こうして成立するのであろう。漸悟と頓悟、遮情と表徳、あるいは水中の月、あるいは軽霧中の月、いずれも深い理趣を含意しているに相違ないと思われる。

いうところの月輪観は、単独の瞑想法としては阿字観と一体化したものが行われるが、もともと本尊を供養する一座行法の要諦として、密教ではもっとも基本的な観法と考えてよいであろう。前者は、月輪のなかに梵字の阿字を描いた掛軸を本尊として、これを集中的に観ずる瞑想の方法であり、後者は、たとえば字輪観のごとく、まず月輪を観じてそのなかに当面の主題とすべき本尊の種子真言などを円環状に配する瞑想の方法である。『望月仏教大辞典』にいう「此の観は密教の基礎観法にして、諸仏を観じ、字輪を観ずるにも、皆先づ月輪を観想するを要すとす(9)」とは、後者のケースを指している。あたかも金剛界マンダラの諸仏が、ひとつひとつ月輪のなかに画かれるように、月輪は諸仏の本来あるべき場所を示し、さらには諸仏の悟りの境位（三昧）そのものを象徴する。種子マンダラの一種には円座ばかりを並べて、種子を欠いたものもある。したがって、月輪は修行者じしんの本来あるべき場所や、悟りの境位をあらわすものであるとともに、修行者の月輪と諸仏の月輪とが互いに呼応する関係、または映し映される関係にあると考えることができるであろう。いわゆる本尊とわれとの入我我入という関係が成りたつのも、こうした双方の月輪のあいだの呼応関係を前提として初めて可能となる。その意味で、密教的な瞑想法の一つの基本型が、月輪観と称されてきたわけである。

しかも、修行者じしんの月輪を指して「心月輪」と呼ぶところに、密教的な瞑想法の特色を見出すことができる。『金剛頂経』のとく五相成身観の第一を、「通達菩提心」と名づけるが、その観念の骨子は「われ自心を見るに形、円月のごとし」、あるいは「われ自心を観るに形、月輪のごとし」とする点にある。[10]この自心の形は月輪のごとし、つまり本来は形なき白色の菩提心をあえて月輪という具体的な形（如実相）としてみるというところに、心月輪の特色がよくあらわれている。『発菩提心論』（龍樹）の「なにゆえに月輪をもって喩となすや。いわく満月円明の体はすなわち菩提心と相類なり」[11]とする説明は、月輪が菩提心の円明の体を標示する象徴であることと、この心月輪を観ずることが菩提心を現証するための唯一の方法であることを指示している。

衆生に本来具わっている菩提心は、こうして、月輪のイメージと一つにたえず眼前にみえるもの、現前するものになるとき、単に空虚なる観念からリアルな如実相に転化され、単なる知識から即物的なイメージによる把握としての現証へと移行するわけである。浄玻璃のごとく透明な球体を観じて心月輪とすることもあれば、円板状の平面を観じて心月輪とすることもあろう。いずれにせよ、無相の相を観ずる手段、方便としての心月輪が、そのまま諸仏の出生する根源、諸仏の三昧の境位と同定されるところに、密教の瞑想法が成りたっている。そのかぎりでは、心月輪は、菩提心と同様に、一肘の間に収まるとともに、その光明は法界に周遍し、無限大にまで拡張されるものでなければならない。無限大にして無限小なる心月輪を自在に観ずるとき、有相の観法と無相の観法、あるいは外観と内観といった区別はもはや消えうせてしまう。密教の瞑想法は有相か無相かといった論議は、ここでは論ずる場所さえもない。ただ、密教の先徳たちがこの心月輪の瞑想に、いかに懸命の努力を重ねてきたかを想起するだけで十分であろう。

その一つに「軽霧中の月輪」がある。空海の『秘蔵宝鑰』序の「霧をかかげて光を見るに無尽の宝あり、自他受用、日にいよいよ新たならん」[12]の一節、さらには『秘蔵記』のいわゆる「心を観ずれば月輪の猶し軽霧中にあるがごとし」[13]の文章を受けて、月輪が霧のなかにおぼろに浮かぶ、初心者の月輪観をといたものである。ところが光は禅定、霧は慈悲の働きと読めば、軽霧中の月の光は、たちまち仏作仏業の妙用をあらわすことばとなってくる。慈悲を欠いた禅定は、禅定なき慈悲の働きとひとしく、用をなさぬとするならば、慈雲のとく「軽霧中の月輪」(14)「霧即月光」(15)の極意は大いに注目に値する。大智の月はまことに大悲の湿気をおびて、初めて衆生の心の闇の底深く照らすものではなかったか。

良寛の「心月輪」は、無造作に鍋蓋とおぼしき粗末な張りあわせの板に書かれている。とてものことに阿字観の本尊のように清浄無垢な月輪ではない。また慈雲の「阿字」の額のように、そのまま本尊としてまつられるようなものでもない。しかし、良寛の心月輪には、軽霧中の月輪のような慈悲の妙用が、如実にあらわれているのはなぜか。ことばの妙、書の妙に加えて、なにか良寛の心の妙ともいうべきものが、見るものの心を打つのであろうか。まことに味わい深い一句、ふしぎに印象的な筆の運び、それがどこにでもありそうな一枚の板切れに書かれたとき、慈雲のいわゆる凡聖不二、迷悟一如の菩提心のほんとうの働き（霧即月光）が躍動する作品となったのであろうか。

三　「如実に自心を知れ」

良寛の「心月輪」は、もとよりこうした密教の背景なしに鑑賞することも可能であった。たとえば、久松先生の解説はつぎのとおりである。

良寛のこの（心月輪の）調子というものは寧一山の調子と非常によく似たものです。軽妙で瀟洒といいますか、われわれの心を開放してくれるものです。見ておりますと非常に「脱俗」な感じがするのです。まあ良寛が子供と手毬をついて遊んでおるような境地という無心さ、静かさというものが現われているわけです。

そして「簡素」ということも、こういう円い鍋に、いかにもすっきり簡素に字がはまっているわけです。几帳面ではなく、何処かやはり破った「不均斉」というものも出ておりますし、そうかといって、枯れたということも十分出ているのです。「枯高」ということは、懐素の場合は特に目立っていたわけですが、ここには（中略）そのような形では目立ってはおりません。併し、これの本当の特色は脱俗というよりも、寧ろ枯高というものです。（中略）枯れて来ないとこんな字は書けない。非常に枯れた境涯というものです。ただもう本来の「自然」、子供と遊んでいるけれども、子供の自然さというようなものとはまるきり違った、錬れ切って、子供のような境涯になった無心ですから、これは実に枯れ切っているのです。(16)

『禅と美術』（初版、墨美社。再版、思文閣）のなかで、久松先生はとくに禅的書道の代表作の一つとして「心月輪」を選び、西洋人にも理解できるようにと懇切な図版解説を付しておられる。いわゆる禅芸術の七つの性格（不均斉・簡素・枯高・自然・幽玄・脱俗・静寂）の具体的な例証という視点から、良寛の作品を白隠や一山一寧、懐素らと対比させつつ語る口調は、良寛の見どころを的確におさえてみごとである。しかし、そこではなぜ心月輪なのかという問いには答えず、むしろ、無相の自己の端的なる表現、つまりは禅的性格を読みとることに主眼がおかれている。その意味では、とうぜん無相の自己をもっとも適切にあらわす一句が選ばれ、それにもっともふさわしい表現の形式が与えられている、という暗黙の了解を背後に感じとることができるように思われる。心月輪とは、久松先生にとってまさしく無相の自己そのもの以外の何ものでもなかった。それは、もはや菩提心の象徴ということもできないのである。ことばの詮索は他人に委せて、単刀直入、ことばの未だ発せざるもとを聞け、ということろであろうか。あるいは、心月輪と一つになって、自己本来の形なき形を見てごらん、といっておられるのかもしれない。

ただ、こういう禅の立場からの理解は、やはり心月輪についての確実な知識を予想し、前提するものではあっても、否定するものではない。というより、久松流の問い方に従えば、密教的な心月輪の捉え方そのものが、まだ形にとらわれ、菩提心にとらわれて不徹底であるとすると、ほんとうの心月輪とはいったい何か、ということになってくるであろう。密教の方でもまた、心月輪のもっとも深い理趣は、筆舌に尽くしがたく、法によって阿闍梨に問え、というところに結局は落ちつくほかはない。ところが、久松先生はちょうどそのところで、良寛の、「心月輪」をほんとうに観ることができるのは、あなたの無相の自己（自性清浄心）だけですよ、とにっこり微笑まれるようである。

こうした禅と密教との接点は「如実知自心」の一句の場合、より明白になってくる。もと『大日経』の典拠をもつこの一句は、善無畏、一行の『大日経疏』のなかで、「如来の功徳の宝所を開示するなり、人の宝蔵を聞いて、意を発して勤求すといえども、もし人その所在を知らざれば進趣するに由なきが如し[17]」と解説される。修行者の心の実相は、阿字菩提心であって、如来の万行の功徳もすべてこの心に摂《おさ》まるから、この「浄菩提心」すなわち心の実相をあるがままに観察し、了々に証知することが「成菩提」、つまりは悟りの成就なのである。したがって「他によって悟らず、他に従って得ず」、ただ心みずから心を証し、心みずから心を覚するばかりであるというわけである[18]。要は、さきにあげた五相成身観（①通達菩提心、②修菩提心、③成金剛心、④証金剛身、⑤仏身円満）、すなわち菩提心の展開とその現前のための実修方法をふまえることによって、如実知自心の一句は密教のキーワードとされている。

これを受けて、空海は『十住心論』のなかでつぎのように書いた。

秘密荘厳住心とは、すなはちこれ究竟して自心の源底を覚知し、実のごとく自身の数量を証悟す。（中略）経に「いかんが菩提とならば、いはく実の如く自心を知る」といふは、これこの一句に無量の義を含めり。竪には十重の浅深を顕はし、横には塵数の広多を示す[19]。

ここでは、諸仏の境位にあたる第十秘密荘厳心の具体的内容を、じきに如実知自心の一句が開示するばかりでなく、「この一句に無量の義を含めり」ととかれる。つまり、この一句のうちに『十住心論』の全展開がすべて摂まってしまう、その意味で秘蔵をひらく宝鑰（カギ）はほかでもない、この「如実知自心」の一句にきわまる、というのが空海の主張であった。真実の教えのみならず、およそ東洋の思想、学問、宗教のすべては、この一句の展開された現実形態にほかならない。これが『十住心論』の体系的な構想だったのである。

こうした伝統的な「如実知自心」の一句をふまえて、良寛はいう。

たとい恒沙の書を読むとも
一句を持するにしかず。
人ありて、もし相い問わば
如実に　自心を知れと[20]。

空海は、万巻の書はことごとくこの一句に収まると論破した。良寛は、大事なことは、万巻の書を読むよりも、この一句に参じ、この一句をほんとうに自分のものとすることだという。教か禅か、そんな区別に拘わる必要はない。観か禅か、区別はおのずと区別する人のところにある。巻舒自在、この一句を活かすも殺すも、最後はあなた次第だよと、良寛はいいたかったのではないだろうか。

註

（1）『建撕記』（『国文東方仏教叢書』伝記上、東方書院、三八一頁、一九二五年）。本文は「建保二年甲戌師十五歳、熟渉二猟シテ経論一ヲ自ラ有リレ疑ヒ、謂ク顕密二教共ニ談ス本来本法性天然自性身」。
（2）柳田聖山『沙門良寛―自筆本「草堂詩集」を読む―』一四七頁、人文書院、一九八九年。
（3）柳田聖山　前掲註（2）書、一四四頁。本文は「唯有隣寺僧　仍敲月下門」。
（4）久松真一『禅と美術』、墨美社、一九五八年。
（5）『岩波国語辞典』（第三版）「心月」の項、五五二頁、一九八一年。
（6）『正法眼蔵』所収「都機」（水野弥穂子校注『正法眼蔵』（二）、八九頁、岩波文庫）。
（7）註（6）に同じ。
（8）岩本裕著『日本仏教語辞典』「月輪」の項、一四七頁、平凡社、一九八八年。
（9）『望月仏教大辞典』第一巻「月輪観」の項、七六一～七六二頁、世界聖典刊行協会、一九七二年（六版）。
（10）『金剛頂瑜伽中発阿耨多羅三藐三菩提心論』（『大正蔵経』三二、五七三頁下）には、「我見二自心一。形如二月輪一。何故以二月輪一為レ喩。謂満月円明体。則与二菩提心相一類」とみえる。
（11）『発菩提心論』（高野山大学編『十巻章』〈改訂版〉二一二～二一三頁、高野山大学、一九六六年）。
（12）『秘蔵宝鑰』序（『定本全集』三、一一六頁）。
（13）『秘蔵記』（『定本全集』五、一四六頁）。なお、「猶し軽霧中」とするのは、祖風宣揚会編の『弘法大師全集』である（「如月輪猶在軽霧中」、『同全集』〈増補三版〉第二輯、三二頁、密教文化研究所、一九六五年）。『定本全集』はこのところを「如月輪若在軽霧中」とする。
（14）『両部曼荼羅随聞記』巻四所収「霧即月光」（『慈雲全集』八、二五一頁）。本文は「観レスレハ心ヲ如三シ月輪ノ猶在二ルカ軽霧ノ中一ニ」。『月輪観』（『慈雲全集』一六、四三四頁）。本文は「月輪は通じて一肘量也。軽霧ノなかにあるごとく見へ候へば」。
（15）『両部曼荼羅随聞記』巻四所収「霧即月光」（『慈雲全集』八、二五一～二五五頁）。
（16）久松真一　前掲註（4）書、八二頁。

（17）『大毗盧遮那成仏経疏』巻第一（『大正蔵経』三九、五八七頁中）。
（18）神林隆浄「菩提心は無相なり」（同著『大日経・理趣経講義』〈大蔵経講座6〉八二〜九〇頁、名著出版、一九七六年〈復刻版〉参照。
（19）『十住心論』巻第十（『定本全集』二、三〇七頁）。
（20）『良寛全集』（大島花束編著『良寛全集』一三八頁、恒文社、一九八九年）。本文は「縦読恒沙書　不如持一句　有人若相問　如実知自心」。

解説

武内孝善（高野山大学名誉教授）

はじめに

本書は、慈雲尊者飲光（以下、慈雲と略称す）の生涯とその思想を慈雲のことばでもって再構築しようとした稀有なる著作である。なぜなら、岡村圭真先生ほど、慈雲の著作を読まれた人はいない、と考えるからである。

今回、著作集をまとめるにあたって、岡村先生が引用された慈雲の文章の出典を明記したいと考え、その出典をつきとめる作業をおこなったところ、驚愕をおぼえた。その引用された文章は、なんと、二十一冊ある『慈雲尊者全集』（以下、『慈雲全集』と略称す）のほぼ全篇にわたっていたからであった。

これは何を意味するのか。岡村先生はおそらく、『慈雲全集』を何回も、いえ何十回もひっくりかえされたであろうことが脳裏をよぎった。つまり、慈雲のすべての文章にあたり、慈雲の文章にもとづいて、慈雲の生涯とその思想を跡づけようとなさっていたのであった。このことは、誰にでもできることではない。

岡村先生をここまで駆りたてたものは何であったのか。なぜ、これほどまでに徹底されたのであろうか。そもそも、岡村先生が慈雲尊者と出逢われた契機は何だったのであろうか。いつ・どのようなかたちで出逢われたのであろうか。先生が鬼籍に入られた今となっては、お聴きする術がなくなってしまったのは残念至極というしかない。

しかしただ一つ、思いあたることがある。

それは、厳父・儀雄僧正が慈雲流の書に巧みであられたことである。二十年ほど前、先生のご住房・源久寺をお訪ねしたとき、通された部屋の床の間を見て、ハッとしたことが昨日のことのように想い出される。そこには、いのちを一気呵成に紙面に叩きつけたといってよい、あの独特の慈雲流の見事な書がかけられていたのであった。その書は外でもない、厳父・儀雄僧正の筆になるものであった。

おそらく、幼少のころから、日々、この慈雲流の書を見ながら成長なさったのであろう。そうして、慈雲への想いを膨らませていかれたのではなかったか。その想いがやがて『慈雲全集』との出会いとなり、手にとって紐解かれた成果が本書におさめた雄編となって、この一冊に結実したのではなかったかと愚考するのである。

本書は、右に記したように、慈雲のすべての文章にあたり、慈雲の文章にもとづいて、慈雲の生涯とその思想を跡づけようとした、まさに奇書と呼んでもよい、類い希なる著作といえよう。そのうえ、慈雲の生涯とその思想がきわめて丁寧にかつ深く掘りさげられ、長年にわたって慈雲の文章を読み込まれたなかで研ぎすまされてきた、その洞察力あふれる文章でもってつづられた論考は、この岡村先生の著作をおいて、皆無といっても過言ではない。おそらく、これほどまでに慈雲その人と対峙し、その思想に肉薄したものはないであろう。

その一端を紹介してみよう。慈雲といえば「正法律の創始者」といわれるように、切っても切れないのが「正法律」である。その正法律について、岡村先生はつぎのようにいわれる。

「おそらく高井田時代のもっとも高揚した慈雲の正法意識をみごとに表出した記念すべき大文章」（本書一一二頁）

が、『麤細問答』の冒頭に、柳里恭との問答として収録されている。

道自然法爾に備はりて闕減なき、これを正法と言ふ。構造布置して成立せるは皆僻解なり。問ふ、仏とは何底の人なるや。答ふ、唯この善人なり。悪の害あるをしる、善のたのしみをしる。悪を遠けて近よらず、善を修して厭くことなき、一生かくの如し。百千万生も唯この善人なり。虚空界をつくし、未来際をつくす。これを仏世尊と名づく。(本書一二二頁)

岡村先生はこの一節を「その肝胆あい照らす親交ぶりを彷彿させるに十分」な文章であるといい、「ことばは簡潔ながら一点の曇りもなく、真正法とその核心をみごとに凝集した一節である」ともいわれる(本書一二二頁)。そうして、岡村先生ご自身のことばでもって、慈雲が確立した正法律の核心を、つぎのように説示されるのであった。

お釈迦様がお出になるお出にならない、出世・不出世にかかわりなく、永遠の昔から法爾自然の教えとして伝えられているものがまさしく十善である、正法である、このように慈雲はいっておられる。さまざまな経典の中で因縁とか、縁起の法とか、あるいは密教であれば「如実知自心」といった経典の言葉を出さず、ただただ正法の正法たるは戒律・律文にあり、それを正面切って押し立てて正法律といった。これが根本です。

ところが、小乗・大乗といった仏教の学問、また戒律、密教、禅、この四つの柱は、すべてもとに照らすと根本的には一つであり調和できるはずだ、おなじ法の源泉から発せられた言葉であり、源泉に帰る道である、というかたちで四宗を兼学する、総合する、そういうものが正法律の基本だった。禅だけを、律だけを、密だけを、経だけをということではなくて、戒・定・慧をどこまでも兼学する。ですから、等しく学ぼうとする者は宗派にかかわりなく、戒律のそれぞれの所属する僧坊・一派にかかわりなく、すべては同朋である。こういうかたちで開放される。これはまことに思い切った前人未踏の立場です。そこから宗派を超えた超宗派的な立場としての正法律が出てまいります。(本書一三二頁)

少々ながい引用となってしまったが、ここには慈雲がその生涯をかけて取り組んだ正法律の精神が、端的に、しかも的確に説示されているといってよい。

さらに、慈雲の生涯を、空海のそれと比較するかたちで総括して、

大師は法身大日如来までかえり、慈雲さんは仏世尊にかえられた。通俗の仏教や仏教史の枠組みを超えて、お二人とも仏教そのものの根源にまで立ち返ったところから、仏教を展望するという地平を開かれたということではないでしょうか。いずれの場合も宗派的なレベルを超えて、超宗派的な地平までかえる禅定、三摩地の契機が重要な鍵となっていたということではなかったでしょうか。

といっておられる(本書一二三頁)。岡村先生にして、はじめていいえたことであった。

ともあれ、慈雲について知りたい、深く学びたいと考えたならば、まず第一に手にすべきが本書であり、そうすることによって、岡村先生の思索にとんだ文面から多くの示唆が得られることはまちがいない。

本書は、昭和三十八年(一九六三)から平成十六年(二〇〇四)にいたる、四十年あまりのあいだに発表された、慈雲の生涯とその思想、並びに江戸時代における仏教界・思想界に関する論考九篇をもって編んだものである。それらを内容によって大別すると、つぎの五つとなろう。

第一、慈雲の生涯とその思想を詳述した論考　……　一・二・五・七

第二、慈雲の密教理解に特化した論考　…………　六

ここでは、紙数のこともあるので、本書の第一の特色といってよい「慈雲のことばをもって、慈雲の生涯とその思想を跡づけられた」第一について、私が理解したところを記しておきたい。

慈雲の生涯とその思想

慈雲は、享保三年（一七一八）七月二十八日、大坂中之島の高松藩蔵屋敷にて生まれ、文化元年（一八〇四）十二月二十二日、京都阿弥陀寺にて遷化した。享年八十七歳であった。

この慈雲の八十七年にわたる生涯の足跡とその思想をあつかった論考は四篇ある。本書に収載した順にあげると、

一、慈雲尊者の世界―釈迦の在世を理想として―（一九八五年十月発表）
二、慈雲尊者の生涯　（二〇〇四年四月発表）
五、『十善法語』の教え（一、正法のシンボル）（二〇〇四年三月発表）
七、慈雲の生涯と思想（一九六三年五月発表）

となる。この四篇には、それぞれに、以下のような特色がみられる。

まず、八十七年にわたる慈雲の全生涯の足跡とその思想を満遍なく論じられたのは、昭和三十八年（一九六三）に書かれた「七」であり、慈雲に関する論考の劈頭をかざる記念すべき論考でもあった。ついで、もっともながい

のは「一」である。けれども、残念ながら最晩年のところがやや簡略となっている。「二」は、ダイジェスト版といってよいコンパクトにまとめられたものである。「五」は、講演のなかで慈雲の経歴を紹介したものであり、慈雲のことばの引用は最小限度におさえられ、かつ岡村先生ご自身の平易なことばでもって慈雲の生涯が語られていて、親しみやすいものとなっている。慈雲の生涯とその思想の概要を知りたければ、「二」と「五」の「一、正法のシンボル」以下をおすすめしたい。

それはさておき、これらの論考では、慈雲の主たる事績、並びに居住した寺院などから、その生涯を六期にわけて論じられた。六期とは、つぎの通りである。

第一期（十三歳～二十七歳）………修行時代
第二期（二十八歳～四十歳）………正法律の時代＝理想実現の第一段階＝正法律の確立と『方服図儀』
第三期（四十一歳～五十三歳）……雙龍庵時代＝理想実現の第二段階＝『梵学津梁』と千衣裁製
第四期（五十四歳～五十八歳）……阿弥陀寺時代＝『十善法語』の時代
第五期（五十九歳～八十七歳）……高貴寺隠棲の時代
第六期（六十九歳～八十七歳）……真の高貴寺時代……前半十年＝神道時代、後半十年＝密教時代

以下、それぞれの時代における慈雲の主たる事績とそれらに対する岡村先生の炯眼のいくつかを紹介してみたい。

第一期　修行時代（十三歳〜二十七歳）

この修行時代は、まさしく父上月安範の死をうけて十三歳で大坂田辺の法楽寺主忍綱に師事して出家し、密教の加行（十五歳）をへて京都への遊学（十六歳）、奈良での仏教学の基礎の習得（十九歳）、そして野中寺における自誓受戒（二十一歳）と法楽寺での伝法灌頂の受法（二十二歳）、二十四歳からの二年あまりの信州正安寺における坐禅をへて法楽寺への帰還（二十六歳）という激動の時代であった。

この若き日々を、慈雲自身が語った文章がある。それは、四十九歳になった慈雲が明和三年（一七六六）七月晦日、布薩のあと、長栄寺吉祥殿でおこなった法話「今後は法を説くまい」の一節である。

此方が十二歳の時に、朱子学の儒者の講釈を聞て断見を起した。十三の年出家した。十五の年に老和尚の命を受けて密教の加行を勤めたが、十八道を授かる時、道場観に至て初めて断見の非を知つた。十九の年に、四分律の五百結集の文を見て、初メて菩提心を起した。二十四の時に至て、初めて此事有ることを合点した。二十五の時に初めて穏当になつた（『慈雲全集』一四、七四九〜七五〇頁）。

岡村先生は、この文章を引いたあと、「まずはじめに密教の加行、つぎに戒学と修道、そして阿字観・参禅と、三つの段階をへてさとりに到達したことがわかる」（本書二二頁）といい、十五歳の「道場観に至て初めて断見の非を知つた」を正法への開眼、十九歳の「初メて菩提心を起した」を正法律への発心、そして二十五歳の「初めて穏当になつた」を真正解脱ととらえられ、この時代を「正法律にいたる道」とみなされたのであった（本書二三頁）。

そうして、この時代を、

この正法律にいたる道には、したがって、師とのであい、仏とのであい、法とのであい、そして真の自己とのであいのすべてが畳みこまれていたこととなる。慈雲の修行を語るとき、われわれは理想的な仏道修行の姿をみるおもいがするのであるが、まことに稀有なであいがその節目ごとにあらわれていたことは、ただただ驚異というほかはない。法と人、仏と求道者、そして師匠と弟子との、みごとなであいの諸相は、たしかに正法出現の時節が、千載一遇《せんざいいちぐう》のウドンゲの花のように、遭遇しがたいものであることを教えているかのようである。

（本書二三頁）

と総括された。見事というしかない。

こののち展開される正法律運動の原点がまさにこの時代にあり、慈雲の生涯を決定づけたのが師忍綱との出逢いであったことを、われわれは知りうるのである。

第二期　正法律の時代（二十八歳～四十歳）

この時代の顕著な事績は、正法律の確立と『方服図儀』の刊行であった。

まず、前者について略記すると、延享元年（一七四四）四月、師の忍綱から高井田の長栄寺を託された慈雲は、翌年十月、愚黙の懇請によって長栄寺を結界して正法律における最初の僧坊とした。寛延二年（一七四九）七月には、愚黙の

今より後、事の大小にかかわりなく、一《ひとえ》ニ仏世ノ正軌《しょうき》ニ順シ、澆末《ぎょうまつ》ノ弊儀《へいぎ》ヲ雑《まじ》ゆルコトなかれ。

との峻厳きわまる主張を容れて、はじめて正法律と名づけ、五条からなる「根本僧制」を制定した。ここにいたっ

て、正法律の基礎がまさに確立したのであった。

岡村先生は、「根本僧制」の特徴は「なにより簡潔で要を尽くし、みごとに正法律の根本方針を表明している点にあった」（本書二六頁）といわれる。その「根本僧制」五条をあげてみよう（『慈雲全集』六、七〇～七三頁）。

第一ニ、一切ノ事、須ク律ニ依テ判スベシ。人情ヲ顧ミ、及ビ己臆ニ任スコトヲ得ズ。

第二ニ、若シ律ニ依テ行事セント欲スルニ、律文或ハ闕ケ、或ハ不了ナラハ、須ク経及ビ論蔵ノ所説ニ依ルベシ。

第三ニ、若シ三蔵ノ所説、事ニ於テ行ズベカラザルもの、或ハ聖言未ダ具セザルものは、則ち須ク支那扶桑諸大徳ノ所詣、及ビ現前僧伽ノ和合ニ依ルベシ。

第四ニ、当山ノ規矩、一切諸宗、如法如律の徒ハ、悉ク是レ一派同袍、仮令《たとひ》別所属ノ本山有モ、亦《また》当山ニ於テ法事ヲ執行コトヲ妨ゲズ。如《も》シ其ノ沙弥及ビ新学比丘ト為《な》リ、依止ト為《な》リ和上ト為《な》ルモ、亦《また》通ジテ妨ゲ無シ。

第五ニ、律儀ハ是レ正法の命脈、禅那ハ是レ真智の大源、及ビ八万四千ノ法門ハ、悉ク皆甚深解脱ノ要路ニ非ざるコト無シ。須ク各《おのおの》其ノ所楽ニ随テ、日夜専精ニ修習シ勤学スベシ。懶惰懈怠、悠然トシテ光陰ヲ送リ、及ビ浅深ヲ諍論シ宗我ヲ逞スルコトヲ得ザレ。

岡村先生は、右の条文をつぎのように要約された（本書二六～二七頁）。

一、いっさいの事、すべからく律によって判ずべし、人情や私意をさしはさむことをえず。

二、律文に欠けているか、または道理上、不十分ならば、経典や論書の説によるべし。

三、三蔵の所説のうちで、行ずることのできないものは、中国、日本の諸大徳《だいとく》の説によるべし。

四、いっさい諸宗の法にしたがい律にしたがう人は、ことごとく一派同袍《どうぼう》であって、自派、他派を区別されない。
五、戒・定・慧の三学の修行をめざし、宗派の区別、浅深を論ずべからず。

そうして、以下のように総括しておられる。すなわち、

以上の五条の規定は、十善を中心とする伝戒相承に基づきながら、ひたすらに釈尊の説くところを信受して、私意をまじえず、修行すること、つまりは正法護持の理想を一貫して高唱している。とりわけ、自派、他派を区別することなく、超宗派の立場から実践的な仏教統一の運動を展開する姿勢は、注目にあたいする。戒律の立場についても、四分律、有部律にとらわれず、基本に忠実で、しかも批判をうしなわず、形式的な戒律主義にしばられない態度を貫く。それは、四宗兼学を掲げ、ひたすら仏道の成就をめざす仏弟子の僧伽・共同体を再現し、あくまで釈尊仏教を現代に復活させようとする宣言にほかならなかった。（本書二七〜二八頁）

といい、

条文はじつに簡潔で要を尽くし、みごとに正法律の根本方式をあらわしている。すなわち一切のことは律によって判定し、人情や私意にしたがってはならない、これが鉄則である。律蔵にない規定は経典、論書により、また国情、風土の相違あれば、大徳のおしえ、僧坊の定めに従うこと、正法・賢聖の僧坊は一派同袍、如律如法の修行者に開かれており、戒・定・慧の三学、四宗兼学の旗印のもと真正修行につとめること。名目や教条にとらわれず、実際に即して合理的批判精神に支えられた、みごとな文章である。（本書五六頁）

といわれたのであった。さらに、

「眼ニ見ルところ悉クこれ法滅の相、耳ニ聞クところ法滅の声ニあらざるなし、声ヲ呑ミ、血ニ泣クコト、日

トシテこれなきはなし」という末法・澆季の痛恨、断腸の念と、法幢を既倒ののちに建てんとする不屈、清新の意気がみなぎる。ここには、正法の人のつどいという、前代未聞の巨大プロジェクトへの挑戦が秘められていたのである。（本書五六頁）

ともいっておられる。

慈雲の正法律の精神が見事に把捉されているといえよう。

第二の『方服図儀』の刊行についてみてみよう。

「根本僧制」によって、「正法の正法たるは戒律・律文にあり、それを正面切って押し立てて正法律とい」い（本書一三二頁）、釈迦仏教に帰ることを宣言した慈雲がとったつぎなる行動は、「法の如く、法の教えるがままに作られたお袈裟」、すなわち「如法衣」の製作であった（本書一三二頁）。

慈雲は寛延三年（一七五〇）三月、有馬の桂林寺を兼住したのを契機として袈裟をはじめとする方服の裁ち方を精査して『方服図儀』広本十巻、略本二巻をまとめ、宝暦二年（一七五二）二月に刊行した。

岡村先生は「正法のシンボルは何か。お袈裟です」（本書一三二頁）といい、『方服図儀』については、

方服とは方形（四角）の布をつづる法服、袈裟のこと、図儀は、理論でなく事象に即した解明を指す。袈裟の製法や材質、染料、尺度といった事項のほか、インド以来の戒律の分派、その主張と比較といった関連項目を網羅、先学の成果を評し、自説の論拠をあげる。もの、こと、情報の蒐集に徹底して挑戦する大坂の知の巨人の片鱗がうかがえるようである。（本書五七頁）

といわれる。

さらに、正法にかえる原点として「如法衣」に注目した慈雲の想いに関して、

これは如法の僧坊、如法の僧伽を構成する僧に献ずるものとして作られた如法の袈裟です。これに対して今残っているものすべては誤り。衣が間違っている。袈裟が間違っている。さまざまな僧儀、修行の方法、どれをとってもお坊さんの正しい形は何も残っていない。今では頭を剃ることだけが残っている。現在はもうそれも通りませんが、そんな言葉も残っている。正法はシンボリックな仕方で形として表示されなければいけない。これが一つです。

ともいわれた（本書一三三頁）。ここにいう「これが一つ」とは、慈雲は「正法の基本的な考え方を包括して」「たいへんユニークな仕方で、理念ではなく、具体的な形として実現してい」（本書一三二頁）ったことの一つとの意である。

そうして、この法の如く、法にもとづいた衣を製作する活動は、宝暦六年（一七五六）四月、法隆寺にて聖徳太子の袈裟を検証し、復原した法衣を四天王寺に奉納したことを発端として、やがて明和元年（一七六四）からはじまる「千衣裁製」の運動へと展開していくのであった。この流れを、岡村先生は、

まさしく原理、原点、正法のもとまで返るという志向性を、厳密な形で標示しているのが如法の袈裟だ、という確たる信念から「千衣裁製」といったことが発願されてまいります。（本書一三三頁）

とおさえられた。

ちなみに、この「千衣裁製」の運動は、慈雲が遷化した翌年、つまり文化二年（一八〇五）にいたって完結したのであった。

第三期　雙龍庵時代（四十一歳～五十三歳）

この時代の主たる事績は、サンスクリット語の研究を集大成して『梵学津梁』一千巻が編纂されたことと如法の袈裟を裁製する活動を「千衣裁製」と称して本格的にはじめたことであった。

四十一歳となった慈雲は、宝暦八年（一七五八）の春、生駒山の中腹にある長尾の滝のほとりに、みずから設計して雙龍庵（七葉巌ともいう）を結び隠棲した。その理由を、諦濡の『正法律興復大和上光尊者伝』は「今吾《われ》羽翼ヲ失えり、我《われ》まさに吾《わ》ガ好ム所ニ従わントす」ることであったと記す（『慈雲全集』首、四二頁）。「羽翼ヲ失えり」とは、弟子の愚黙・即成が宝暦元年（一七五一）に、萬愚が同五年に示寂したことをさす。

岡村先生は、この時代を隠棲とはいうものの、「むしろ新しい正法律への転機と考えるべき」であるという（本書三二頁）。その記念すべき最初の仕事が、雙龍庵を結んだ宝暦八年、河内額田の不動寺において註釈した、慈雲の学的金字塔の一つとも称すべき『南海寄帰伝解纜鈔』七巻の完成であった。この『解纜鈔』を「有部律の再興におおきく寄与したのみでなく、長栄寺時代の研究成果を示すものとして注目されねばならない」と評された（本書三二頁）。

この時代で特記すべきは、『梵学津梁』一千巻の編纂であった。直接の契機となったのは、高野山の真源から贈られた『普賢行願讃』の梵本であった。遠因は、十九歳でインドへの渡航を志したこと、三十四歳のとき泉涌寺で仁和寺に伝存していた空海真跡の悉曇字母を書写したこと、同じく宇治田原の巌松寺から貝多羅葉を得たことなどであった。

ともあれ、七部にわけて収録された『梵学津梁』一千巻の構成をみてみよう（本書三三〜三四頁）。
第一本詮　貝葉などの梵文資料（二百五十巻）
第二末詮　経典や陀羅尼の梵文を解釈したもの（百巻）
第三通詮　『悉曇字記』などの研究書（百巻）
第四別詮　通詮のほか、基本的な悉曇書、字典など（八十五巻）
第五略詮　新しく編集した梵語字典（三十三巻）
第六広詮　同じく広字典（三百五十巻）
第七雑詮　その他、『悉曇三密鈔《さんみつしょう》』『韻鏡《いんきょう》』、儒者のものなどの参考資料（八十二巻）
岡村先生は、これを「伝来する梵篋《ぼんきょう》をはじめ、悉曇、梵語資料を集め、主要な参考文献、研究書をほぼ網羅したうえに、慈雲の編集になる梵語の文法および字典を含む」「未曾有の大規模な梵学全書《シリーズ》」であったといい（本書三三頁）、「ここでは学問研究のみでなく、修道実践の問題として、真言や陀羅尼の正しい読み方が問われている点に注目したいと思う。こうした実証的な文献研究と実践的関心とを総合したものが、『普賢行願讃梵本聞書』や『理趣経講義』であった」（本書三四頁）と、総括されたのであった。傾聴すべき指摘といえよう。
いま一つ、この時代の注目すべきことは、僧坊での例時の布薩・説戒（十五日、三十日）と示衆（八日、二十三日）、臨時の授戒や法要の席でおこなわれた法話が、語り口そのままに記録されたことである。それら六十九篇は、長谷宝秀師によって整理され、『慈雲尊者法語集』と名づけられて『慈雲全集』第十四に収録された。この法語について、岡村先生は、
その内容は戒律と禅、つまり修道の実際に関するものが多く、経典や論書に触れたもの、自伝的な正法律運動

の回想も含まれる。文章はすこぶる平易で、じつに懇切丁重に法を説き、悟道の要諦《ようたい》を示して修行者に指針を与えるものとなっている。

と評しておられる（本書三五頁）。

これらの法語は、『十善法語』のさきがけをなすものであり、内容はもちろん、法語という形式的な面からも注目されるのである。

第四期　阿弥陀寺時代（五十四歳〜五十八歳）

この時代は、「『十善法語』の時代」とも称されるように、畢生の大著である『十善法語』十二巻の完成をみた、慈雲の生涯を語る上で忘れてはならない時代であった。

五十四歳となった慈雲は、明和八年（一七七一）、在俗の信者四人の懇請をうけて、居を京都の阿弥陀寺に移した。そうして、安永二年（一七七三）は記念すべき年となった。なぜなら、桃園帝の后・恭礼門院、後桃園帝のご生母・開明門院らに十善戒を授けるとともに、十善戒が語られ、法語としてまとめられる端緒が開かれたからである。すなわち、同年十一月二十三日から毎月八日と二十三日に十善戒が語られ、それは翌年四月八日まで十回におよんだ。これを筆録したものに加筆し整理したのが、同四年秋に完成した『十善法語』十二巻であった。これら十善戒が説かれる契機となったのは、開明門院が後桃園帝のことで心を悩まし、慈雲に法語を懇望されたことによるという（本書六一頁）。

安永三年三月には、後桃園帝に『十善戒相』が呈上された。十善戒の戒相、すなわち守るべき教えについて簡単に示したものであったけれども、そこには空海の十善戒の教えにもとづいて、十善の教えの担い手はほかならぬ天皇だということが説かれていたという。いま少し、岡村先生のことばを引いてみよう（本書二三七頁）。

そこ（筆者註、『十善戒相』）では、「十善と云フは、聖主の天命をうけて、万民を撫育するの法なり。此ノ法ちかくは人となる道にして、遠くは仏の万徳を成就するなり」と書いてあります。公に出された最初の十善戒の中に、天皇が国を統治するための帝王学、儒教の「治国平天下」つまりは、国を治め、天下を平らげるための道が十善だというわけですね。そして、その十善の教えの基本となる担い手がほかならぬ天皇だというのです。

このことは、さきに、お大師さまが『十住心論』で十善戒をお説きになったとき、国王が正しく国を治める教えとして十善をお示しなされ、不空の翻訳された経典を下敷きにして提示された趣旨と、みごとに符合するわけです。ただの人ではない。昔流にいうと上御一人。至上の人、人として最高の人がみずから践み行い、みんなにこれを示す、そして実際に政治の場でそれを実現することがまつりごとの道なのだと説いたものが、まさしくこの安永三年の『十善戒相』だったのです。

それはともあれ、慈雲がいわんとする『十善法語』のこころを、岡村先生が平易に提示してくださっているのであげてみよう（本書三九頁）。

第一、慈悲、不殺生戒《せっしょう》（あわれみ深い心をもち、生命を損なわない）
第二、高行、不偸盗戒《ちゅうとう》（かたく節操をまもり、ひとの領分を侵さない）
第三、浄潔、不邪婬《じゃいん》戒（身をきよらかにして、よこしまなことをしない）
第四、正直、不妄語《もうご》戒（心を正直にして、嘘をつかない）
第五、尊尚、不綺語《きご》戒（志を高く掲げて、言葉を飾らない）

第六、柔順、不悪口《あっく》戒（柔軟な心をもち、ひとをののしらない）
第七、交友、不両舌《りょうぜつ》戒（交わりをたいせつにし、仲間われをおこさせない）
第八、知足、不貪欲《どんよく》戒（分限をわきまえ、むさぼらない）
第九、忍辱《にんにく》、不瞋恚《しんに》戒（よく忍耐して、腹をたてない）
第十、正智、不邪見《じゃけん》戒（正しい智恵にしたがい、偏見をもたない）

これを踏まえて、『十善法語』の核心を整理された。二つあげてみたい。

この十善戒は、「大小顕密の諸戒を束ねて十善とす。諸善万行、何ものかこの中に収めざらん」といわれ、出家と在家の戒を総合する「根本戒」、あるいはいっさいの戒律がこれによって生ずる「主戒」と呼ばれる。さきに正法律「根本僧制」の核心とされた、この十善戒の相承を、釈尊より忍綱まで連綿とつづるのが『十善之系統』であり、この伝承に基づいて、あらためて正法とは何かという根本問題を、現代的な関心のもとに展開したのが『十善法語』である。諦濡の『略伝』に、「われを知り、われを罪するものは、それ十善法語か」とつねに語られたとあるとおり、この十二巻のなかに慈雲の人と学問・思想のすべてが凝縮されているといって過言ではない。（本書三九～四〇頁、傍線筆者）

『十善法語』は、こうしてゆたかな内容と底知れない深さを、十善という、ごく単純な枠組みのなかにもりこみ、深遠なる哲学を背景にして、日用人倫の教えを縦横に説くものとなる。釈尊の説法が、「その到達するところはたいへんに深いけれども、その言葉は人々が聞いて理解しやすく利益《りやく》を得」るものであったように、慈雲の説く法語も慈雨のごとくこころの渇いた人たちを潤《うるお》したのである。まさしく大人《たいじん》の道、菩薩の平常心《びょうじょうしん》とは、こういうはたらき自体を指すのであろうか。（本書四〇～四一頁）

ここには『十善法語』を慈雲の主著とみなして高く評価しておられるけれども、反面、「その成立の背後には、仏教の現状、政治、社会の実態に対するきびしい批判があ」（本書六二頁）ったことをも指摘されている。すなわち、『十善法語』には、在家信者のために十善戒を解りやすく説いた法語という一面がある。しかし、その成立の背後には、仏教の現状、政治、社会の実態に対するきびしい批判があり、その根拠となる人間の尊厳に対する絶対の信頼、自然界と人間界を貫く万古不易のまこと、法爾自然の理法、そして法性等流あるがままの現実相のするどい洞察が、縦横無尽、無礙自在に説き示されている。（本書六二〜六三頁）

と。

では、正法律の概論書たる『十善法語』の特色とは何か。最後になったが、このことをみておきたい。岡村先生は、

第一、まず仮名がきの法語であること

第二、いわゆる「有仏無仏、性相常爾の法」と「治国平天下の道」を二本の柱としていること

第三、倫理的・宗教的な仏教改革の指南書ということ

の三つを指摘された（本書二四一〜二四二頁）。具体的に論じられたあと、『十善法語』の特色を、

慈雲の十善思想は、より直接的には、明忍における春日の神託、「戒は是レ十善」に基づいており、これが、じつは彼の正法思想の源泉ともなっていたのである。ともあれ、かかる背景を認めたうえでも、なお慈雲の十善思想は、当時の儒教がいわば独占していた人倫の問題に、仏教側からの力づよい発言をもたらし、五常思想の抽象性を指摘して、むしろ中華意識の蒙をひらこうとさえするものであった。そうした批判の拠りどころは、まさしく「万国に推通じ、古今に推通じ、智愚賢不肖、貴賤男女に推通じて、道とすべき道」にある。いいか

えるならば、儒教的人文主義のもつ限界をあばきえたのは、じつに実践的な仏法の普遍性にほかならなかった。それだけに、彼の十善思想、人となる道の提唱は、深く歴史的な現実を洞察するのみならず、ただしくこれに対処する道をひらいた。その意味で仏教改革運動の金字塔とも称すべきものであるまいか。（本書二四四～二四五頁、傍線筆者）

と、当時の思想界を席巻していた儒教に対する抵抗・反旗を意図したものであったと評されたのであった。実に大きな視野にたっての指摘といえよう。

第五・六期　高貴寺隠棲の時代（五十九歳～八十七歳）

慈雲は、『十善法語』十二巻の完成をみた直後ともいえる安永五年（一七七六）正月、「此うへは世に出候てはかへつて法のためになり申まじく」と阿弥陀寺の閉関を申しわたし、翌二月には河内葛城山の高貴寺に移り住んだ。これ以降、文化元年（一八〇四）に遷化するまでの約三十年間を高貴寺隠棲の時代と呼ぶ。だが、「真の高貴寺時代」と呼びうるのは、天明六年（一七八六）五月、幕府から高貴寺の僧坊が認可されて一派真言律宗の総本山となり、同年秋の『高貴寺規定』十三ヶ条の制定以後のこととみなされている。

「真の高貴寺時代」の特記すべきことは、前半の十年を神道時代、後半の十年を密教時代とも称されるように、かつて見られなかった神道と密教に関する事績であった。

まず、慈雲の神道についてみておく。慈雲が提唱した神道を「雲伝神道」というが、なぜ晩年になって神道が慈雲の関心事となったかは、判然としない。ただ、『十善法語』のときと同じく「時二二、三子ありて斯ノ法の在ルことを信スルヤ、至心ニ懇請シテ従受ヲ求ム」といった事情が、また「衰老時いたりぬれば、世の為メ人の為になるべきおもひもなく、唯タ自己心地のやしなひを思ふより他なければ、をのづから余念にもわたらぬ」といった彼自身の人生観が介在していたのではなかったか、とみなされている（本書二四七頁）。

ともあれ、「雲伝神道」に関する著作で重要視されるものに、寛政四年（一七九二）に成立した『人となる道略語』『慈雲大和上伝戒記』『神儒偶談』があり、これに続くものとして、『神道灌頂教授式抄』『入門十二通聞書』（寛政八年〈一七九六〉）、『神致要頌』（寛政十年〈一七九八〉）、『神道三昧耶式』（寛政十一年〈一七九九〉）、『比登農古乃世』（寛政十二年〈一八〇〇〉）、『日本紀神代巻折紙記』などをあげられた。

そうして、慈雲の神道を、岡村先生は、

神道の思想的基盤は、彼の場合、まったく十善と共通せるものであった。「唯一箇の赤心これ我神道の教なり、此ノ赤心天地の道なり、神明の教なり」とか「神道は一箇の赤心、君臣の大義のみなり」といわれるとき、これをそのまま治国平天下の道、ないし人となる道とおき換えることもできる。つまり、神道と仏法とは有為、無為の関係において、まさに表裏一体とされている。このこと自体、すでに密教的な考え方を示しているかとも思うが、いずれにせよ、かかる観点から、きわめて合理的な神道解釈の実験が試みられたのであった。

と評されたのであった（本書二四七～二四八頁）。

最後に、慈雲の密教についてみておく。

慈雲は、二十一歳で忍綱貞紀和上にしたがって西大寺流の伝法灌頂を受法したのをはじめとして、報恩院流、勧修寺流、中院流、三輪流、松橋流、安祥寺流をうけ、五十余歳で地蔵院流房玄方を、六十八歳で西院流を受けた。

すなわち、「野沢両流の正義、両部の玄旨は、今我家の珍蔵たるなり」といいうるまでに、事相の諸流を受法していたのであった（本書二四八頁）。

しかるに、高貴寺時代以前に、密教に関するまとまった著作を求めることは不可能に近い。天明五年（一七八五）、法護に相承之大法秘法を授け、あわせて秘法道具などを付嘱した前後に成立した、事相に関する秘伝書『秘密甚深』が、おそらくその初見であろう。こののちも、密教に関する著作は、わずかに『両部曼荼羅随聞記』広本六巻（寛政八年〈一七九六〉）、『金剛薩埵修行儀軌私記』（享和二年〈一八〇二〉）、『理趣経講義』三巻（享和三年〈一八〇三〉）などが散見されるばかりといわれる（本書二四八頁）。

なぜ、密教に関する著作が最晩年に集中するのかについては、「じつのところ、よくは分らない。たぶん、彼の主たる関心が、密教以外の方向にむいていた、というだけのことであったろう」という（同右）。

慈雲の密教観の基調をなすのは、「大師の根本をきわめ、密教の本意を求めるという態度」（本書二四九頁）であったといい、その根拠となるのが、

本宗の事相、野沢共に修学し、大師の根本を究むべし、教祖は強て古義新義に泥まず、唯密教の本意を求むべし。

古義新義と申事は、中古已来学者之料簡にて、弘法大師之時には其沙汰無レ之事に候。

古義新義をとわず「各長処に可レ依志願に御座候、然者、真言律宗と称し申候。

といった慈雲のことばであった（本書二四八〜二四九頁）。

いま一つ、岡村先生のことばをあげてみよう。慈雲の生涯とか思想のうちで、もっとも肝心な点である密教と真言律との関係が、どうしても分からない。とはいえ、

彼（筆者註、慈雲）が、どこまでも密教的であったことだけは、十善思想や正法の精神の基盤からおして、疑う余地がないというより、むしろ彼をまって、近代の密教は、ふるき伝統をやぶって蘇生し、その真理と精神をあらたに開顕する道を見出したというべきかもしれない。教学のうえでは、さしたる業績をとどめなかったとされる慈雲ではあるが、それだけにかえって、密教の核心をなす実践的性格を端的に表明しえたのも彼であった、とすることができるのではあるまいか。

と、慈雲はどこまでも密教僧であった、慈雲の本質は密教にあったといわれる（本書二五〇頁）。

その一端を、「慈雲の即身成仏思想」ともいいうる密教観をあげて、この項を閉じることにしたい。

彼にしたがえば「即身成仏と云フは、此ノ膿血の出る肉身、飯食を与へて養ふ肉血のかたまりに、功徳具足無上尊の仏身を顕すなり」、つまり「此ノ身此ノまゝ直に仏となるべし」ということであり、かかる意味において、真言宗は、まさに「万善具足の法なり、即身成仏の宗なり」といわれる。もし、かかるものとすれば「一切善事みな仏事ならずと云フこと」もない、いな病患貧苦すべて「法に入るべき法門」であり、いわんや「其ノ余一切の事業みな仏道に入るの門ならざることなし」。このようにして「今日世間の相みな真言宗の法門となり来ルなり」という。ここには、たしかに十善思想における世間法と仏法との関係と、ほとんどまったく同一の関係構造が、一切の事業と仏道とのあいだで成立しているかにみえる。それというのも、やはり彼の正法とか十善の思想が、本来万善具足の法門をその成立基盤としてもっていたからかもしれない。（本書二四九頁）ここでいわんとされたことは、慈雲が到達した世界であり、それは「一切道として仏法ならざるなし」というる世界であろう（本書一九九頁）。

おわりに

紹介したい岡村先生の文章は少なくないけれども、このあたりで稿を閉じなければならない。そこで、三つばかりあげることをお許しいただきたい。

第一は、『十善法語』の第一不殺生戒に関する一文である。

慈雲が「不殺生」といったときには殺さないというだけではない。殺さないとは、生きとし生けるすべてのものがおなじ命をもち、一なるおなじ命をそれぞれが分けもって生きている。すべては一つの命なのです。それも生きとし生けるものだけではなくて、命あるもの、命なきもの、天地自然、森羅万象すべてが菩薩の一視同仁ということになります。これはもう大日さまの法爾自然がそれこそ釈尊に、菩薩に、そしてわれわれに、慈悲の働きとして、仏の生、仏の心として等しく注ぎこまれるということ。

じつは、殺すなかれというのは、ただ殺してはいけない、傷つけてはいけないというような戒律の問題ではなく、すべての存在がよってもってあるところの一番のもと、本源、そこまで掘り進めたレベルで問題が考えられる。それを法性という。（本書一三九頁）

ここにいう「生きとし生けるすべてのものがおなじ命をもち、一なるおなじ命をそれぞれが分けもって生きている。すべては一つの命なのです。」を読んだとき、まさに、これは空海の即身成仏思想そのものである、との想いを強くした。かつて、私は空海が最終的に到達された世界を、つぎのように記したことがあるからである（拙稿「空海の人間観」〈『空海研究』第五号〉）。

空海はいう。

この宇宙に存在するのは価値があるからなのだ。価値があるからこそ存在しているのだ。

存在すること、そのことに価値があるのだ。

その価値とは何か。

宇宙の根源的ないのち、

宇宙の真理、宇宙そのものを仏とみなした大日如来と同じいのち・叡智をいただいていること。

この「宇宙の根源的ないのち」をいただいている、ということでは、

この宇宙に存在する、すべてのものは平等であること。よって、

この宇宙に存在する、すべてのいのちは繋がっており、平等である。

あなたたち、つまり、私たちは本来的に仏とかわりない、存在なんだよ、と。

さきの「不殺生戒」の解釈は、慈雲がいかに空海の著作に精通していたかを知りうる一コマといえよう。

もう一つ、『十善法語』に関する一節をあげておこう。

十善とは天地自然あるがままの装いである。法性の現われた姿である。何の現われなのか。われわれのいう法身の誓願であり、力であり、真理性であり、リアリティーそのものがあるがままに現われてあるのが今の天地自然の姿であり、人間の姿である。だから十善という。（本書一四一頁）

慈雲は、『十善法語』が完成したあとも、十善戒を「人となる道」と称して、ことあるごとに講じたという。人の人となる道、つまり、われわれが本源にかえる道、本来のわれにかえる大本が十善といえよう。

最後に、岡村先生が慈雲の「密教理解の到達点を示すもの」といわれる一節を紹介したい（改行・傍線筆者）。

いわゆる「法身如来内証智の法門を密教と云フ。生身の如来内証智の法門を戒律と云フ。その在世五十年機に随ふ法門を大小権実の教と云フ」の一節は、かれの戒律観の本領を露わにするばかりでなく、やがて密教理解の到達点をも示すものであった。

もとより如来内証智とは衆生の機根に随わず法爾自然、あくまで法性常爾の端的なる開顕というべく、ここに密教の密教たる所以もあったわけであるが、慈雲によれば

「諸法の法位に住する時は常に是レ密教なり、衆生の機見に従ふ時は常に是レ顕教なり。既に機見に従ふ、然る時は華厳法華と云へども皆顕なり。既に法位に住す、然る時は数論声論と云へども皆密なり。而るに彼は我相を執するが故に外道たり。此は法位に住するが故に密教たり。大師の所レ謂顕ハ密在レリ人ニ、声字ハ非なりとは此の謂ヒなり」。

まさにこの法位に住するか否かが顕密差配の根拠であるというものであった。まして如上の戒律観によれば、戒律とは本来、我相を執し、機見に随順するがごとき教えではありえなかったがゆえに「生身の如来内証智の法門」と説かれ、そこにとうぜん密教的戒律観とも称すべき性格が顕われずにはおかなかったのである。

そしてかく解するときに初めてわれわれは十善道の根底において「人間生れままの心」とか「人々具足の徳」が首尾一貫してすこぶる重要な意味を荷っていた事情も、さらには三世十方にわたり森羅万象すべて「十善の粧い」ならぬはないとする、かれ独自の自然観や世界観をも一緒に了解できるように思うのである。（本書二〇三頁）

ここにも、さきに見た「十善とは天地自然あるがままの装い」であり、「法身大日如来の現われた姿」そのものであるといった、慈雲の戒律観、世界観が語られているのであった。

本書のなかで、岡村先生が強くいっておられることがある。それは、慈雲の過激ともみなされるその行動と思想のなかに、今日の真言宗、いな日本仏教が直面する幾多の問題を解く鍵、ヒントを読みとることができると。本書は、ひとり慈雲その人の事績と思想を知りうるばかりでなく、われわれが直面する今日的な問題を解決していく上で参考となりうる、きわめて示唆にとんだ提言に満ちている。ぜひ、それらを読みとっていただきたい。

慈雲尊者略年譜

武内孝善 編

西暦	和暦	年齢	慈雲尊者の事績
一七一八	享保　三年	1	七月二十八日、慈雲、**大坂中之島の高松藩蔵屋敷に生まれる**。**父は**播州田野村生まれで、**浪士上月安範**。母は阿波徳島の桑原氏の生まれで、高松藩家人・川北又助の養女お清。幼名は満次郎、のちに平次郎と改名。七男一女の第七男。
一七二六	同　一一年	9	はじめて文字を習う。
一七二七	同　一二年	10	習字と読書を教わる。
一七二八	同　一三年	11	兄正則の勘当に際しての逸話あり。
一七二九	同　一四年	12	朱子学の儒者の講釈をきいて、僧侶の奉ずる仏教は虚妄なりという断見をおこす。
			【修行時代】
一七三〇	同　一五年	13	父安範没す。十一月、**父の遺命と母の勧めにより出家し**、**法楽寺の忍綱貞紀《じょうき》和上につく**。素読を慧空に習う。だが、「十年間、仏教の学問をおさめたのち還俗し、儒者となって仏教を破斥せん」と決意する。

一七三一	享保一六年	14	四月からの安居で忍綱について常用経典を習い、七月から悉曇十八章を学ぶ。「仏学は梵文にあり」と教わる。
一七三二	同　一七年	15	四月四日からの**真言の四度加行に際し**、『十八道如意輪観音念誦次第』の道場観にいたり**宗教的霊感を得て仏道修行に精進す**。はじめて正法のあることを確証した。正法への開眼。
一七三三	同　一八年	16	師命により**京都に遊学し**、古義堂の**伊藤東涯に儒学**、漢詩**文を学ぶ**。以後三年におよぶ。
一七三四	同　一九年	17	この時代の最先端の学問所で学ぶ慈雲、「十有七八ニシテ、多聞ヲ好ミ日夜ニ懈らず」と記す。
一七三五	同　二〇年	18	この間、当代の学者・思想家――室鳩巣・荻生徂徠・太宰春台・堀景山・富永仲基・石田梅岩ら――の主張に接する。
一七三六	元文　元年	19	**奈良の諸寺にて仏学**（唯識学等）**を修め**、**河内**（**大阪府**）**野中寺で修行する**。同寺秀巌から九月に菩薩戒、十一月に沙弥戒を受ける。この年、「蔵ニ入テ律ヲ看、五百結集ノ文ニいたつて」「多聞ハ生死ヲ度セず、仏意と懸ニ隔つ」、生死を決択するには真正の修行しかないとの想いにいたった。
一七三七	同　二年	20	三月、秀巌から秘密灌頂を受ける。戒龍から密教儀軌を学ぶ。このころ、伊賀の禅谷から生涯を決定する教訓を得る。「宗旨がたまり祖師びいき強テすまじきなり」

一七三八	元文　三年	21	十一月、**野中寺にて自誓受戒し具足戒を受ける**。野中寺の名簿に「慈雲忍瑞」と記す。
一七三九	同　四年	22	三月、法楽寺にて忍綱から西大寺流の伝法灌頂を受け、両部神道も伝授される。このころ、慈雲忍瑞を慈雲飲光に改める。飲光とは摩訶迦葉の「迦葉」の訳なり。
一七四〇	同　五年	23	**師の忍綱より田辺の法楽寺を託されるも**、大輪から授かった阿字観に没頭する。
一七四一	寛保　元年	24	三月、法弟の松林が具足戒を受ける。八月、**法弟の松林に法楽寺をゆずり**、九月より**信州（長野県）**正安寺**で曹洞宗の大梅**禅師**に参禅**。
一七四二	同　二年	25	この年、はじめて穏当になった（真正解脱した）。
一七四三	同　三年	26	四月四日、大梅から偈を付《さず》けられた。五月、法楽寺に帰還す。東堂において豁然開悟する。
一七四四	延享　元年	27	四月、忍綱から**河内高井田の長栄寺を託される**。法弟の愚黙・即成・萬愚が慈雲に従う。
【正法律の時代＝理想実現の第一段階】			
一七四五	同　二年	28	四月、寂門に沙弥戒、愚黙に菩薩戒を授ける。十月、**長栄寺を結界し**、**正法律の最初の僧坊とする**。僧坊の開設は愚黙の懇請による。沙弥の即成とあわせて四比丘が揃う。
一七四六	同　三年	29	七月、愚黙に具足戒を授ける。長栄寺最初の戒壇受戒。鑑真請来の三師七証による正式の授戒作法、別受の制を復活させる。『修行道地経和訳』なる。この年、長栄寺経蔵完成する。

一七四七	延享　四年	30	即成が野中寺で具足戒を受ける。
一七四八	寛延　元年	31	寂門が長栄寺で具足戒を受ける。この年の『授戒法則』の冒頭に「十善戒」の名が見える。
一七四九	同　　二年	32	七月、愚黙の進言により**「根本僧制」**五条**を掲げる。――正法律の基礎の確立。各地に法筵をはり、正法律の宣揚に力を入れる。**
一七五〇	同　　三年	33	三月、有馬桂林寺を兼住する。四月、道宣撰『四分律行事鈔』を講じる。『仏門衣服正儀編評釈』上・下二巻なる。この年、師忍綱和上遷化する。
一七五一	宝暦　元年	34	愚黙・即成あいついで示寂する。堺の長慶寺・金光寺にて『臨済録』『方服図儀』を講じる。また、大徳寺派の義梵・順応の兄弟、高野山の真源らと出逢う。泉涌寺にて仁和寺蔵の大師真跡の悉曇字母を書写し、宇治田原の巌松寺から貝多羅葉を取得する。
一七五二	同　　二年	35	二月、**『方服図儀』**広本十巻、同略本二巻**を刊行**する。
一七五三	同　　三年	36	三月、『枝末規縄』を定める。
一七五四	同　　四年	37	四月、『表無表章』を、七月、『四分律』を講じる。
一七五五	同　　五年	38	萬愚示寂する。この年、長栄寺の本堂、吉祥殿が完成する。
一七五六	同　　六年	39	四月、法隆寺にて聖徳太子の袈裟を検証し、復原した法衣を四天王寺に奉納する。千衣裁製の遠因となる。このころ、高野山の真源から『普賢行願讃』の梵本を贈られる。

一七五七	宝暦　七年	40	
			【雙龍庵時代＝理想実現の第二段階】
一七五八	同　八年	41	二月、『根本説一切有部衣相略要』なる。春、**生駒山の中腹・長尾の滝のほとりに雙龍庵**（七葉巌ともいう）**を結び籠る。**五～七月、河内額田の不動寺にて『**南海寄帰内法伝**』に**註釈**を加え、『南海寄帰伝解纜鈔』七巻なる。このころ、『梵学津梁』の編纂に着手する。九月、柳里恭他界する。この年、里恭筆「雙龍庵巌上坐禅図」なる。また、雙龍庵隠棲の理由を「今吾《われ》羽翼ヲ失えり。我《われ》まさに吾《われ》ガ好ム所ニ従わントす」と誌す。
一七五九	同　九年	42	四月、「授戒法則」を改訂する。この年、根来の常明長老から地蔵院流を受法する。
一七六〇	同　一〇年	43	
一七六一	同　一一年	44	法語の筆写を許す。雙龍庵時代の法語一～九なる。
一七六二	同　一二年	45	四月『方服図儀講解』十二巻完成する。雙龍庵時代法語一〇～三九なる。この年の法語『五常五戒』、翌年の『菩薩戒』に『十善法語』の雛型をみる。
一七六三	同　一三年	46	雙龍庵法語四〇～五〇。雙龍派の『綱要』を作成する。
一七六四	明和　元年	47	この年、大徳寺芳春院の真巌に衲衣を寄付する。浄照尼・浄如尼母子の発願により、**千衣裁製始まる。**
一七六五	同　二年	48	春、雙龍庵にて護明・法護・諦濡らに『普賢行願讃梵本聞書』を講授する。

一七六六	明和　三年	49	正月、千衣裁製の第一衣を慈雲が受持する。七月晦日、**正法律運動よりの隠退を声明**。雙龍庵時代法語五三にて「今後は法を説くまい」と宣言する。このころ、**梵学の研究に没頭し、明和の末（一七七〇）ころ『梵学津梁』一千巻ほぼ完成か**。
一七六七	同　四年	50	『普賢行願讃梵本聞書』十巻完成する。七月、『普賢行願讃梵本並校異』完成する。
一七六八	同　五年	51	弟子たちが悉曇の文法書『七九鈔』九巻、『七九略抄』五巻、『七九又略』一巻を筆受する。
一七六九	同　六年	52	忍綱貞紀、愚黙の二十回忌にあたり、『法楽寺貞紀和上略伝』「愚黙禅師肖像賛」を草する。
一七七〇	同　七年	53	このころ『梵学津梁』一千巻、ほぼ完成する。
【阿弥陀寺時代＝『十善法語』の時代】			
一七七一	同　八年	54	雙龍庵時代おわる。在俗の信者四人の**懇請により、京都の阿弥陀寺に住し、十善の法を説く**。この年、『悉曇章相承口説』一巻なる。
一七七二	安永　元年	55	『十善法語』の端緒をなす『十善戒御法語』なる。善淳から『倶舎論世間品』を収載する梵夾貝多羅葉を寄贈される。
一七七三	同　二年	56	桃園帝の后・**恭礼門院**、後桃園帝のご生母・**開明門院らに十善戒を授け**、十一月から翌年四月まで**十善法語を十回にわたり講じる**。

一七七四	安永　三年	57	三月二日、『十善之系統』（『伝戒列名』ともいう）、『十善戒相』（『十善仮名法語』ともいう）を著わし、『戒相』を後桃園帝に呈上する。四月、十善法語を講じ終える。この年、観心寺槇本院から高貴寺の付嘱を受ける。また、長栄寺を護明にゆだね、額田の不動寺を寄付される。
一七七五	同　四年	58	秋、法護・諦濡らの協力により**『十善法語』**十二巻**が完成（文政七年**〈一八二四〉**刊行）**する。
【高貴寺隠棲の時代】			
一七七六	同　五年	59	正月、**阿弥陀寺を閉じ**、二月、河内葛城山**高貴寺に移る**。
一七七七	同　六年	60	
一七七八	同　七年	61	
一七七九	同　八年	62	『教誡』七箇条なる。この年、大坂北野の万善寺を併管する。
一七八〇	同　九年	63	
一七八一	天明　元年	64	**『人となる道』初編**（『十善略語』ともいう）一巻**の再校なり**、ここにいたり『十善法語』広略二本が完成する。
一七八二	同　二年	65	
一七八三	同　三年	66	三月、『表無表章随文釈』五巻完成する。京都円満寺にて『臨済録』を講じる。
一七八四	同　四年	67	三月、京都の尼寺長福寺なる。九月、四人の尼に式叉摩那戒を授ける。

一七八五	天明　五年	68	法護、高貴寺僧房設立の願書を携えて江戸に向かう。法護に相承之大法秘法、並びに秘法道具を付嘱する。このころ『秘密甚深』なるか。
【真の高貴寺時代＝神道・密教の時代】			
一七八六	同　　六年	69	三月、法護・明堂江戸に向かう。五月、幕府から**高貴寺の僧坊が認可され、一派真言律宗の総本山とする。**秋、**『高貴寺規定』十三ヶ条が制定される。**
一七八七	同　　七年	70	
一七八八	同　　八年	71	夏、『日本書紀』神代巻を閲読し、神道を明らかにするため**『無題抄』**を著わす。**これより神道研究がすすむ。**
一七八九	寛政　元年	72	
一七九〇	同　　二年	73	
一七九一	同　　三年	74	
一七九二	同　　四年	75	この年、高貴寺を結界する。『慈雲大和上伝戒記』一巻なる。このころ**『人となる道略語』**なり、『十善法語』完結する。また**『神儒偶談』が成立する。**
一七九三	同　　五年	76	秋、『高貴寺規定』十三条なる。『雙龍大和上垂示』二巻なる。
一七九四	同　　六年	77	
一七九五	同　　七年	78	五月から諦濡ら十三人に**両部曼荼羅を講じ**、六月、菩提華祥蘂の筆受により**『両部曼荼羅随聞記』**略本二巻**なる。**同月『曼荼羅伝授付録』一巻なる。九月『戒本大要』なる。

一七九六	寛政　八年	79	四月、阿弥陀寺にて両部曼荼羅を講伝し、『両部曼荼羅随聞記』広本六巻なる。八・九月、弟子たちに『神道灌頂教授式』を伝授する。
一七九七	同　九年	80	四月、『人となる道　略語・註記』なる。
一七九八	同　一〇年	81	一月『神致要頌』なる。
一七九九	同　一一年	82	法樹、高貴寺にて具足戒を受ける。十月『神道三昧耶式』一巻なる。
一八〇〇	同　一二年	83	春『比登農古乃世』一巻、五月『金剛般若経』を講じる。郁文居士の筆受により『金剛般若経講解』なる。
一八〇一	享和　元年	84	大和郡山藩主・柳沢保光公の招請により、永慶寺にてキリシタン末裔に説法する。
一八〇二	同　二年	85	『金剛薩埵修行儀軌私記』なる。
一八〇三	同　三年	86	二月二十四日**『理趣経講義』**三巻なる。**漢梵の復原を試みる。**三月四日『法華陀羅尼略釈』一巻なる。
一八〇四	文化　元年	87	八月上旬、長栄寺にて病を得、養生のため上京。九月、京都にて**『金剛経』**を説き、十二月二十二日夜、『人となる道』**講義の準備中に**京都・阿弥陀寺にて**遷化**する。絶筆は「大道通長安」の墨跡であった。弟子らの手で高貴寺に運ばれ、高貴寺奥の院の弘法大師の傍らに埋葬される。

〔附記〕

1、この略年譜は、『本書』収録の諸論文にもとづいて武内孝善が作成した。

2、作成にあたっては、以下の三つを参照した。

①岡村圭真「略年譜：慈雲尊者飲光の生涯」『本書』一一～一二頁。

②木南卓一「慈雲尊者略年譜」同著『慈雲尊者法語　人となる道』三九六～三九七頁、一九八〇年三月、三密堂書店。
③秋山　学「慈雲の活動　略年表」同著『律から密へ―晩年の慈雲尊者―』四二～四六頁、二〇一八年五月、春風社。

3、「慈雲尊者の事績」欄の太字は、岡村圭真先生作成の右①の本文である。

出典一覧

一　慈雲尊者の世界――釈迦の在世を理想として――
『慈雲尊者二百年遠忌記念　慈雲尊者』高貴寺、二〇〇三年十月
＊松長有慶編『真言宗〈宗派別：日本の仏教　人と教え　第二巻〉』（小学館、一九八五年十月）所収の「慈雲―釈迦の生前を理想として―」に加筆修正したものである。

二　慈雲尊者の生涯
『二百年遠忌記念　心の書　慈雲尊者』読売新聞大阪本社、二〇〇四年四月

三　富永仲基と慈雲飲光――近世密教の一動向――
『密教学密教史論文集』高野山大学、一九六五年十二月

四　近世の密教者たち――契沖と浄厳――
『仏教文学研究』第七集、仏教文学研究会、一九六九年三月

五　『十善法語』の教え
『講義録』（第三九回高野山安居会）高野山真言宗教学部、二〇〇四年三月

六　慈雲尊者研究序説
『高野山大学論叢』第二巻、高野山大学、一九六六年十月

七　慈雲の生涯と思想
『墨美』第一二七号、墨美社、一九六三年五月

八　慈雲尊者と梵学・梵字
　『墨美』第二三八号、墨美社、一九七三年二月
九　心月輪まんだら考
　鈴木史樓編『良寛曼荼羅』名著刊行会、一九九〇年九月

あとがき

奇しくも慈雲飲光尊者の二百年遠忌にめぐり合い、その企画・推進にあたった「慈雲尊者の会」に関わる好運に浴したことは、生涯の想い出となる。平成十三年十一月六日、第一回の発起人会から参加し、おおくの講演会、公開講座、各種講習会などに関わり、また千衣裁製に擬して全国から寄せられた如法衣を供養する盛大な、大阪市東住吉区山坂の法楽寺の平成十五年十二月二十二日の大法会、さらに、荘重な大阪府南河内郡河南町の高貴寺の遠忌法要に参ずることができた。とりわけ高貴寺では、尊者の如法衣を拝する好運に恵まれた。思えば、ほぼ全国から寄せられた、尊者に対する報恩謝徳の大合唱が響きわたる、すばらしい御遠忌事業であった。

このような僥倖に出会うことができたのは、多年にわたり尊者を慕い、いささか研究に携わってきたからである。しかしこの法会に参じたのを最後に、筆者は尊者に関する筆を断った。

尊者の智恵と禅定の底知れない奥行の深さがようやく納得でき、今までの努力がいかに底の浅いものであったかが、身にしみて明らかになったからである。それはまるで門前の塵を払うにすぎず、尊者の目指されたところまで届かないことに気づいたわけである。

尊者はまこと正法の復活を願って如法の袈裟を求め、如法の修行と如法の教えを実現すべく、生涯をかけて渾身の力をふり絞られた。愚黙の願いを容れて真正の僧坊を開設して真正の修行の場を開き、如法の文字・梵字の研鑚に励んで『梵学津梁』千巻を結集し、如法の袈裟の復活を目指す千衣裁製を実現させ、仏在世の真正の教えを目指して『十善法語』十二巻を説かれた。その起点は十五歳、十八道加行中の回心の体験にあった。この徹底した修行に裏づけられた如法なる仏教の再興は、真正の仏作仏業の顕証という、まこと稀有なる活作用といえるであろう。しかも『十善法語』成立の後は高貴寺に入って世を憚るという。この大志大行にはただ讃歎あるのみという外はない。

さらに『十善法語』は、当時擡頭していた儒者の排仏論に対して、的確な批判を試みている。時代の趨勢に対して適切なる対応を示し解りやすい仮名法語の形で真正の仏教を懇切丁寧に提示する。そこには、われわれに対して、現代の風潮に照らして、改めて真の仏教とは何か、という問いが突きつけられているとも受け取れるかと思う。

このたび勧められて纏めてみると、改めて貧困さが目につき、洵に心苦しい次第である。ただ、これを機縁に尊者への関心が少しでも高まることを心より願う次第である。

二〇一七年十月

著者記す

略　歴

昭和六年（一九三一）十二月一日　徳島県小松島市立江町に生まれる

〔学歴〕

昭和二十三年（一九四八）三月　徳島県立渭城中学校四年終了

昭和二十三年（一九四八）四月　旧制姫路高等学校文科入学

昭和二十四年（一九四九）三月　同　姫路高校文乙一年終了

昭和二十四年（一九四九）七月　新制京都大学文学部入学

昭和二十八年（一九五三）三月　同　文学部哲学科宗教学卒業

昭和二十八年（一九五三）五月　同　大学院修士課程文学研究科入学

昭和三十四年（一九五九）三月　同　大学院博士課程（宗教学）退学

＊学部・大学院では、西谷啓治、武内義範教授に師事。また、久松真一先生の指導を受け、「京都大学学道道場」にて無碍の大道としての禅を学ぶ。

＊なお、大学院時代に一時期、嵯峨美術短期大学に講師として出講。

〔職歴〕

昭和三十四年（一九五九）四月　高野山大学文学部（哲学）講師

昭和四十　年（一九六五）四月　同　助教授

昭和四十六年（一九七一）五月　同　教授

昭和四十八年（一九七三）三月　同　退職

＊この間、京都大学、大阪府立大学、京都産業大学に非常勤講師として出講。

昭和四十八年（一九七三）四月　高知大学文理学部文学科教授

昭和五十三年（一九七八）四月　同　人文学部文学科（哲学）教授

平成七　年（一九九五）三月　同　定年退職

平成十七　年（二〇〇五）四月〜同二十一年（二〇〇九）三月　高野山大学客員教授

＊この間、専門（倫理学）、一般（倫理学、宗教学）担当、また、鳥取大学、高野山大学集中講義に出講。

＊昭和五十四年（一九七九）三月　源久寺（真言宗大覚寺派）住職補任。平成七年（一九九五）九月〜同十九年（二〇〇七）十二月まで自坊で「祖典を読もう会」主宰。

＊平成八年（一九九六）〜同十三年（二〇〇一）まで上山春平、頼富本宏、高木訷元の諸先生と共に「慈雲尊者研究会」に参画。

＊平成十五年（二〇〇三）十二月「慈雲尊者二百回忌御遠忌」を河内「高貴寺」にて厳修。

〔学位〕

文学修士

〔委員〕

日本宗教学会評議員

真言宗大覚寺派法流委員（平成元年〈一九八九〉四月〜同六年〈一九九四〉八月）
真言宗大覚寺派耆宿（平成六年〈一九九四〉八月〜同九年〈一九九七〉八月）

〔受賞〕

密教学芸賞（平成十一年〈一九九九〉二月）

著書・論文一覧

〔編著書〕

共著『真言宗』（『宗派別：日本の仏教　人と教え』第二巻、一九八五年十月、小学館）

『真言宗選書』第五巻（教相篇・大師教学、一九八六年二月、同朋舎出版）

編・解説『久松真一仏教講義』第二巻（「仏教的世界」一九九〇年四月、法藏館）

編・後記『西谷啓治著作集』第十七巻「後記」（二八九〜二九〇頁、一九九〇年七月、創文社）

編・解説『久松真一仏教講義』第四巻（「事々無礙」一九九一年一月、法藏館）

『弘法大師空海をめぐる三つのエッセー』（二〇〇〇年五月、祖典を読もう会）

編著『密教の聖者　空海』（『日本の名僧』第四巻、二〇〇三年十一月、吉川弘文館）

『『即身成仏義』を読む』（高野山大学通信制大学院テキスト、二〇〇五年三月）

〔論文Ⅰ（弘法大師関係）〕

「恵果阿闍梨との出逢い」（『密教文化』第七七・七八合併号、一三八〜一五四頁、一九六六年十一月）

＊のちに高木訷元・和多秀乗編『空海』（『日本名僧論集』第三巻）、九二〜一一一頁、一九八二年十二月、吉川弘文館、宮坂宥勝他編『日本密教Ⅰ』（『密教大系』第四巻、一五九〜一七九頁、一九九四年七月、法藏館）

「最澄と密教思想」（『密教文化』第八九号、一〇〜三〇頁、一九六九年十一月）

「西洋哲学と密教――密教哲学の新しい可能性のための覚書――」（『密教の理論と実践』〈『講座密教』第一巻〉、二二

三〜二五一頁、一九七八年九月、春秋社）
「弘法大師と四国霊場」（『四国霊場の美』解説、二〇一〜二二一頁、一九八二年十一月、徳島新聞社）
「空海の哲学と曼荼羅」（松長有慶編『曼荼羅──色と形の意味するもの──』（朝日カルチャーブックス19、八五〜一一五頁、一九八三年三月、大阪書籍）
「密教とは何かという問い」（『密教学会報』第二三号、五九〜七〇頁、一九八四年三月）
「真言密教──その教相と事相──」（松長有慶監修『弘法大師空海』八七〜九〇頁、一九八四年十月、毎日新聞社）
「密教修行の方法と思想──その基底にあるもの──」（湯浅泰雄編『密儀と修行──仏教の密儀性とその深層──』〈『大系：仏教と日本人』第三巻〉、七九〜一一七頁、一九八九年二月、春秋社）
＊のちに宮坂宥勝他編『日本密教Ⅱ』（『密教大系』第五巻、四一五〜四四三頁、一九九四年十一月、法藏館）
「即身成仏義」（『人間』〈岩波講座『日本文学と仏教』第一巻〉五五〜七六頁、一九九三年十一月、岩波書店）
「お大師さまの大日経観──造反から包摂──」（『講義録』〈第三四回高野山安居会〉二四七〜二九六頁、一九九九年三月、高野山真言宗教学部）
「空海伝の成立──空海と弘法大師──」（立川武蔵・頼富本宏編『日本密教』〈『シリーズ密教』第四巻〉、九一〜一〇九頁、二〇〇〇年五月、春秋社）
「真言マンダラ私考」（『高木訷元博士古稀記念論集　仏教文化の諸相』三〜二七頁、二〇〇〇年十二月、山喜房佛書林）
「空海の魅力」（『密教の聖者　空海』二三〜三〇頁）
「即身成仏への道──文字とマンダラ──」（『密教の聖者　空海』一〇五〜一二九頁）
「即身成仏の世界観──根源性と調和──」（『密教の聖者　空海』一三〇〜一五三頁）

「『即身成仏義』を読む」（高野山大学通信制大学院テキスト、一七四頁）
「空海思想の形成過程を探る」（『頼富本宏博士還暦記念論文集　マンダラの諸相と文化（上）金剛界の巻』一五一～一六四頁、二〇〇五年十一月、法藏館）
「『梵字悉曇字母并釈義』について」（『空海研究』第二号、一～一三頁、二〇一五年三月）
「円仁『真言所立三身問答』」（武内義範・梅原猛編『日本の仏典』一七九～一八六頁、一九六九年二月、中公新書）
「明恵上人とその周辺」（『日本仏教学会年報』第三四号、一二三～一三七頁、一九六八年三月）

〔論文Ⅱ（近世仏教関係）〕

「『人となる道』おぼえ書」（『心茶』第二〇号、一九六三年十一月）
「慈雲尊者の生涯と思想」（『墨美』第一二七号、二～一一頁、一九六三年六月）
「富永仲基と慈雲飲光――近世密教の一動向――」（密教学密教史論文集編集委員会編『密教学密教史論文集』一四一～一六〇頁、一九六五年十二月）
「慈雲尊者研究序説」（『高野山大学論叢』第二巻、三五～七〇頁、一九六六年十月）
「近世の密教者たち――契沖と浄厳――」（仏教文学研究会編『仏教文学研究』第七集、二二七～二五三頁、一九六九年三月、法藏館）
「慈雲尊者と梵学・梵字」（『墨美』第二二八号、九～一二頁、一九七三年二月）
「慈雲――釈迦の生前を理想として――」（『真言宗』〈『宗派別：日本の仏教　人と教え』第二巻〉二四七～二九六頁）
「慈雲尊者の生涯と思想――「正法」の復興をめざして――」（『大法輪』第六九巻第十二号、一四九～一五二頁、二〇

〇二年十二月）
「慈雲尊者の世界――釈迦の在世を理想として――」（『慈雲尊者二百年遠忌記念・慈雲尊者』六五～一一二頁、二〇〇三年十月、高貴寺）
「『十善法語』のおしえ」（『講義録』〈第三九回高野山安居会〉一一三～一五三頁、二〇〇四年三月、高野山真言宗教学部）
「慈雲尊者の生涯」（『二百年遠忌記念　心の書　慈雲尊者』九～一六頁、二〇〇四年四月、読売新聞大阪本社）
「寂厳さんと弘法大師の声明業構想」（竹内信夫代表『科研報告書・宝島寺所蔵の寂厳悉曇学資料に関する総合的研究』四五～四八頁、二〇〇〇年五月、東京大学大学院総合文化研究科）
「心月輪観」（鈴木史楼編『良寛曼陀羅』一七四～一七六頁、一九九〇年九月、名著刊行会）

〔論文Ⅲ〕（西洋哲学関係）〕

「ベーメの神秘主義」（『宗教研究』一七〇号、一九六一年十二月）
「神秘的直観――ベーメ神秘主義の一考察――」（『密教文化』五九・六〇合併号、八〇～九五頁、一九六二年七月）
「ヤコブ・ベーメ論」（『密教文化』一〇一号、五八～七一頁、一九七三年一月）
「ベーメの神秘主義――『キリストへの道』の問題をめぐって――」（上田閑照編『ドイツ神秘主義研究』五二三～五五七頁、一九八二年二月、創文社）

〔書評・エッセイ等〕

「勝又俊教編『弘法大師著作全集』第一巻」（『密教学研究』第一号、二二三～二二八頁、一九六九年三月）

「金岡秀友著『密教の哲学』」（『密教学研究』第二号、一二八～一三二頁、一九七〇年三月）
「吉原瑩覚著『即身の哲学——密教哲学序説——』」（『密教文化』第九二号　三四～四五頁　一九七〇年九月）
「内海虎之介著『人間における自覚と反省』あとがき」（一九七三年一月、内海虎之介先生古稀記念会）
「小南卓一編『慈雲尊者法語集』」（『密教学研究』第一一号、一六八～一七二頁、一九七九年三月）
「『服部知文遺稿集　青春の虚像』あとがき」（一九八八年三月、服部知文遺稿集刊行委員会）
「『理趣経』のはなし」（高野山大学密教学研究室編『堀内寛仁先生喜寿記念　思い出の記——堀内寛仁先生の素顔と業績——』八九～九二頁、一九八九年三月、高野山大学密教学研究室）
編・解説『久松真一仏教講義』第二巻（「仏教的世界」五〇二～五〇四頁）
編・解説『久松真一仏教講義』第四巻（「事々無礙」五〇〇～五〇三頁）
「展望・回顧　心茶会と久松先生のこと」（『宗教哲学研究』第二五号、一二九～一三五頁、二〇〇八年三月）

編集後記

ようやく編集後記を書く段階をむかえることができました。ここにいたって、悔やんでも悔やみきれない最大の痛恨事があります。本書の著者であります岡村圭真先生に、この本を手にとって見ていただけないことであります。岡村先生は、釈尊が涅槃に入られましたまさにその日・二月十五日、空海のいます兜率天にすまいを移されたのであります。その棺にぬかずき、一日もはやい本書の刊行をお誓いいたしましたが、この期におよんでしまいました。慚愧の念にたえません。

ここで、本書が刊行されるにいたった経緯を、私の知るかぎり記しておきましょう。

岡村先生の著作集を刊行したいとの声は、先生が主宰された「祖典を読もう会」がはじまった平成七年（一九九五）ころまで遡ります。しかるに、岡村先生は首を縦に振られませんでした。その理由は、「まだ他人様に読んでいただけるレベルではない」との学問に対する厳しい態度であった、とお聴きしています。

「祖典を読もう会」に、はじめて私がお招きいただきましたのは、たしか平成十六年（二〇〇四）十二月十五日に開催された第十七回特別公開講座でありました。それに先だつ同年九月二十八日に拝受いたしました岡村先生からのご芳簡に、つぎのように書かれていました。

じつは最近、思いがけない痛快な本に出合いました。

石田尚豊『空海の起結』（中公美術）皆さんは既知のもの、小生は始めてという、「起」は解るが、「結」は解らぬので早速求めて一読、面白い着想、手堅い構成したたかな論と拝見しました。

御遠忌のころ上山さんと対談されたもの、一部上山さんに伺ったこともありますが、とにかくショックです。空海論でこれほど的確にその最後の活動を取りあげた文章は見たことがありません。

ただ、石田先生は歴史家ではない。もっと掘り下げると面白いと思うのですが、印象を文献によって並べただけですね。

この最晩年の問題、まさに大師の大師たるゆえんのものを、歴史的に解明するとどうなるか。

このご提言をお受けいたし、「最晩年の空海―後七日御修法と三業度人の制―」と題してお話しさせていただきました。このときのご提言は、以後の私の空海研究に、大きな転機をもたらしたといっても過言ではありません。なぜなら、承和元年（八三四）十二月から同二年二月にかけての三ヶ月足らずのあいだに、空海がおこなった五つの上表が悉く勅許された背後にあって、その勅許のお膳立てをしたのが、外でもない、上卿をつとめた藤原三守であったことを突き止めえたからであります。従来、空海と藤原三守との関係は、全く知られていませんでした。唐から帰国後の空海の活躍を、三十年間、ずっとその傍らで見守りつづけ、援助の手を惜しまなかったのが三守でした。初期の真言教団成立の大恩人の一人といっても過言ではない存在が、三守でありました。この三守と出逢ったのが、まさしくこのときの講演でありました。

それはさておき、平成十八年（二〇〇六）十二月の「祖典を読もう会」にもお招きいただきました。このころすでに、私は「岡村圭真著作目録」を作成いたし、それらの論考を複写しておりました。そこで、岡村先生にこの目録と複写した論文をお送りいたし、著作集の刊行をお考えいただきたき旨、申し上げました。それとともに、刊行を引き受けてくださる出版社を法藏館に決め、そのことを松長有慶先生のお耳にも入れさせていただいておりました。

手許の記録によりますと、平成二十年（二〇〇八）九月八日付の岡村先生宛て書状に、松長先生から法藏館様の内諾が得られた旨ご連絡たまわりましたことを、認めております。同年十月一日には「著作目録」の改訂増補版を作成、おそらくこのころ、著作集の目次案も作成していたものと想われます。岡村先生からの同年十月十九日付の書簡にて、出版に対する正式の許諾と岡村先生作成の目次案を拝受いたし、その旨をただちに法藏館に報告しています。この時点では、著作集は、第一部弘法大師空海篇、第二部慈雲尊者篇、とし、一冊本として刊行する方針でした。しかるに、翌二十一年四月、弘法大師空海篇と慈雲尊者篇をそれぞれ一冊とし、二冊本とするご提案が法藏館からあり、以後、この二冊本で作業を進めることになりました。

編集作業ですが、空海篇は、私も空海の著作にはある程度ふれてまいりましたので、比較的スムーズに進めることができました。ところが、慈雲篇はいくつかの課題がありました。第一は、慈雲の著作は私にとりまして初見の史料群であったことであり、第二は、『慈雲全集』からの引用文に出典がほとんど明記されていなかったことでありました。

第二の出典に関して、一言申しておきます。第二巻の慈雲篇に収録した九篇の論考は、註の付しかたで三つに大別されます。第一は、通常いうところの註が付されている論考で、ただ一つ「三、富永仲基と慈雲飲光——近世密教の一動向——」だけでありました。第二は、文中に（ ）に入れて出典が略記されている論考であり、四つを数えます。すなわち、「四、近世の密教者たち——契沖と浄厳——」「六、慈雲尊者の研究序説」「八、慈雲尊者と梵字・梵学」「九、心月輪まんだら考」の四つです。第三は、残りの四つで、これらには出典が全く記されていません。四つとは、「一、慈雲尊者の世界——釈迦の在世を理想として——」「二、慈雲尊者の生涯」「五、『十善法語』の教え」「七、慈雲の生涯と思想」であります。

岡村先生が引用された文章が、『慈雲尊者全集』の原文と一致しているかどうかを確認する必要があったため、一つ一つの引用文にあたっていたとき、はたと気づきました。すべての引用文にあたるのであれば、それをメモすることによって、「註」を作成できるのではないか、と。将来、本書を手にとってくださる方のためにも、是非、「註」をあらたに作成し収載したいと考え、岡村先生にこのことを申し上げましたところ、幸いにもご許諾いただきました。だが、これは想いのほか困難をともない、多くの時間と労力を必要としました。なぜなら、岡村先生の引用文は、二十一冊ある『慈雲尊者全集』から満遍なく引用されており、しかも四文字、五文字といった短い引用も少なくなかったからであります。私も、『慈雲尊者全集』を何度ひっくりかえしたかわかりません。最後には、いつも出版に際して索引等でお世話になっています鶴浩一修士の助力をかたじけなくしました。ここに記して謝意を表します。その結果、九五パーセントはその出典を確認できたと自負いたしますが、残りはどうしてもその箇所を特定することができませんでした。まことに残念というしかありません。

それはともあれ、第二巻所収の論考の巻末に付しました「註」は、すべて私が作成いたし添付いたしたものであります。万が一、不備がありましたら、その責任はすべて私にありますことを申し添えさせていただきます。

本書の刊行に向けての作業は、平成二十一年四月から本格的に進められることになりました。その編集の過程で遭遇いたしました一つの暗礁が、さきに記しました出典の確認作業の困難さでありました。それと、私が平成二十七年三月、高野山大学を定年退職し、翌年六月すまいを栃木県益子町に移したことも、刊行が大幅に遅延いたしました大きな要因の一つでありました。

色々な困難はありましたが、多くの方のご助力ご支援によりまして、編集後記を書かせていただけますこの時をむかえられましたことを、とても有難く嬉しく、また感慨深く存じます。特に、岡村先生とのご縁を思いかえしますと、いつのころからか、空海に関します拙い論文ではありましたが、お送りさせていただきますと、必ず温かな評言とともに、空海伝と空海思想に関します未解明の課題・問題点をたくさんご教示くださいました。恥ずかしながら、それらの宿題にはいまだ十分なる回答はできておりません。とはいえ、この著作集によりまして、ほんの少しではございますが、たまわりましたご恩にお応えすることができたかな、と安堵いたしております。

この十年あまり、ほんとうに辛抱強くお待ちくださいました岡村圭真先生、そして御奥様、法嗣光真様をはじめといたしますご家族の皆様に、刊行がこれほどまでに遅くなりましたことを、この場をお借りいたしまして、ほんとうに申し訳なく、心からお詫び申し上げます。それとともに、いつも温かいお言葉をおかけくださいました御奥様、岡村先生の筆頭弟子であられます笠谷覚真師に、心から深謝御礼申し上げます。

最後になりましたが、出版をお引き受けくださり、終始かわらぬご支援をたまわりました法藏館西村明高社長、編集部の戸城三千代編集長、岩田直子氏に、心から感謝御礼申し上げます。まことに有難うございました。

平成三十一年四月二十九日

空海研究所にて　　武内孝善誌す

【著者略歴】

岡村圭真（おかむら　けいしん）

1931年徳島県生まれ。1953年京都大学文学部哲学科宗教学卒業。同大学大学院博士課程〈宗教学〉修了。1959年高野山大学文学部講師，助教授，教授。1973年高知大学文理学部（のち人文学部）教授。1995年退任。1979年～2017年まで真言宗大覚寺派源久寺住職。

1999年密教学芸賞受賞。

2019年２月遷化。

単著に，『空海思想とその成り立ち』（岡村圭真著作集第一巻）。

主な論文に，「恵果阿闍梨との出逢い」『密教文化』第77・78合併号。「最澄と密教思想」『密教文化』第89号。「西洋哲学と密教―密教哲学の新しい可能性のための覚書」『密教の理論と実践』（『講座密教』第１巻），「空海伝の成立―空海と弘法大師」『日本密教』（『シリーズ密教』第４巻），「慈雲尊者の生涯と思想―「正法」の復興をめざして」『大法輪』第69巻，ほか多数。

慈雲尊者 その生涯と思想
――岡村圭真著作集 第二巻

二〇一九年九月二〇日 初版第一刷発行

著　者　岡村圭真
発行者　西村明高
発行所　株式会社法藏館
京都市下京区正面通烏丸東入
郵便番号　六〇〇-八一五三
電話　〇七五-三四三-〇〇三〇（編集）
〇七五-三四三-五六五六（営業）

装幀者　田中　聡
印刷・製本　亜細亜印刷株式会社

ISBN978-4-8318-5691-3 C3315